U0506762

冯焕珍 著

《坛经》与禅宗十二讲

参禅有道

陈永正题

上海古籍出版社

图书在版编目（CIP）数据

参禅有道：《坛经》与禅宗十二讲 / 冯焕珍著 . —
上海：上海古籍出版社，2020.11
ISBN 978-7-5325-9776-5

Ⅰ. ①参… Ⅱ. ①冯… Ⅲ. ①禅宗—佛经—中国—唐
代 ②《六祖坛经》—研究 Ⅳ. ①B946.5

中国版本图书馆CIP数据核字（2020）第195255号

参禅有道

《坛经》与禅宗十二讲

冯焕珍　著

上海古籍出版社出版发行

（上海瑞金二路272号　邮政编码200020）

（1）网址：www. guji. com. cn
（2）E-mail：guji1 @ guji. com. cn
（3）易文网网址：www. ewen. co
上海颛辉印刷厂有限公司印刷
开本890×1240　1/32　印张9.875　插页2　字数196,000
2020年11月第1版　2020年11月第1次印刷
印数：1—5,100
ISBN 978-7-5325-9776-5
B·1181　定价：58.00元
如有质量问题，请与承印公司联系

修订版序

学人与《坛经》的缘分，要从母校中山大学说起。1986年，哲学本科将毕业时，冯师达文先生送学人一套《中国佛教思想资料选编》，中有六祖惠能大师《坛经》一卷，遂有机会接触到《坛经》。当时，尽管不知《坛经》的来龙去脉，也难窥其无量义海，但觉其语言通俗易懂，所说宛然有理，竟被深深吸引。

在社会上初尝人生百味后，学人于1990年投到母系袁伟时先生门下继续读研究生。袁先生是我国研究近现代思想史的专家，常有令人耳目一新之论，若倾心此道，或能掬得其中一勺，无奈学人志在心性之学，有负先生期许。袁先生知学人深心所向，主动邀请冯达文先生参与指导。冯先生兼通儒道佛，见地通达，说理明白，且言行相顾，令人起敬。在冯先生悉心指导下，学人以《坛经》为主题完成硕士学位论文，顺利通过毕业答辩，后来还把论文赠送给了时任广东省佛教协会会长的云峰老和尚。

自此，学人一直保持对《坛经》与禅宗的兴趣，尤其喜读历代祖师语录，每觉其言约旨远，不可名状。但当学人试图理解这些语录时，便像撞上铜墙铁壁，总是不得其门而入。学人很纳闷：历代祖师都是传佛心印的禅师，他们的禅法必定如出一辙，为什么读懂了《坛经》，竟然还是读不懂祖师语录？继而意识到，恐怕自己连《坛经》也未读懂。庆幸的是，由于学人当时正困惑于"生从何来、死往何去、人生何为"等问题，这一反省更坚定了学人一睹禅门风光的决心。这期间的求索，会心者有之，迷失者有之，平常者有之，可怪者有之，林林总总，多不足为外人道。

学人对《坛经》与禅宗的认识发生根本变化，来自与佛源妙心禅师的因缘。佛源禅师是禅门泰斗虚云演彻禅师的法子，自 1953 年住持云门法席，影不出山逾五十载，是"禅风犀利、妙用无穷的一代禅师"（释明向《缅怀恩师^上佛^下源老和尚》）。学人与禅师于 1999 年 4 月 25 日初次结缘，当时笔者与一众有缘人朝礼云门寺，期间曾获得难以忘怀的经验，特别是禅师的加持与开示，如临济义玄、云门文偃等禅师对自己耳提面命，令自己以往研究《坛经》的立场与方法问题暴露无遗，也使自己从前百思不得其解的祖师语录如在目前，真有"通身汗流"之感，始知佛法一切现成，迷悟端赖因缘而已。学人自此归心禅师，常蒙禅师随缘提撕，同时也得到不少其他善知识点化。其间种种，已于拙著《经藏游意》一书前言有所交代，此不赘述。

在佛源禅师等善知识钳锤下，学人终于认识到：《坛经》是六祖惠能大悟心性后从智慧心海中流露出来的妙法，非思量分别所能解；语录是祖师为引导参禅者自悟心性随缘施设的话头或法门，亦非妄想揣度所可通。禅宗虽然传承久远、典籍浩繁、影响深广，其主要内容不外见地、根器、观境、观智、行法与果德数端。于此数端，本书虽皆有论列，唯学界不乏异议，愿借此处更呈管见。

禅宗凡有施设，皆不傍经教、直指人心，令人当下明心见性成佛，因自称"教外别传，不立文字，直指人心，见性成佛"的传佛心宗或顿教。禅宗这种自我定位，完全能从佛陀施教的因缘与目的得到证明。佛陀施行教化，根本目的是度化众生脱离生死苦海，证得寂灭涅槃。佛陀看到，众生与佛无异，本心本来具有无分别智慧，自能照见诸法实相——不二或空性的法相，自能依此实相展开与佛无别的智慧、自在与慈悲的生命；众生所以造业、受苦和轮回，根本原因是其借以认识世界的分别心识（实即理性）只能认识到诸法假相——二元对立或实体性的法相。因此，佛陀所谓度化众生，根本无非是让他们发现自己本具无分别智慧的心性，即佛经所谓佛性、如来藏或六祖所谓本心、本性或自性、实性。

这看起来很简单，却因众生根器千差万别、佛陀必须当机设教而表现出相应的复杂性：对根器迟钝者，佛陀得从世界悉檀入手循循善诱，先将佛教的缘起观告诉他们，再依对治悉檀断其恶业、生善悉檀长其善根，最后才能依第一义悉檀说法，令其了悟本心本性，显发诸法实相；对根器猛利者，佛陀则可直接依第一义悉檀说法，无论放光现瑞、语默动静、举手投足、扬眉瞬目,凡有施为,皆能令其当下豁然自觉自心本性,圆显诸法实相。佛陀应这四种机缘苦口婆心说法,形成了前三方便后一真实的教法系统。禅宗便是顺承佛陀依第一义悉檀说法开出的宗派,既为方便教法所宗,又不违背真实教法,可谓把握了成佛大总持,是直契佛陀本怀的宗派,非如某些人臆想的是偏离了佛陀教法,甚或是革了佛教之命的宗派。蕅益大师曾说:"不信教外别传,是谤宗也;谓教外果有别传,是谤教也。抑不信教外别传,是谤教也;谓教外果有别传,是谤宗也。"信然。

关于禅宗所被机,六祖曾说:"此是最上乘法,为大智上根人说,小根之人若闻法,心不生信。"禅宗的确是独被上根利智的法门。不过,我们应知,六祖是专就慧根而说根器。如果从信根而言,禅宗也是三根普被的,只要对禅宗生起坚固信心,就能修学禅宗法门,因为诚如佛说:"信为道元功德母,长养一切诸善法。"参禅者信仰的主要内容有两方面:一是信自性三宝,即信自性本具的觉悟性、中道性和清净性这佛法僧三宝;二是信顿悟法门,即信通过般若观照见性成佛的顿悟法门。

具体什么人能够建立这种信心呢?具足参禅福慧资粮的人。这福慧资粮当然只能通过"亲近善友,听闻佛法,如理思惟,如法修行"来积累,但这是一个从过去无量世以来不断累积的过程,只要参禅者建立起对禅宗的坚固信仰,就可断定他信根已经成熟。明乎此,我们就知道,参禅者虽知禅教一致,但不以皓首穷经为能事，旁人不应轻易指责其废弛经教。有人说，现在是末法时代，哪有参禅根器？这是犯了依文解义的过错。佛陀的正像末三期法运论并非实义说，而是对治弟子懈怠放逸的方便说，因此，尽管今天属于末法时代，仍然不能据此断定现时代没有参禅根器。就实义而言，佛说四种不可思议，而众生位居其一，谁敢断定此时代的众生定属何种根器？可以说，无论饱学之士，还是贩夫走卒，只要能信禅宗一法，就是参禅根器。

禅宗的所观境，是参禅者当下一念心。这当下一念心是真心，妄心，还是非真非妄之心？从所空说，是妄心；从所显说，既是真心，也是非真非妄心。《坛经》中的恶毒心、攀缘心、邪迷心、不善心、贡高心、诳妄心等，都是当以般若照破的分别妄心；而本心、真心、直心、智慧心、真如心等，都是在破妄同时显现的不二真心或非真非妄心。

禅宗的能观智，是般若。可以毫不夸张地说，真正掌握了般若，就窥破了禅宗修行的秘密。有人会问：大乘佛教的能观智都是般若，宗门与教下有什么差异？差异有二：一、教下皆须依教起观，同时也须从外到内层层破除执境，直到最后才破除自心妄念而见性，属于渐修法门；禅宗无须依教起观，也无须层层递进破执，唯依般若观破自心妄念，顿悟自性本性，属于顿悟法门。二、教下皆有具体修行法门，如四念处、八正道、三十七道品、次第六波罗蜜等；禅宗以"无门为法门"，没有教下那种次第观行法门。

　　禅宗的观行法，是顿悟成佛法。如六祖所说："若起正真般若观照，一刹那间妄念俱灭，若识自性，一悟即至佛地"；"自性心地，以智慧观照，内外明澈，识自本心。"参禅者但起般若观照，觉知自心照而常寂、寂而常照的本性，当下即破妄显真，顿悟本来面目而成佛，真是透顶透底、立竿见影的观法。禅宗此后开出的种种法门，都是此法的随缘运用。此法虽然念念唯观自心，但依明心见性相对分，则有前后两段功夫：明心见性前，参禅者依信解为基础，运用佛祖开示的观行般若观照，只要心起妄念，当下即便观空，直至明心见性；明心见性后，参禅者依自性具足的实相般若观照，凡有残余习气，当下即便荡涤，终归大般涅槃。可见，禅宗的观法虽因直显心性而称顿悟法门，由其贯穿开悟前后说，也是一个长期的过程，教中人不明就里，动辄斥之为狂禅，不亦过乎？同时，此法虽与教下有异，但同样源于佛陀圣智，《心经》的"照见五蕴皆空"、《金刚经》的"应无所住而生其心"等教示，都是此法渊源，也说不上有任何"革命"。

　　禅宗的明心见性是什么境界？宗门中人很少透露，教门中人则多有论断，或说相当于菩萨初地，或说类似于圆教名字即佛，甚至说只及大乘十信满心，如此种种，不一而足。其实，禅宗的开悟境界根本难以言说，即便为令后学生信而作方便说，也应从六祖对心性关系的论述入手。六祖曾说："心是地，性是王，王居心地上，性在王在，性去王无；性在身心存，性去身心坏。佛向性中作，莫向身外求。自性迷即是众生，自性觉即是佛。"此处心是参禅者所观境,性是心的本性即空性,明心见性指依般若观照明了自心的本性。据教下修行阶位,现证空性属于菩萨见道位,可知明心见性起码属于菩萨初地;考虑到参禅者根器各有差异,实际上明心见性者从初地到佛地都有。后来的禅宗三关说,也宜照此来把握。尽管如此,禅师们还是侧重就低处强调,明心见性只是真修起点,要想究竟成佛,必须生生不退地行持下去。

由上述可知,禅宗是从佛教开出的智慧之道,必然受到许多追求智慧者的崇奉,自不待言。六祖之后,很快从岭南播向全国,成为汉传佛教持久兴盛的一支,成就了众多高僧大德,同时也成为中国人净化心灵境界、提升生命品质的妙道,对中国的思想文化艺术产生了深远影响。同样,因为智慧的超越性与普适性,禅宗也早已成为世界各国人安顿心灵的妙法。现时代的芸芸众生,身处激烈竞争的共业圈,心识发达而罕有余暇,身心交瘁而难有出路,对他们来说禅宗自然也是一剂良药。这也是本书出现的一大因缘。

书中各讲的讲授地点、时间和提要,已在初版后记中加以介绍,这里主要想说明一下该修订版的情况。本书原是冯达文先生主编的《六祖文化研究丛书》之一,题名《坛经与禅宗十二讲》,由中国文史出版社出版,由于是成套发行,发行量也偏少,有缘者难得见及,希望出版单行本,遂有这个修订版。修订版以《参禅有道》为正题、原名为副题,既是接受上海古籍出版社编辑刘海滨先生建议的结果,也是希望借此书名凸显讲授这个主题的初心。

　　本书的再版，首先要感谢门生钟丝苑君，丝苑君不仅劳心劳力洽谈版权转让事宜，更慷慨捐助了本版所需经费；还要感谢中山大学中文系沚斋陈永正先生和本书编辑刘海滨先生，陈先生两度题签，刘先生辛苦编校，都为此书增添了亮色。

作　者

己亥夏六月吉旦于一味轩

目　录

修订版序……………………………………………………… 1

第 一 讲　六祖惠能与禅宗 ………………………………… 1

第 二 讲　《六祖坛经》导读 ……………………………… 34

第 三 讲　禅宗的心印 ……………………………………… 51

第 四 讲　禅可说吗 ………………………………………… 73

第 五 讲　参禅者的善知识 ………………………………… 94

第 六 讲　禅师如何说禅 …………………………………… 121

第 七 讲　禅宗的皈依 ……………………………………… 153

第 八 讲　禅宗如何说菩提心 ……………………………… 177

第 九 讲　禅宗的无相戒行 ………………………………… 205

第 十 讲　禅宗的定慧等持法门 …………………………… 226

第十一讲　禅净两宗的异同 ………………………………… 259

第十二讲　禅宗的价值与影响 ……………………………… 281

初版后记……………………………………………………… 301

第一讲　六祖惠能与禅宗

六祖惠能（638—713）是世界文明史上划时代的圣人之一，他宣说的《南宗顿教最上大乘摩诃般若波罗蜜经六祖惠能大师于韶州大梵寺施法坛经》（以下称《六祖坛经》），是由中国僧人演说而被尊为佛经的宝典，在中国乃至世界文化史上都具有极为重要的地位和意义。

《六祖坛经》的演说者是岭南人，跟岭南人有一种天然的亲和性，但他所关怀的芸芸众生，既不受限于地域或人种，也不受限于人类。同时，《六祖坛经》不像有些佛经那样文辞古奥、经义深隐，对于相当多的读者阅读比较困难；《六祖坛经》蕴含的佛教法义，尽管无量无边，但它是通过简洁明了的形式展现出来的，因此深得众多"好简"的中国人喜爱。《六祖坛经》的语言是唐朝的白话文，当时可以说连文盲、半文盲都能听懂，只不过今天离唐代已有一千多年，那时的白话文对我们来讲才有一定难度；即便如此，相对于不少佛教经典来说，这部经典还是属于最通俗易懂的佛经之列。另外，《六祖坛经》要解决的问题及其解决问题的方法，对我们现代人来讲事关重大。现代虽然经济发展、物质丰厚了，但这并不意味着人们更加幸福和快乐了。事实上，由于工业文明带来的生产和生活节奏的加快、竞争的激烈，反倒使我们的精神更加紧张了。精神紧张必然带来种种生理、心理问题，今天连大学里面的学生都有许多严重的精神问题，社会上的状况可想而知。《六祖坛经》与禅宗所提供的解决心理问题的方法，能够为当代芸芸众生减少乃至断除烦恼提供切实可行、方便快捷的精神良药。

我上个世纪九十年代初开始接触《六祖坛经》，我的硕士论文研究的就是《六祖坛经》的思想，此后也一直没有远离过《六祖坛经》，没有远离过六祖惠能。六祖惠能的真身现在还供奉在韶关南华寺，我经常去韶关，有时一见六祖真身，《六祖坛经》里面的好多句子就自然从心里冒了出来，仿佛他还在那里演说《六祖坛经》。记得有一次我去云门寺拜访佛源妙心禅师，他问我去南华寺没有，我说去了。他说："你拜了六祖没有？"我说："拜了。"他说："六祖跟你说话了没有？"我会心一笑。我确实觉得六祖的真身会说话，他一直在那里演说《六祖坛经》。由于对六祖有这样的信心，对禅宗也有一点肤浅体会，因此我敢斗胆来讲《六祖坛经》与禅宗的系列讲座。

这个系列讲座总共有十二个专题，今天是第一讲，主要讲为什么会出现六祖、《六祖坛经》和禅宗的关系。这涉及六祖成就的因缘，《六祖坛经》的真伪、传本和版本，《六祖坛经》的特点与宗旨，以及为什么说禅宗为六祖创立的佛教宗派等问题。

关于六祖成就的因缘，我想先从他听《金刚经》说起。认真念过《六祖坛经》的人都有一个印象:《六祖坛经》里面有这么一段话，六祖是岭南新州百姓，三岁丧父，从此与母亲相依为命，家庭很贫穷，靠打柴为生。一天，他到集市上去卖柴，有个人来买柴，他将柴挑到买柴人家去。正当他拿了钱转身离开时，突然听到有人念《金刚经》，有些版本的《六祖坛经》更具体说六祖听到的是经中的"应无所住而生其心"这句话。《六祖坛经》记载说，他一听到人诵《金刚经》就言下大悟了，譬如旅顺博物馆本《六祖坛经》就说："惠能一闻，心明便悟。"这里所谓"悟"，不仅仅是说他理解了《金刚经》的经义，更是说他真正觉悟了《金刚经》所指归的实相。这个境界，我认为就是《金刚经》如下经文描述的境界："若复有人得闻是经，信心清净，则生实相，当知是人成就第一希有功德。"从教下来说是断除分别我法二执的境界，从宗门来说即是明心见性的境界。

《金刚经》是般若类经典，大概一世纪左右传来世间，现在还有梵文本。在汉传佛教史上，该经前后有六个译本，分别由鸠摩罗什、菩提流支、真谛、达摩笈多、玄奘、义净译出，全名或叫《金刚般若波罗蜜经》，或叫《能断金刚般若波罗蜜经》，或叫《佛说能断金刚般若波罗蜜经》，而以鸠摩罗什所译《金刚般若波罗蜜经》最为流行。《金刚经》这部经典的语法非常独特，它经常用"佛说什么，即非什么，是名什么"这样的句式说法，许多人读了很多遍也不知道它到底在讲什么，觉得玄奥无比。尽管如此，由于这部经文字典雅、义理圆满，所以自从鸠摩罗什将它翻译出来后，就广受中国人喜爱，即使许多不信仰佛教的士大夫也耳熟能详。该经的义理，主要是褒赞佛教追求的智慧像金刚宝石一样，具有坚固不坏、通体光明和无坚不摧的特点，坚固不坏譬喻智慧不生不灭，通体光明譬喻智慧无所不知，无坚不摧譬喻智慧有病皆除，全经主要从修学实践的角度阐明只有"无相"才能获得这样的智慧，成为与佛教所说实相同体的如来。

那么，一个人听闻到《金刚经》，能对此经生起十分信心、觉悟其中显示的实相，需要些什么条件呢？这在《金刚经》里有非常具体的阐述："须菩提白佛言：'世尊！颇有众生得闻如是言说章句生实信不？'佛告须菩提：'莫作是说。如来灭后，后五百岁，有持戒修福者，于此章句能生信心，以此为实，当知是人不于一佛、二佛、三四五佛而种善根，已于无量千万佛所种诸善根。闻是章句，乃至一念生净信者，须菩提，如来悉知悉见是诸众生得如是无量福德。何以故？是诸众生无复我相、人相、众生相、寿者相。'"此处的"能生信心，以此为实"，其内涵与上面所引经文中的"信心清净，则生实相"并无二致，都是指对《金刚经》生起清净真实的信仰、现证如来实相，因此我们可以由此观察禅宗明心见性需要的条件。

按《金刚经》的开示，一个人要明心见性，前提是"已于无量千万佛所种诸善根"。这善根是什么呢？首先是与贪、嗔（恚）、痴三不善根相对的不贪、不嗔、不痴三种善根。三不善根是堕入畜生、饿鬼、地狱三恶道之因，三善根则是转生人、天二善道（阿修罗分属于饿鬼、天两道）乃至现证涅槃之因。《增一阿含经》就说:"世尊告诸比丘,有此三不善根。云何为三?贪不善根、恚不善根、痴不善根。若比丘有此三不善根者,堕三恶趣。云何为三?所为地狱、恶鬼、畜生。如是,比丘,若有此三不善根者,便有三恶趣。比丘当知,有此三善根。云何为三?不贪善根、不恚善根、不痴善根,是为比丘有此三善根。若有此三善根者,便有二善处,涅槃为三。云何二趣?所为人、天是也。是为比丘有此三善者,则生此善处。是故,诸比丘,当离三不善根,修三善根。"由于善根是人远恶向善、现证涅槃的根本,故为佛教特别看重。所谓不贪、不嗔、不痴,落实在修行内容上就是十善业道,十善业道修行圆满,才能成熟信、精进、念、定、慧五根,才有可能信仰佛法;信仰佛法后,还要于无量佛所种植善根,这善根就是戒、定、慧三学,所以佛门常常说"勤修戒定慧,息灭贪嗔痴"。佛教的戒、定、慧三学有很多种表达形式,其中六度波罗蜜是最为常见的表达形式,我打算依此三学,采取由果索因的方式,了解一下六祖听闻《金刚经》前的佛法修为。

按学术规范,我们很难讨论这个问题,因为《六祖坛经》里根本未涉及这样的内容,但我以为这不是我们这么理解有问题,而是学术的规范本身有其局限性。学术所谓"文章不做半句空"的要求,把事物之间的因果关系完全拘限于肉眼范围内,使得很多本来非常明显的因果关系都无法纳入视野,甚至视而不见。如果仔细研读《六祖坛经》,我们就知道该经的秘密是《金刚经》:首先,六祖第一次明心见性与第二次大彻大悟皆因听闻此经而发；其次，其本师五祖弘忍早就"劝道俗"持受此经，说"但持《金刚经》一卷，即得见性，直了成佛"。因此，六祖特别崇奉此经，说"若欲入甚深法界、入般若三昧者，直须修般若波罗蜜行，但持《金刚般若波罗蜜经》一卷，即得见性，入般若三昧"。我们可以说，正因为六祖从《金刚经》里大悟了顿教禅法，才能演说出《六祖坛经》，才能开创出震古烁今的禅宗；我们甚至可以说，《金刚经》是释迦牟尼版的《六祖坛经》，《六祖坛经》则是惠能版的《金刚经》。同样，我们只有回到《金刚经》所说听闻此经得悟的条件，才会真正明白六祖并不是天才，而是在此前已经修行积累了足够福德智慧资粮、只待触缘顿悟的佛子。

首先，从慧学修养看，惠能听闻《金刚经》前已坚信佛教所说的实相。信仰佛教是依教奉行、净化心性、现证涅槃的前提，所以《华严经》说："信为道元功德母，长养一切诸善法，断除疑网出爱流，开示涅槃无上道。"而佛教信仰的根本内容是四不坏信，即对佛、法、僧三宝与佛陀所制戒律的信仰。释迦牟尼圆寂后，对法的信仰是四不坏信的核心，故佛经在在告诫佛弟子要"依法不依人"，因此我们先说六祖对法的体会这一面。如果六祖对佛教所说的法没有切实信仰和真切体会，他就不能如《金刚经》所说"持戒修福""供养诸佛"。

佛教所说的法是什么呢？简单地说就是"缘起性空"的实相（这个实相，佛教各家从不同角度、不同阶位可有不同的表达）。所谓"缘起性空"，包括两方面的内容，一面是缘起的因果，一面是无性的空性。佛教认为，宇宙的一切现象都是因缘所生、因缘所灭，这就是所谓的"缘起缘灭"。用我们今天的话来讲，任何一个现象的出现，都是因为有各种各样的内因和外缘和合在一起才能出现的，这叫因缘而"起"；如果构成它的内因和外缘得以保持，这个现象也随之得到保持，这叫因缘而"住"；如果构成它的内因和外缘发生变化，这个现象也跟着发生变化，这叫因缘而"异"；如果这些条件的变化足以让这个现象消失，那么这个现象就随之消失了，这就叫因缘而"灭"。

　　譬如人就是这样。按照佛教的说法，人是父精母血，再加上过去世留下来的中阴身——其实就是阿赖耶识这个综合体，跟精子和卵子综合在一起形成受精卵的结果。三者形成受精卵后成为胚胎，渐渐形成人的各种器官，并经十月怀胎生了出来。这三个因缘，少了任何一个都不能够形成人。其中的因缘如果有微细的变化，人也会有相应的不同，这就是为什么同父同母所生的子女，其身心的结构、具体的内涵都不一样。出生以后，由于各自受到的教养不同，结交的朋友不同，遇到的外缘、社会环境也不一样，兄弟姐妹之间的成长也会有相应的差异。在成长过程中，我们的细胞在不断发生变化，我们的思想也在不断发生变化，人也就跟着不断发生变化。到了临终那天，构成我们肉体的地、水、火、风四大元素解体，我们这个形象的肉体就不会再继续存在下去。当然，如果构成我们身心的这些条件永远保持不变，我们就能"长生不老"，但佛教认为这是妄想，根本不可能实现。这就是所谓因果。

但佛教讲的因果与一般人所说的因果有同也有不同。它们讲的都是因果关系，这是其相同的一面。从现象上讲，佛教讲的因果不仅仅是一种直接的因果，譬如甲跟乙的因果，这是我们肉眼经验的因果和科学实验的因果；佛教讲的因果，在时间上不是仅仅就甲乙观察甲乙的直接因果，而是从无始无终的时间链条来观察甲乙之间因果关系的因果，在空间上也不局限在甲乙两者的狭小范围内来谈因果，而是将它们放到无限的世界中加以观察的因果。所以如此，是因为佛教并非从二元对立的分别见看因果，而是从不二的般若观照因果。因此它观察出来的很多东西跟我们肉眼看到的因果不一样，得到的结论也不一样。我们可以说，佛教所讲的因果是缘起的因果，而非世间知识所说实体的因果。

所谓缘起的因果，其另一面的涵义就是无相，即没有实体的相，用《金刚经》的话来表达就是"无我相、无人相、无众生相、无寿者相"。换句话说，在无限的时空因果过程中存在的现象，没有任何一个现象是永远存在、常恒不变的，它们的真相是空相，它们的性质是空性。一般人为什么有我相、人相、众生相、寿者相呢？佛教说由于有我执。有了我执，看什么东西都是那么实在，看什么东西都是那么永恒，由此就产生了种种妄想，譬如说希望自己长命百岁，希望财富永远为自己所有，希望儿女永远孝顺自己，等等。由于这种我执，就相对成立了我、你、他等相，乃至人、鬼、畜生等六道众生之相。

佛教认为这种见解是错误的，实际上任何现象都会变，如果不变的话，佛教本身也没有存在的理由。不仅如此，连《易经》也没有道理，因为《易经》的中心思想也是万法皆变，只不过《易经》没有像佛教这样同时讲万法皆空。佛教所谓的"万法皆空"，不是说在因果世界外有一个空的世界与之相对，而是说因果中的现象、包括因果本身性相皆空。注意，连因果本身也空，即因果法的住、异、灭本身也没有实体性，当下了不可得，如果不空因果的实体性，则会"离世求菩提"，入于小乘境界。这个道理，如果从理论上来理解比较困难的话，从修行的角度来理解就比较容易：只要我们执著任何一个人、事、物，或者我们心里的任何境界，那就是不空；反之，如果我们放弃了这种执著，那就是空。知道一切不可得，而不生起执著任何境界、任何对象的念头，这就是空。

可以肯定，六祖听到别人诵《金刚经》以前，已经坚信佛教所说"缘起性空"的实相，他不但一直按照这个实相去观察宇宙人生诸相，而且一直按照这个实相指导自己的生活、工作和学习，否则他不可能一听到《金刚经》的"应无所住而生其心"这句经文，就能得到豁然大悟的利益。不知有多少佛教徒，他们也经常读诵《金刚经》，但却没有六祖那样的觉悟。从佛教立场看，这不是我们本具的自性不如六祖，而是我们在读诵《金刚经》前没有准备好六祖那样的福慧资粮。

第二，六祖坚信一切众生皆有佛性、皆能成佛。如果六祖只是相信缘起性空的实相，而不把这个真相从众生身心上点化出来，就很难开创出紧扣心性的教化系统，更不可能开出顿悟法门。譬如许多人研究《易经》，为什么研究了半天还是不得其门而入？我认为很大原因是《易经》没有紧扣人的心性讲变易，学习《易经》的人也没有从心性上体会和贯通其思想。很多研究佛教的人也是一样，我以前也是这样，把佛教的缘起性空观纯粹当成一种哲学理论去认识，所以碰到一点点小烦恼都很难解得开。要把缘起性空的实相落实到众生身上来，需要对众生的本性有透彻的体悟。首先，需要知道诸法空性就是众生的本性，这种本性具有清净无染的特点；其次，需要知道众生本性中本具能够现证这种本性的智慧；第三，需要知道由众生智慧现证的空性显现出来的一切诸法平等无别；第四，需要知道众生本性对诸法具足慈、悲、喜、舍的精神。这样的体悟实际上已经由佛陀本人完成，佛陀在许多经典、特别是在《华严经》和《大般涅槃经》中宣说了同样的内容，并且正因为众生本性的奥妙最先由佛陀现证，此本性才被称为佛性。

我认为，六祖在听《金刚经》以前绝对相信所有众生都有佛性、都可以成佛，否则我们很难理解他见到五祖弘忍（602—675）时能有那么精彩的表演。《六祖坛经》里记载，六祖初次见到五祖时，师徒之间发生了如下精彩对话，我们可以把这段话当成禅师对徒弟的一次经典面试。六祖要拜五祖为师，五祖为了考察他是否是参禅的根器，一上来就问:"你是哪里人？你来这个地方礼拜我，要向我求什么东西？"六祖这么回答:"弟子是岭南人，新州百姓。今故远来礼拜和尚，不求余物，唯求作佛。"这句话，许多信佛学佛很久的人都说不出来，我们总是觉得佛离我们很远，我们只求家庭平安，或者求来生有好报，或者求升天，最多只求断除掉自己的烦恼，而不是求成佛。但佛教告诉我们，如果一个信仰佛教、学习佛法的人不求成佛，即便是求声闻、缘觉这种果位，也是有问题、不圆满的，因为佛经里面明确说，得了罗汉果也没有断除烦恼习气，往后还得再转修菩萨道，只有成佛才是最终解决问题之道。我们看看，六祖却有这样的见地，而且他说这句话的时候，不是一个自感卑下者在一代宗师面前颤颤巍巍的样子，而是信心十足、毫不犹豫的大丈夫风范！这就表明他心中成佛的信念已经坚固不动了，从佛教的角度来讲，这是只有真正发了菩提心的人才有的追求，是非常难得的。

这种誓愿与信心是一个人成佛的根本前提。在以道为尊的唐宋时代，公开表明自己的愿望和见地没有什么问题，我们常常见到那时的同修、师徒之间为佛道相互切磋、相互赞叹的例子。譬如，六祖得承衣钵、隐修十多年后来到法性寺（即今天的光孝寺），当法性寺的方丈印宗法师知道六祖得到了五祖衣钵，马上就拜他为师。作为一个大丛林的方丈，印宗法师不讲年龄、不论资格、不计身份，拜一个还没有出家的人为师，还要马上为他剃度、请他登台说法，这是什么样的精神？这就是以道为尊的精神。不幸的是，中国到宋代以后，众生越来越觉得佛菩萨离自己远了，到了现代甚至很多已经见了道的高僧大德都不能在弟子面前说自己悟道了。为什么？因为现代人的我执越来越深，如果师父在他们面前说自己已经悟道，很多人会对师父生起嫉妒心，甚至是仇恨心。就我所见，近代以来明确宣布自己见道者只有虚云等少数禅师，连不久前圆寂的佛源禅师都没有非常明确地表明自己的境界。这当然并不能说明他没有悟道，只能说明在这个众生我执至为炽盛的时代，他唯有将自己金光闪闪的身体涂成垢秽之身，表现得跟凡夫一样，才能更好地弘法度众。这没有办法，这是一个因缘问题。六祖见地圆融，又遇到以道为尊的因缘，所以他能做出如此响亮的回答。

五祖见没有难倒六祖，又抛出第二个问题："汝是岭南人，又是獦獠，若为堪作佛？"这个问题翻译成现代话就是："你是岭南人，又是野蛮人，怎么能成佛？"当时岭南是朝廷贬官之地，直到明清时代这里还是贬人的地方，所以那时中原人都瞧不起这个地方，视之为南蛮聚居之地。"獦獠"是北方人对岭南人的贬称，意思是未开化地带的野蛮人。这个"獦獠"还有一个典故，据专家写文章考证，今天的广东、闽南与台湾一带，当时生活着一个靠打猎为生的猎头族，他们打到野兽后，会将野兽的头割下来挂到自家院子里，以此显示自己的勇武。有时候，他们与不同氏族发生冲突，也会割取对方的人头，并把人头挂起来炫耀。五祖当然不是瞧不起獦獠，而是借这个说法来考验六祖是否真正相信一切众生皆有佛性、皆能成佛。六祖怎么回答呢？他说："人即有南北，佛性即无南北，獦獠身与和尚身不同，佛性有何差别？！"（我在这句话后面特意打了一个问号加感叹号，以加强其对话中同时具有的肯定与反诘两种语气。）六祖的意思是，人有男女老少、愚蠢智慧、南北东西之别，但他们本具的佛性却毫无差别。佛经说，众生皆有佛性，而且这佛性在圣贤那里没有丝毫增加，在凡夫身上没有丝毫减少。六祖的回答与经典的教理毫无二致，五祖因此对他深为赞许。很难想象，如果六祖只是相信缘起性空的实相，而不把这个实相落实到有情众生身上，坚信一切众生本来一尘不染、具足智慧、皆能成佛，他能够做出这样圆满的回答。

当然，如果光是有这个信仰，不去行动也不行。信仰佛教、修学佛法、觉悟佛道的另一个重要前提，就是发菩提心。学人发了菩提心，虽然并不意味着马上断除了我法二执，但至少意味着他已走上了修行之道。如果不发菩提心，这个人是不能走上断除我法二执之路的。什么是菩提心呢？《金刚经》说："所有一切众生之类，若卵生、若胎生、若湿生、若化生，若有色、若无色、若有想、若无想、若非有想非无想，我皆令入无余涅槃而灭度之。如是灭度无量、无数、无边众生，实无众生得灭度者。"这话意译过来就是：发菩提心的人，誓将轮回于三界六道中的所有众生都度化成佛，而自己不会产生"我度了一个众生"的念头。这才是所谓阿耨多罗三藐三菩提心，简称菩提心。反之，如果一个人起了"我度众生，众生被我所度"的念头，这个人发的就不是菩提心，而是凡夫心。

可以肯定，六祖不但发起了菩提心，而且已经依此心指导进行了长久的修行。他修行的内容是什么？依《金刚经》的开示，就是修六度波罗蜜。所谓波罗蜜是到彼岸的意思，六度波罗蜜即六种到菩提彼岸的修行方法: 第一是布施, 第二是持戒, 第三是忍辱, 第四是精进, 第五是禅定, 第六是智慧。这六种方法, 既可以看成一个从布施到智慧不断递进的修行系统, 也可以看成是相对独立、任何一法皆含摄其余五法的修行法门, 因此一个人既可以通过循序渐进的方法修行六度圆满无上智慧, 也可以通过单修其中一度的方法圆满无上智慧。

我相信, 六祖听闻《金刚经》前, 一定在中道见与菩提心的基础上, 依六度波罗蜜进行了长期修行, 若非如此, 很难想象他听到《金刚经》中的那句经文会有豁然大悟的受用。当然, 六祖不一定是照着上面阐述的方式来修习的, 也可能是通过古人所谓"暗合道妙"的方式来修习的。

这是六祖悟道的远因。其次, 我们还要知道, 六祖遇到的外缘很殊胜。六祖过去有听闻《金刚经》的福慧基础固然重要, 但如果没有外缘触发, 他也很难成就。这些殊胜的外缘, 我想分成生缘、境缘、法缘、世缘几个方面来讲。

第一是生缘殊胜。这是指六祖出生的因缘很殊胜。这又包括几个方面: 第一个方面是六祖的家庭很殊胜。六祖的父亲原为河北范阳官员, 因故被贬到新兴, 可以肯定是个知识分子; 他的母亲则是新兴县下李村李氏女, 时当豆蔻年华。在当时岭南这样一片自然纯朴、各种污染相对较少的地方的女子, 跟一个北方来的饱学之士相结合, 即使不从佛教三世因果而只从世间科学的角度讲, 这也是优生优育的婚姻组合, 六祖投生到这样的家庭, 烦恼、所知二障自然较少。

第二是境缘殊胜。这是指六祖早期生活的自然环境很独特。一般人对此很难理解，甚至会认为我故意标新立异，因为很多人都知道，南宋周去非有一部关于岭南的地理学名著叫《岭外代答》，里面曾说岭南"以新州为大法场，以英州为小法场"。言下之意是，当时广东的新州和英州（新兴和英德）这两个地方瘴气特重，人要在这两个地方顺利成长很困难，很多人都被瘴气害死了，所以人们把这两个地方比喻为处决犯人的法场，新州尤其厉害，所以叫大法场。当政者为什么把这些地方当成贬所？就是因为这些地方环境恶劣、物资匮乏、生活艰苦，宛如人间地狱。如此烟瘴之地，何来殊胜？对于一般人来讲确实如此，但对修学菩萨道的人来讲，这恰恰是磨炼身心、增强免疫力的最佳道场！从世尊时代开始，许多成就者都有在凶山恶水或艰难困苦之地经历过长期修行的过程。譬如，佛陀在漫长的苦行历程中，曾经历过马麦充饥、鹊巢于顶等考验；我国明代的憨山德清大师出生于江南，他深知这种气候温暖、物产丰饶的环境不利于修行，特意前往五台山去经受雨雪风霜、饥寒交迫的考验。六祖一生下来就处于这样恶劣的自然环境之中，并能够在这种环境中顺利长大成人，可以想象他的身心得到了多么难得的磨炼！六祖后来能够修得金刚不坏身，跟他在这种环境中磨炼出的强大身心当有一定的关系。

第三是法缘殊胜。这是指六祖能够比较容易听闻到佛法。我们知道，六祖早年生活在新州。据文献记载与学者研究可知，其时新兴寺院不少，比较容易听闻到佛法。六祖因卖柴时听闻到《金刚经》得悟，这是很难得的因缘。六祖法缘的殊胜还体现在另一个方面，即他能够很快遇到自己十分信奉的师父五祖。我们很多人虽然也勤奋读经，也到处去寻师访道，也想拜师学佛，但由于我慢心太重，总是找不到自己满意的师父。六祖则不同，因为他福慧资粮具足、我慢心少，所以他知道那个居士诵读的《金刚经》来自黄梅五祖道场，便能对五祖生起十分信心，而不怀疑五祖有没有能力教他。六祖这种毫不犹豫、当机立断之心，本身就是智慧的体现。

第四是世缘殊胜。这是指六祖生活的时代殊胜。六祖应世的盛唐是我国的黄金时代，可以说是中国的青春时代。唐代的政治、经济、文化为什么都如此发达呢？原因固然很多，但我以为根本原因在于唐代是一个非常尊崇与随顺道的时代。我这里讲的道，是儒、道、佛诸家共同阐扬而其偏圆深浅有所不同的道，盛唐时代的皇帝们对此道非常崇奉。唐太宗（598—649）、唐高宗（628—683）、武则天（624—705）这三朝皇帝正是六祖成长时代的当政者，这三个皇帝对中国佛教的推动极为用力。唐太宗刚一登基，就在所有他取胜的战场建庙超度敌对者。譬如，唐太宗战胜过王世充、刘黑闼等人，他都为这些地方势力建立寺庙，并派僧人在那里给他们设斋行道，超度他们。同时，他还经常设斋超度跟随自己常年征战而牺牲的将士。这是很多皇帝都做不到的。他还专门下诏度三千人出家。当长期在印度求法的玄奘大师回到中国时，唐太宗不但隆礼迎接三藏、下旨敕建慈恩寺供养他请回来的佛经，而且迎请他到玉华宫翻译佛经。唐太宗为唐三藏翻译的佛经写过序言，这就是书帖里面著名的《大唐三藏圣教序》。据说唐太宗所写的序是即席挥毫、文不加点，由上官仪在宫殿里向大众宣读的。我们今天看看那篇序文，真不得不佩服太宗的学问与文采。唐高宗除撰写《述圣记》、礼请玄奘为大慈恩寺上座法师、制作《慈恩寺碑》以弘扬玄奘法师（602—664）功德外，还最大限度支持玄奘僧团在玉华寺的译经工作，皇皇六百卷《大般若波罗蜜多经》就是玄奘在玉华寺主持翻译的。武则天对佛法的崇奉就更不用说了。武则天因为是女人，又是中国的第一个女皇帝，她需要女人有资格做皇帝的经典依据为自己壮胆，但儒家经典里面找不到这样的根据，而《大云经》这部佛经里却说女人可以成为世界主。武则天一见到这部经典，简直如获至宝，下敕誊写多部，颁布天下各州供养。她在长安建了一座七十多米高的佛塔，还包括明堂，只是这些建筑后来被薛怀义烧掉了。武则天的名字武曌也是依佛经来取的，曌的上面左日右月，日月就是明，明就是智慧，下面则是一个空字，寓意以智观空，这不是从佛教来的吗？她的尊号"天册金轮皇帝"中的"金轮皇帝"，是佛教对转轮圣王的最高称呼，也来自佛经。武则天对自己信仰佛教很是自豪，她在为稍晚于玄奘回国的义净大师（635—713）翻译的佛经写序时，每每说：朕素来奉佛。其实她奉佛还有更深层的原因：她母亲在太原时就是一个虔诚的佛教徒。古人说，"不依国主，则法事难立"，因此佛教的兴衰跟国家君主的态度密切相关。六祖生活的时代有这三个皇帝作为国主，佛教还能不兴盛吗？事实上也是如此，中国佛教以盛唐时期最称兴盛。

当然，正因为如此，当时的佛法又亟待开新。佛教从两汉之际传入中国，到六祖时代大概已经有六七百年历史。这六七百年间，佛教理论十分发达，这在佛教各种典籍的记载中不难明了。但如同道宣（596—667）在《续高僧传》里所说，当时佛教理论的发达，使得很多人偏执于经文义理，一天到晚只顾讲经说法，甚至只是把佛教当成一种理论来研究，忘记了世尊当年出家的本怀是要解脱三界众生的痛苦。当然，当时也有不少人修行，但是修行方法比较单一，多从所谓四禅八定开始修行，也就是从世间定渐次修到出世间定。因为世尊曾从此法起修，许多佛教徒奉之为圭臬。其实世尊告诉我们，只要有正知正见，修行法门可以随缘有所不同，世尊本人也并没有说众生都必须从四禅八定起修，实际上他也因众生的不同机缘开出了无数法门。因此，在修行法门上固步自封，并不契合世尊本怀。

南北朝时期，也有一些佛教大师试图依经教与实践经验开出新的禅修方法，但是都遇到很多障碍。譬如天台宗的慧思大师（515—577），他在传天台圆顿止观法门的过程中就多次受到毒害，《南岳思大师立誓愿文》里明确记载，他前后被毒害三次。其中有一次严重到什么程度？他吃了有毒的饭没死，但他的三个弟子吃了他剩下的饭后都死掉了！大致同时的达摩和慧可祖师在嵩洛一带弘传禅宗直指人心、见性成佛法门，也被当时的保守分子视为外道加以排斥和毒害。达摩曾六度被毒，至第六次被毒时，他看到直指人心的禅法已经生根发芽，就舍报往生了。可见，任何一种更新都要付出代价。六祖时代较慧思、达摩、慧可时代晚一两百年，天台止观和禅宗心法已经传了四五代，传扬禅宗顿教法门的条件虽然有所好转，但教界沉溺于经教文字、以小乘禅数学为禅的风气并没有太大改观，因此从某种意义上可以说，当时中国的佛教状况也赋予了六祖一新佛教面目的使命。

在上述因缘和合下，悟道透彻的六祖终于登场了。有人疑惑：六祖不识字，是一个文盲，怎么有条件觉悟高妙的佛理？甚至认为"六祖文盲"说是后人伪造的神话故事。也有许多人为"六祖文盲"说进行辩护，但只是从智慧与知识的不同来说，让一般人摸不着头脑。"诸佛妙理，非关文字"，六祖此言诚然不假，但这不意味着六祖从未接受过佛法熏陶，如果我们知道六祖过去"已于无量千万佛所种诸善根"，已然"暗合道妙"，此生又遇到种种殊胜外缘，能够顺利听闻佛法，我们还会怀疑"不识字"是后人为神化祖师而编造出的故事吗？

在佛教中，评价一个人是否觉悟以及觉悟是否透彻，要看他是否获得根本智慧和圆满差别智慧，根本智慧是现证万法空性的智慧，差别智慧是现证空有不二的智慧，前者为衡量众生觉迷的标准，后者为衡量觉悟者是否成佛菩萨的标准。翻开《六祖坛经》即知，六祖具足了这两种智慧，他的示法偈偏重于显示他获得了根本智慧，他的"何期"颂则偏重于显示他圆满了差别智慧。

据说，五祖即将退居，拟通过勘验弟子觉悟境界的方式选择接班人。当时，因为神秀（606—706）是上座师，且已经与五祖分座说法，所以一众弟子以为此接班人非神秀莫属，都纷纷罢手，指望神秀示法。神秀也当仁不让，经过冥思苦想作出一个偈颂，又经过几度犹豫，终于将偈颂书写到黄梅东山寺的回廊上。依敦煌本《六祖坛经》，其颂语如下："身是菩提树，心如明镜台，时时勤拂拭，莫使有尘埃。"据说五祖看了这个偈颂后，明确对神秀说："汝作此偈，见即未到，只到门前，尚未得入。凡夫于此偈修行，即不堕落。作此见解，若觅无上菩提，即未可得。"窃以为五祖的评价很实际，既没有赞美，也没有贬低。据鄙人所见，无论神秀说身（菩提树）说心（明镜台），说烦恼（尘埃）说功夫（拂拭），由于他在二元（能所）对立中说法，将它们看成实在的境相，证明他并没有见到诸法空性，没有获得根本智慧。

六祖的偈颂又如何呢？六祖所呈的偈颂，宗宝本《六祖坛经》只有一个："菩提本无树，明镜亦非台；本来无一物，何处惹尘埃？"敦煌本《六祖坛经》则有两个，其中一个与宗宝本《六祖坛经》所载偈颂文字接近："菩提本无树，明镜亦无台；佛性常清净，何处有尘埃！"另一个文字稍有不同："心是菩提树，身为明镜台；明镜本清净，何处染尘埃！"有些学者认为，宗宝本与敦煌本《六祖坛经》所记载的偈颂意思大不一样，宗宝本《六祖坛经》的偈颂可能是后人伪造的，至少是被后人改窜过的。窃以为不能随便下这样的结论，这有可能是不同传本带来的文字差异，因为这些偈颂的根本见地是一样的，并不像有些学者想象的不同。我们知道，"佛性"的根本含义是"空性"，"清净"也是空性的同义词，因此"佛性常清净"与"本来无一物"在内涵上完全一样；另一方面，六祖为对治神秀见地作偈，既可采取宗宝本那种完全遮诠（反面破斥）的表达方式，也可采取敦煌本那种遮诠与表诠（正面阐明）兼行的表达方式，敦煌本第二颂中因为有"明镜本清净"句，前面以表诠方式呈现的"心是菩提树，身为明镜台"两句就不是实义语，而是假名语，意谓"假名心为菩提树，假名身为明镜台"，从这里看不出此颂与宗宝本偈颂有任何轩轾。

与神秀偈颂比较就知道，无论六祖说身说心、说烦恼说功夫，都是从不二的自性起说，没有将它们视为实在的境相，这表明他现证了根本智慧，确实与神秀分属智与识两种性质不同的境界。有人说神秀的偈颂也不错，他讲的渐修法门是大多数人都必须用的，这种议论不知五祖当时考察的是见地而不是功夫，因此没有多少意义。六祖虽然得到了根本智慧，但不管是悟道未彻，还是为了对治神秀见地，他的偈颂都未明确表达空有不二的智慧，因此五祖还要进一步勘验六祖，待到他说出"何期"颂时才许付嘱衣钵。

六祖大悟差别智慧的场景，敦煌本《六祖坛经》记载简略，只是说"五祖夜至三更，唤惠能堂内说《金刚经》，惠能一闻言下便悟。其夜受法，人尽不知，便传顿法及衣：'汝为六代祖,衣将为信禀,代代相传,法以心传心,法令自悟。'"宗宝本《六祖坛经》的记载则比较详细,说五祖见了六祖所写偈颂,就去六祖舂米的碓房问米熟了没有,六祖说早就熟了,只是还需要筛子筛干净。五祖于是用拐杖点地三下,看六祖是否能与自己心心相印。六祖果然心有灵犀,于半夜三更来到丈室求法,由此有了如下机缘:"祖以袈裟遮围,不令人见,为说《金刚经》。至'应无所住而生其心',惠能言下大悟一切万法不离自性,遂启祖言:'何期自性本自清净!何期自性本不生灭!何期自性本自具足!何期自性本无动摇!何期自性能生万法!'祖知悟本性,谓惠能曰:'不识本心,学法无益,若识自本心,见自本性,即名丈夫、天人师、佛。'三更授法,人尽不知,便传顿教及衣钵云:'汝为第六代祖,善自护念,广度有情,流布将来,无令断绝。'"接着还有说付法偈的情节。宗宝本多出的部分,有可能是后人增加的内容,但也有可能是传本不同所致,无论如何,其内容与六祖思想完全一致,因此可引为凭据。六祖所说五个"何期",站在空有不二、性相一体的高度,用自己的切身体悟表达了《般若波罗蜜多心经》所谓"色不异空,空不异色,色即是空,空即是色,受想行识,亦复如是"的圆融境界,难怪五祖听完他的汇报,就肯定他已彻底"识自本心""见自本性",并且毫不犹豫地将衣法付授予他了。

六祖虽然已大悟佛性与万法如如不二之境,但并没有马上出山说法,而是遵师教回到岭南怀集、四会一带隐居。五祖叫他到岭南，是因为当时岭南这个地方传统文化和旧派佛教的力量不强、影响不深，更适合直指人心的禅宗生长发育。五祖嘱六祖不要急于弘法，则有两个原因，一是他知道六祖尚有磨难，更重要的是要六祖保养圣胎、荡涤习气。有人会问：六祖既已彻悟差别智、等同于佛了，还有什么习气要洗涤？窃以为，五祖是从得到而非圆满差别智的意义印可六祖成佛，自然还需要洗涤习气。什么叫习气？人悟道以后，虽然已经止息了产生新业力的根源，但从前业力的残余力量还在继续发挥作用，这就是所谓习气。宛如一列火车，它的发动机虽然已经熄火，但是还有惯性推动列车前进，习气就宛如这种惯性，只有将这种残余力量全部清除净尽，才真正与佛无二。当然，六祖隐居期间也没有忘记随缘度众生的慈悲行，《六祖坛经》记载："乃于四会避难猎人队中，凡经一十五载，时与猎人随宜说法。猎人常令守网，每见生命，尽放之。每至饭时，以菜寄煮肉锅。或问，则对曰：'但吃肉边菜。'"这就是他保养圣胎、圆满佛智的证据。

经过十五年（或说十六年）的隐修，六祖观察到时机成熟，该出世了。"一日思惟，时当弘法，不可终遁，遂出至广州法性寺，值印宗法师讲《涅槃经》。"他选什么时机出世呢？选当时法性寺——就是现在的光孝寺这个道场，而且是该寺方丈印宗法师领众举行《涅槃经》诵经法会的时刻。成千上万的人在当时岭南最重要的寺庙举行大法会，那是什么状况？当然，他并不是想借此机会炫耀自己，而是认为此时该出来应世了。据说法会期间，"时有风吹幡动，一僧曰风动，一僧曰幡动，议论不已。惠能进曰：'不是风动，不是幡动，仁者心动。'一众骇然。印宗延至上席，征诘奥义。见惠能言简理当，不由文字，宗云：'行者定非常人，久闻黄梅衣法南来，莫是行者否？'惠能曰：'不敢。'宗于是作礼，告请传来衣钵，出示大众。印宗闻说，于是为惠能祝发，愿事为师。惠能遂于菩提树下开东山法门"。他在广州光孝寺开始了公开演说禅法的历程。

圣人应世，诸方成就，这个机会的确极为难得。僧人因风吹幡动起争执，语涉佛法分别见与无分别智的关键时刻，他一语震惊天下。"不是风动，不是幡动，仁者心动"，六祖短短的三句话，说的正是佛法所谓"三界唯心，万法唯识"的真理：只因人在二元对立的分别心中生起分别念，才有动静、自动他动的分别见，如果灭掉分别心，就能现证动静二相了然不生的空性，现起无分别智慧。印宗法师不愧佛门大德，他一听就知道："哦！遇到高人了。"当他得知眼前这个行者正是五祖的衣钵传人时，就决定拜他为师。一个方丈拜一个不起眼的居士为师，这是个什么概念？就像当今光孝寺的方丈拜一个在该寺带发修行的居士为师一样。这消息自然很快传遍佛教界，所以我说六祖是精彩出场。当然，这也证明六祖智慧具足，如果他没有足够的智慧，即使遇到这个机缘也把握不住。

六祖在光孝寺出世以后，很快就去了韶关的曹溪，也就是今天南华寺这个地方。有人曾经问我：光孝寺位置这么好，六祖又在光孝寺一鸣惊人，而且连该寺方丈都拜他为师，他为什么不继续在此地弘法呢？这的确很值得玩味。以鄙人的粗浅看法，以为有如下几个原因：其一，虽然印宗法师愿事六祖为师，但六祖不会不顾人道礼仪，后来居上，掠人之美；其二，相对六祖所传禅法，光孝寺当时还是以传统禅法为主导的寺院，不容易推广新禅法；其三，广州虽然是通都大邑，但世俗习气重、人情应酬多，也不适合刚刚出生的禅宗幼苗成长。只有曹溪这块既远离市廛又不太偏僻、既受过高僧授记又有待中兴的佛门宝地，才是六祖创宗立派的宝所。六祖到曹溪后，长期在宝林寺（今天的南华寺）安禅接众，间或到韶州城内的大梵寺（今天的大鉴寺）说法，前后持续三十七年，说法如云如雨，创立了在中国乃至世界文明史上都具有里程碑意义的禅宗。

六祖说法创宗期间，有件事情值得一叙，因为它对六祖创立禅宗具有重大影响：神龙元年（705），也就是他圆寂前八九年之际，武则天、唐中宗下诏请老安、神秀两位禅师前往长安供养请益，两位推让说："南方有能禅师，密受忍大师衣法，传佛心印，可请彼问。"（《六祖坛经》，以下凡引自该经的引文，不再出注）皇帝转请六祖，但六祖坚辞不往。据《旧唐书·神秀传》，六祖提出的理由有两个：第一是"吾形貌短陋，北土见之，恐不敬吾法"，意思是"我长得很矮很丑，北方人见到我，恐怕不恭敬我所传的佛法"，这当然是客套话；第二个是"先师以吾南中有缘，亦不可违也"，意思是"我的师父告诉我，我跟南方有缘分，我不能够违背师父的教诲"，这两句话是实情。它告诉我们: 六祖本人非常清楚, 禅宗当时只能在传统佛教力量薄弱的南中国慢慢生根发芽、开花结果, 而不能到传统佛教力量强大的北方去传播, 所以他不会去长安; 反之, 如果他去了长安, 我们还能不能见到他创立的禅宗都难说了。

现在我们简单谈谈禅宗。禅为梵文 Dhyāna 音译的缩写, 全称禅那, 意译静虑、思维修或功德丛林等, 本来属于佛教戒、定、慧三学中的定学。佛教中的其他宗派, 除净土宗单提念佛法门外, 都主张因戒生定、因定发慧、因慧成佛的次第法门。禅宗的祖师发现, 佛心与众生心本无差别, 只不过佛心是已经觉悟的众生心, 众生心则是尚未觉悟的佛心。佛心不仅戒、定、慧三学圆满, 而且"具足万法"。佛应机说法时, 既演说了由此及彼、渐次成佛的渐修法门, 也演说了直指人心、见性成佛的顿悟法门, 前者乃是佛为中下根器的众生所说, 后者则是佛为上根器的众生所说。禅宗祖师于是从佛心定义禅, 并将其宗派命名为禅宗。

那么, 禅宗是谁创立的呢? 禅史家认为, 佛祖灵山拈花, 迦叶破颜微笑, 已经开启了禅源。据说有一次, 释迦牟尼佛在灵山上说法, 他一改往常的讲经说法方式, 只用一个符号来表达其本怀。这个符号是什么呢? 他手举青莲花向大众示意。据说在场的听众都不知道佛祖要干什么, 都没有反应, 唯有苦行头陀摩诃迦叶会心一笑。释迦牟尼佛知道迦叶与他心心相印, 就说了几句话:"吾有正法眼藏, 涅槃妙心, 实相无相, 微妙法门, 不立文字, 教外别传, 付嘱摩诃迦叶。"禅宗由此以心传心，代代相传，经西天二十七祖到菩提达摩。菩提达摩将禅法传到中国，成为中国禅宗初祖。接下来，二祖慧可、三祖僧璨、四祖道信、五祖弘忍，到六祖共有三十三祖。

按照这个祖统说，禅宗的起源很早，但我这里要稍微做一点辨明：禅宗的祖统说讲的是禅宗的起源，并不是禅宗宗派的建立。如果要讲禅宗宗派，也就是相对于天台宗、华严宗、唯识宗等佛教宗派的禅宗，严格说起来是六祖开创的。我说这话，并不是因为六祖是广东人，我现在又在广东工作，非讲他的好话不可，不是这个意思，我在任何一种场合都坚持这种看法。禅学研究者不时有这样一种现象，到湖北开会就说禅宗是五祖创立的，到河南开会就说禅宗是菩提达摩创立的，到广东开会就说禅宗是六祖创立的，这是他们的方便法门，我不开这种方便法门，我到哪里都是这个看法。

为什么说六祖创立了禅宗呢？宗派的建立需要四个条件：首先是独特的宗本。"宗"是本的意思，它一开始指的是祖宗，特别是从传统中国来讲，宗指的是宗族之祖。由于宗族之祖是后面子孙万代的根源，所以宗又有起源和开端的意思；由于这个开端和起源受到一切后裔的遵从，所以又有遵从、尊奉、效法的意思。因此简要地说，禅宗就是以禅为宗本建立起来的佛教宗派。比如说三论宗是以三部论（《中论》《十二门论》《百论》）为根本经典的佛教宗派，华严宗是以《华严经》为根本经典的佛教宗派，天台宗是以《妙法莲华经》为根本经典的佛教宗派。禅宗却不是这样，它不是依某部经典，而是依所有佛经归趣的禅为宗本的佛教宗派。我希望这已经能够凸显禅宗的独特性了。为什么这么说呢？因为这里所讲的禅，不是戒、定、慧三学意义上的定学，定学意义上的禅主要是一种开智慧的次第止观法门，其次第是由持守戒律减少杂念，由减少杂念进入止观修习，由止观修习破掉昏沉散乱两种不健康的心态，最后开启智慧。但禅宗意义上的禅却是在理体或果位上理解的禅。其次要有独特的修行法门。在修法上，禅宗提倡祖师禅而不是如来禅。祖师禅有两个特点：一是它没有任何有系统、有次第的理论建构。所谓有系统，指在理论上有完备的修行系统；所谓有次第，指在实践中有由浅到深、由此到彼的顺序，华严、天台等如来禅有这两个特点，而禅宗却没有这样的特点。二是它以无门为法门。教下各家都有具体的修法，譬如华严宗的"法界观"、天台宗的"圆顿止观"、唯识宗的"五重唯识观"等等，而禅宗没有任何具体的修法，如马祖道一禅师所说，禅宗是"以无门为法门"，这是禅宗依般若观照自心这一法门体现出的特点。禅宗既然没有任何特定法门，反过来看，则所有法门都是禅宗顿悟见性的法门。这样一来，禅宗就突破了学人只能修"法界观""五重唯识观"或"圆顿止观"等法门的限制，而可以当机开出任何直指人心的修法。第三，还要有传承其法门的僧团。如果没有僧团一代代传承这个法门，这个法门要形成宗派也不太可能，也不够资格。因为所谓宗，还有一个含义是众，就是大众的意思，要有很多人崇奉这个本，这个本才能叫作宗，否则很难叫宗。最后，要有自己开宗立派的经典。虽然我们说禅宗本身所依的"宗本"并不是任何一部具体的经典，但是由于六祖觉悟佛道后，随自己的智慧心演说了很多法，弟子把他的法语结集起来形成了一部新的经典，这部经典就是禅宗所尊奉的《六祖坛经》。前述四个条件，六祖之前，或者具足一个，或者具足两个，或者具足三个，但从未全部具足，只有到六祖才全部具足，所以我说六祖创立了禅宗。

问 答

问：您说六祖前世供养了许多佛，曾经向许多佛学习，之前我在寺庙里看到一副对联写道，"谁解饮光微笑，同见般若花开"，我觉得这是说，学佛就是开启一个人本身具有的悟性和佛性，至于是通过自学还是通过老师带领的方式入佛道，这只是形式上的不同。为什么自学就不可以成佛？

答：首先，佛教讲法是因缘而起的，因缘和合才能成就。对于学佛来说，我们自己是因，但光有这个因是不够的，如果光有这个因，有些人连佛教经典都碰不到。譬如说，我们怎么知道有部《六祖坛经》或《金刚经》呢？这本身就是善知识介绍的结果嘛。当然，善知识未必就是一个人，其他的对象也可能是我们的善知识，其实只要在生活中对我们增长过一丝一毫善缘的对象，我们都应该看成是化身佛在帮助我们，这已经是因缘和合的思想了。

佛教不是完全否定自学成就，但认为自学成就很难，一个原因在于佛教所说的菩提心要在中道见的基础上才能发起。所谓中道见,就是既不执著这个世界实有、也不执著这个世界虚无的空性见,这种见地如果没有老师提撕乃至鞭策,很容易走偏。偏到哪里?偏到偏空见。偏空见指二乘人误解中道见而形成的见解,以为这个世界外有一个实在空的世界,依此见地修行能够断除我执现行,只是二乘果位。成就佛果的基础是,即世间而观世间万法本空,虽观万法本空而不舍救度众生的事业,前一面是中道见,后一面是菩提心。这两面必须配合在一起,光有中道见而没有菩提心,则不是佛教的中道见;光有菩提心而没有中道见,也不是佛教的菩提心。这两者的配合是非常微妙的。当然,我们并不排除有天生的佛菩萨,那是转世的佛菩萨,他们根本不存在学不学的问题,但我们讲的不是这个问题,我们讲的是一个凡夫如何能够成佛这个问题。凡夫在菩萨道上得不到过来人的指点,是很难到达真正的目的地的。好比我们进入一座原始森林,如果没有一个曾经穿过这座原始森林的向导指路,要走出来是非常困难的。为了避免走不必要的弯路,我们也应该去寻访相应的老师。

问:三千大千世界到底有多大的面积?

答:佛教说的三千大千世界,具体指一佛教化的世界。构成三千大千世界的基本单位是小世界,即以须弥山为中心、有九山八海四大部洲环绕,下至风轮上至梵世天(有说到非想非非想处天）的范围。一千个小世界加在一起成为一个中千世界，一千个中千世界加在一起成为一个大千世界。三千大千世界不是三千个大千世界，而是一个大千世界，因为其中三次出现了"千"这个字，故称为三千大千世界，等于十亿个小世界。但佛经说三千大千世界，目的是要破掉众生对世界有大有小的执著，显示世界是无限的。

问：释迦牟尼开悟以来，还有多少人开悟过？六祖是圆满的佛吗？现在这个末法时代还有阿罗汉吗？

答：释迦牟尼圆寂后还有没有佛？这要看你从哪个角度来说了。佛教说佛有法、报、化三身，法身是以法性为身，此身古往今来如如不二；报身是佛教修行者修行佛法明心见性见到的身相，此身具有高大相好的身相；化身是法身化现到六道中度化众生的佛身，此身形象不定，数量无边。我们可以这么看，从化身的角度来讲，释迦牟尼佛是示现到人道中的佛，至于释迦牟尼佛圆寂后、弥勒佛应世前这段时间内在人道中成就的其他圣人，即使和释迦牟尼佛的境界一样圆满，也不称为佛，而称为菩萨。一般认为，六祖与佛的境界无二无别，但佛教界不称他为佛，而称他为菩萨。

佛教确有正法、像法和末法三个时代之说，认为正法时代有修有证、像法时代有修无证、末法时代无修无证。如何理解此说？我以为不能把它当成佛的实义说，而应当看成方便

说。换句话说，佛提倡此说，目的是为了警醒佛弟子：一切有
为法无常，在世间流行的佛陀教法同样无常，因此佛弟子应精
进修学、传承和弘扬佛法，不要让佛法徒具形式，不要任佛法
过早消失。更重要的意思，我以为应当回到心上来讲：一个人
如果生起誓愿成佛、一定成佛的心行，是正法时代；如果生起
只能够读经、修行而不能悟道的心行，是像法时代；如果生起
只能读经而不能解义与修行的心行，是末法时代。依我自己的
看法，后面这种理解更重要。为什么？因为佛法的基本思想是
三界唯心、万法唯识，一切法都因心而起，正、像、末三个时
代的看法也因心而起，我们起正法心则正法时代现前，像、末
二法时代同样如此。至于这个时代有没有阿罗汉？很难揣测。
《楞严经》说，"如今世间旷野深山、圣道场地，皆阿罗汉所住
持""世间粗人所不能见"。依佛经说，罗汉肯定有，只是我们
看不见罢了。实际上，按佛教的观点，只要修行人发起出离
心，并断尽了见思二惑，他自己就是罗汉。

问：现在的经济是欲望的经济、贪婪的经济，这个地球马
上要毁灭掉了。人是多么丑陋，包括自己也很丑陋。在这样的
情况之下，请问哪里有阿罗汉？

答：我觉得你非常有慈悲心，很值得赞叹。世界是我们造
业所感，如果我们看到这个世界如此贪婪、如此冷漠，首先应
从自己改起，自己应该先把贪婪心降低，最后彻底断除掉。佛

法说修行，首要就是转化自己，只有转化了自己才能转化别人，否则不但两个人都转不了，反而弄得一身烦恼。比如一个打麻将的父亲，他教育孩子不要打麻将，这话说出来都没有底气，更不要说禁止其儿子打麻将了；反之，如果做父亲的没有或者已断除了打麻将的习气，他就能严厉地教育其儿子，其儿子也会真正听他教育。从日常生活讲，我们首先要做到不杀生、不偷盗、不邪淫、不妄语和不饮酒。我也在努力按这个要求做，我家从来没有蚊帐，纱窗也没关，蟑螂、蚊子都可以在我家自由生活。我家人由此练就了很强的免疫力，没有感觉到被蚊子咬过。来的客人被蚊子咬得全身是包，奇怪我们为什么不用蚊帐。自己转化了，免疫力强了，它咬你也不知道，或者知道了也不会觉得难受。

第二讲 《六祖坛经》导读

　　《六祖坛经》，作为中国传统优秀文化的一部重要经典，可以说对我们达成健康精神平台这个目标具有里程碑意义。为什么说它具有里程碑意义呢？因为《六祖坛经》集中用简洁明了、直指人心的方法，为我们发现自己的本来面目，获得智慧、自在、慈悲这样一种高品质的人生，开出了一条快捷的大道，这是此前任何经典都没有做到的事情。我想，六祖所以被誉为东方三圣之一，根本理由应该在此。我们今天就打算带大家领略一下《六祖坛经》的主要内容。

　　今日的《六祖坛经》，主要是六祖应韶州刺史韦璩礼请到大梵寺说法的笔录，由其弟子法海集录而成，所以敦煌本《六祖坛经》的全名是《南宗顿教最上大乘摩诃般若波罗蜜经六祖惠能大师于韶州大梵寺施法坛经》，这就是《六祖坛经》集录本的经名。《六祖坛经》最先存在的肯定是集录本，即六祖讲法时由弟子记录的本子。但这是不是法海一个人记录的本子呢？很难说。更大的可能是，先由很多弟子记录下来，最后由法海综合在一起，才形成了类似笔记本一样的这个本子。这个本子的《六祖坛经》，大概成立于先天二年至开元二十年之间，即六祖圆寂至神会到华台与北宗僧人辩论禅宗宗旨之际，也就是 713—732 年这 20 年期间。

第二，敦煌原本。大致在开元二十一年（733）到贞元十七年（801）期间，在前面祖本的基础上传出了敦煌原本，这个本子就是敦煌藏经洞里发现的《六祖坛经》本子，它是敦煌本、敦博本和西夏本的祖本。敦煌遗书里面，迄今发现了五个《六祖坛经》本子：第一个是旅博本，就是大连旅顺博物馆所藏的《六祖坛经》。这个本子在 1911—1912 年期间被发现，1920 年公布，首尾完整。现在上海古籍出版社已经出版了旅顺博物馆研究员的校勘本。第二个是斯坦因本。斯坦因（1862—1943）是英国人，是劫掠敦煌宝藏的重要考古学家，现在的敦煌文献，有一种编号就是以他名字的首字母 S 来代表的，例如英国国家图书馆藏 S4548 号《六祖坛经》卷子，那个 S 就是斯坦因名字的第一个字母。这个本子 1923 年由日本学者矢吹庆辉（1879—1936）发现，1928 年《大正新修大藏经》公布录文，首尾完整。《大正新修大藏经》很多图书馆都有。第三个是北本，即国家图书馆藏 BD04548 号背，这个背一（背一就是背面的第一栏）的内容就是《六祖坛经》。1930 年陈垣先生《敦煌劫余录》著录，前部已残，仅存后部文字及尾题。第四个是敦博本。所谓敦博是敦煌市博物馆的简称，敦博本即敦煌市博物馆藏敦博 077 号《六祖坛经》卷子。20 世纪 40 年代北京大学教授向达先生（1900—1966）曾著录，1983 年由周绍良先生（1917—2005）发现，1993 年中国社会科学院的杨曾文先生首次发表录文与研究，首尾完整。杨曾文先生的录文和研究，在上海古籍出版社和宗教文化出版社都有出版。第五个是北残片本。该本 1996 年发现，仅存五行经文。

第三，惠昕本。惠昕本由惠昕于北宋乾德五年（967）改编古本而成。

第四，契嵩本。据北宋工部侍郎郎简《六祖法宝记叙》，该本成书于北宋至和三年（1056），两年后契嵩得到"曹溪古本"用以校勘，编为三卷，此即所谓契嵩本。

第五，德异本。该本元朝至元二十七年（1367）由比丘德异刊印，德异是该比丘的名字。

第六，宗宝本。宗宝也是一个比丘的名字，他于至元二十八年（1291 年）编成此本。这是明代以来最流行的坛经本子。我们今天见到的《六祖坛经》一般就是这个本子。

现存的《六祖坛经》传本，篇幅最少的敦煌本只有 14 000 字左右，而宗宝本则有 3 万字左右，这就难免引起争论。例如关于《六祖坛经》的作者，有人说《六祖坛经》不是六祖所述，而是其弟子神会（687—760）摘录他本人的语录所凑成的一部书。这个观点最早是由胡适（1891—1962）提出来的，胡适认为《六祖坛经》的作者实际上是六祖的弟子神会，而不是六祖本人；具体说《六祖坛经》是由神会所说的一些语录凑成的一本书。胡适这个人是研究历史的，他的口号是"大胆假设，小心求证"，实际上他只做到了前面一条，后面一条却没有做到。有人说《六祖坛经》是牛头法融一系禅师的著作，譬如美国一个叫马克瑞的佛教学者就主张这种观点。牛头法融一系是什么意思呢？牛头是一座山名，法融是在牛头山上修行的一个师父的法号，他后来成了禅宗四祖道信禅师的弟子，并开创了道信禅师门下另外一个分支，后人叫作牛头宗，大概在今天江苏的南京、扬州一代活动，这就是所谓牛头法融一系。马克瑞说，《六祖坛经》实际上是这派禅师而不是六祖的作品。还有人说《六祖坛经》基本是六祖说法的记录，但后人不断有改编和增益。

又如关于《六祖坛经》的内文，我们比较敦煌本和宗宝本，发现宗宝本里有些重要段落敦煌本里没有，相反，敦煌本里有些内容宗宝本里也没有。比如六祖的偈语，宗宝本只有一个："菩提本无树，明镜亦非台；本来无一物，何处惹尘埃。"这是大家耳熟能详的。但是敦煌本里面却有两个，而且偈文也不一样，其中一个偈文是："身是菩提树，心是明镜台；佛性常清净，何处惹尘埃！"从文字表达说，"身是菩提树，心是明镜台"固然与"菩提本无树，明镜亦非台"不一样，第三句"佛性常清净"与"本来无一物"也不一样。为什么敦煌本有两个偈颂，而宗宝本只有一个偈颂呢？而且这偈颂和前面两个偈颂的偈文不一样？由此争论蜂起，公说公有理，婆说婆有理，很难有结论。

我本人不想增加一种说法，但仍然想说说自己的意见。首先，关于《六祖坛经》作者的争论，并没有一家能够说服我。我依然相信《六祖坛经》是六祖思想的记录，其证据我们也可以找出很多，但是要证明起来非常复杂，在此按下不说。其次，关于《六祖坛经》的内容，后人改编说虽有一定道理，但我认为这种说法过分受到"《六祖坛经》一本单传"之见的影响。他们认为从敦煌本到宗宝本是一本单传，就像一个家庭一代只生一个儿子一样，这是不是一种先入之见呢？我认为很可能是先入之见。六祖当年在曹溪说法三十七年，并且都是对不同听众开示的直指人心之禅，而不是照本宣科地说教，因此可能有许多弟子都对六祖的说法进行了记录，虽然有的记录得比较简略，有的记录得比较详细，但毫无疑问都是六祖的法语。与佛教高僧大德有过接触的人都知道，一个禅师从开堂说法到圆寂要说好几十年的法，你想一想，难道只有一个人记录他说的法吗？我认为这种可能性很小，更有可能是很多弟子同时或先后记录了他说的法。就像现在老师上课、学生记笔记一样，有的学生只是记一个纲要，有的学生把老师的每一句话都记了下来，能够说后面这个学生记的就不是同一个老师所说的话吗？不能呀。因此，情况可能是一开始就有多个详略不同的《六祖坛经》本子在流传，最后被整合成了字数最多的宗宝本。这当然也是一种推测，也没有文献依据。

　　当然，对于今天来听讲座的嘉宾来说，我们大多数不是要去研究《六祖坛经》的传本和版本问题，完全可以放开这个问题不管。我们怎么处理这个问题？有的人讲，我也想依照《六祖坛经》去阅读，乃至于想依照《六祖坛经》去修行，希望能够早一点发现我的健康精神平台，能够过上智慧、自在、慈悲的生活，但我不能够随便相信一本《六祖坛经》，担心碰到掺假的《六祖坛经》。如果有这样的问题，那么我可以告诉你：《六祖坛经》所有传本我都精读过，尽管各本相互之间内容有所差异，但根本思想和修法完全没有差别。有人会举我们刚才提到过的偈颂反问："敦煌本《坛经》说'身是菩提树，心是明镜台；佛性常清静，何处惹尘埃'，与宗宝本所说'菩提本无树，明镜亦非台；本来无一物，何处惹尘埃'，四句只有第四句相同，怎么能说它阐述的道理一样呢？"我们可以这样来理解，六祖的偈颂并不是完全正面表达自己对于禅的体会，它有对治神秀偈颂的作用，六祖实际上是通过对神秀偈颂的破斥来展现他所体会到的禅。神秀的偈颂说："身是菩提树，心如明镜台；时时勤拂拭，勿使惹尘埃。"这里说的"菩提树"指四大合成的肉身，譬喻肉身是孕育智慧之树，所以说"身是菩提树"；"明镜台"譬指佛家所说的智慧心，《六祖坛经》里经常称之为本心或自心，譬喻智慧心像明镜一样光明朗照。六祖正是针对他的见地说，假如我们的身是菩提树、心是明镜台，这两句都是顺着神秀的偈颂来说的。但是神秀偈文第三句是"时时勤拂拭"，而六祖说的是"佛性常清净"，意思完全不同了。佛性指心具有的根本性质，六祖说这佛性是常清净的。常清净是什么意思呢？清净与污染相对，指众生的本性根本没有任何污染。如果从翻译学的角度来讲，常清净的"清净"二字实际上是"空性"的另一个说法。这样，我们就可以将"佛性常清净"理解为：因为我们的佛性本性空寂，任何烦恼尘埃都染不上去，所以它是一尘不染的。但神秀偈文的第三句"时时勤拂拭"意味着，他把佛性和烦恼都当成了真实的东西，他的见地没有达到万法皆空的高度；其偈文第四句"勿使惹尘埃"更加坐实了这种见地。正因此，他才要通过"时时勤拂拭"的方法，把他认为真能污染佛性的烦恼除掉，让佛性显现出来。但他这种见地违背了佛教的"不二"中道，依这种见地修行，无论如何"勤拂拭"，都是不能成佛的。六祖则告诉我们，烦恼、佛性皆空，有什么需要拂拭呢？

这两个偈颂的最大差别是见地上的不同，而不是修法上的差异。有些人说神秀的偈颂也不错，为什么一定要说六祖的更好？这是没有抓住重点。五祖将衣钵传给六祖而不传给神秀，根本上正是看到：神秀在二元对立的分别心中理解烦恼和佛性，而六祖则在"不二"的智慧心中来体察烦恼和佛性；神秀见到的是染净对立的世界，六祖见到的是万法平等的世界。如果从修法上来讲，顿悟不废渐修，渐修不废顿悟，顿悟渐修是相辅相成的。

如果我们这样理解两个传本中的六祖偈颂，就可以肯定敦煌本与宗宝本《六祖坛经》的内容没有什么不同。因为宗宝本《六祖坛经》的偈文，从第一句到最后一句都是从空性来观察的："菩提本无树"说我们四大本空，否定那种将四大合成的身体视为实体的外道见；"明镜亦非台"说我们的智慧心本空，否定那种将智慧心视为实体的外道见；"本来无一物"合说肉身与佛性皆空，堵死人们心中生起任何实体的幻想；"何处惹尘埃"则总说万法皆空，本来就没有尘埃可拂，从而令人当体归宗。空性是佛法的根本见地，如果我们想学习《六祖坛经》，并想进一步从中建立健康的生命观、享受健康的生活，我觉得看任何传本和版本的《六祖坛经》都是可以的。

《六祖坛经》有些什么特点呢？第一个特点是悟理通透。这是说《六祖坛经》所记录的佛法都是究竟、圆满的佛法，这是《六祖坛经》被尊为佛经的根本依据；如果《六祖坛经》所说的法跟释迦牟尼揭示的真理有任何差异，都不会被人们尊奉为佛经。第二个特点是直截了当。这是指《六祖坛经》的说法方式，《六祖坛经》从不离开本心说法，句句直指人心，既不拐弯抹角，也不作多少方便说。第三个特点是浅白易懂。《六祖坛经》之所以在中国这么流行，多得益于它是用唐代通俗易懂的白话文来说的，在唐代可以说上至官员、下至黎民，凡识字者都看得懂，今人读来也没有障碍。像天台宗、华严宗、唯识宗等宗派的经典就没有这么容易懂，一般人没有几年的功夫，根本不要想弄懂其中的道理。第四个特点是方便易行。《六祖坛经》提持的修行法门适合所有人修行，而且随时随地都可以下手修行。因为《六祖坛经》有这四大特点，难怪"好简"的中国人如此喜欢这部经典了。

当然，有必要说明，《六祖坛经》的文字浅显易懂，不等于它的思想也很浅白，实际上《六祖坛经》文浅意深、文约义丰，有文中之意、文外之意，会得文中之意，未必会得文外之意。这文外之意怎么样去讲呢？我觉得有两个方面，如果我们与《六祖坛经》有缘分，还是要反复精读《六祖坛经》；其次，要去找与自己相应的老师，向老师请教。譬如，我们用功读《六祖坛经》，每天念两三部，甚至十来部，念好几年，肯定有收获，但收获不一定很大，因为《六祖坛经》本身不会跟我们讲话，告诉我们这个地方要这么理解，那个地方要那么理解。因此，依《六祖坛经》修学者，有必要寻访自己相信的老师，即《六祖坛经》里面说的"善知识"来引导。

《六祖坛经》的核心思想有哪些呢？首先就是一切众生皆具佛性。一切众生皆具佛性、皆能成佛是佛教的根本思想，与儒家途人皆可为舜尧、道家凡人都能够成真之说在基本价值理念上是一样的，都将成圣、成仙、成佛的根据视为人人本具、个个不少的本性。这与西方宗教将人类得救的根据归于上帝有很大差异，西方天主教也好，基督教也好，都不会说所有众生都能够成上帝，这对他们来说是大逆不道的。所以大家要知道，由于创立者的见地及其针对的根器有差别，宗教会表现出不同的面貌。佛教之所以能够在中国这么顺利地发扬光大，根本就在于其一切众生皆有佛性、皆能成佛的思想与儒道两家的根本思想取径是一致的，都主张一切人可以通过下学上达成贤成圣。在这一根本点上，禅宗的主张与其他佛教宗派也毫无二致。《六祖坛经》里说："当知愚人智人，佛性本无差别。只缘迷悟不同，所以有愚有智。"为什么人的智商有三六九等呢？这是因为他们的无明有厚有薄。无明是没有智慧的意思，无明厚的人慧根相对较低，如遮蔽太阳的乌云更厚；无明薄的人慧根相对较高，像遮蔽太阳的乌云没有那么厚。但不管无明厚薄，从根本上讲，众生成佛的根本性质都无二无别。

佛性是什么？这个问题，我们比较六祖与神秀的偈文时已经讲了一点，现在想依据《六祖坛经》的经文进一步显明，六祖与神秀对佛性的理解确实不是一回事。六祖隐修十多年以后，就到了广州的法性寺。他到法性寺时，正好碰到印宗法师在讲《大般涅槃经》。《大般涅槃经》是佛教的了义经典，其最重要的思想就是一切众生皆有佛性、皆能成佛的佛性论。六祖静听印宗法师讲经，并借僧人辩论风幡之动的机缘站了出来。印宗法师知道遇到了高人，就走到他面前说："听说五祖的衣钵南下了，是不是就在仁者身上啊？"印宗法师称他为仁者，表明六祖当时还没有出家。六祖承认他就是五祖的得法传人，印宗法师马上向六祖请教五祖的禅法，又问什么是佛法不二之法。六祖答道："法师讲《涅槃经》，明佛性是佛法不二之法。如高贵德王菩萨白佛言：'犯四重禁，作五逆罪，及一阐提等，当断善根佛性否？'佛言：'善根有二，一者常，二者无常，佛性非常非无常，是故不断，名为不二。一者善，二者不善，佛性非善非不善，是名不二。蕴之与界，凡夫见二，智者了达，其性无二。无二之性，即是佛性。'""无二之性"是什么意思？是没有任何二元对立念头的心性，是我们任何一个众生本具的本性、如来藏，六祖称之为"佛心印"。

知道一切众生皆有佛性，就要发自度度他、度尽众生的菩提心。佛教都讲发菩提心，但是禅宗的讲法与其他宗派的讲法有点不同，其他宗派的发菩提心偈为"众生无边誓愿度，烦恼无尽誓愿断，法门无量誓愿学，佛道无上誓愿成"，但《六祖坛经》的发菩提心偈却是"自心众生无边誓愿度，自心烦恼无尽誓愿断，自性法门无量誓愿学，自性佛道无上誓愿成"，每句话前面都加了两个字，前面两句加的是"自心"，后面两句加的是"自性"。这里的"自心"是凡夫的烦恼心，只有烦恼心中才有无边众生和无边烦恼需要度和断；"自性"则是"自心"的根本性质，它凡圣不二，具足无边法门和无上佛道。为什么禅宗的发菩提心偈有"自性"两个字，而其他宗派的发菩提心偈都没有呢？其他宗派的发菩提心偈是从次第法门来说的，先从化身佛层面起修，其次进入报身佛层面，最后圆满法身佛；六祖坚持从自性起修，《六祖坛经》的发菩提心偈自然要直接从自性点化出来，无边众生和无尽烦恼根本都是分别心产生的虚妄相，只有当体看破分别心才能显现清净自性。六祖的发菩提心偈，从"迷为众生，悟则成佛"这个顿教的根本点出发，将所有烦恼和众生都从分别心上点出，又依此为切入点加以净化，的确是彻根彻底、至圆至顿的法门。

为什么发愿成佛这么重要？因为发愿成佛能够得到智慧、自在和慈悲，而佛家称这是最健康的精神平台。佛家不允许众生发愿成为一个凡夫，因为所有凡夫的精神世界都是由贪、嗔、痴三毒构成的，由此开展的生命只能是苦恼、迷惑、自私的生命，一定要转凡成圣才有意义。这个圣从哪里"产生"？从我们的自性中"产生"。自性就是自心的本来面目，就是自心"除尽"无明以后的本来状态，众生"除尽"无明后就会发现，自性中具足无量法门，所有佛道都是从自性中显现出来的。如果一切众生与烦恼从分别心生出，则一切法门与佛道从清净自性显现，但所谓"除尽"无明实际是依般若观空无明，所谓从自性中"产生"圣贤实际上是从自性中显现圣贤。举个例子，《金刚经》曾说："一切诸佛及诸佛阿耨多罗三藐三菩提法皆从此经出。"那么《金刚经》从哪里来呢？我们都知道是从释迦牟尼佛的口里说出来的。如果我们进一步问：释迦牟尼佛为什么能说出《金刚经》呢？佛教告诉我们，根本是因为释迦牟尼佛发现了自心的本来面目。因为众生心即佛心，所以六祖更说，众生心中本有三藏十二部经。我们还可以扩展开来说，任何一个众生的心都具足世出世间一切知识和智慧，只看我们能否完全显现出来罢了。当我们读出《六祖坛经》发菩提心偈的这一层意思之后，我们就能建立起成就一切功德的坚固信心。

发了愿还要用功修行，只有愿望而不将愿望付诸行动，依旧不能达到目标。如何用功修行呢？禅宗是用般若观照法门来修行。首先我们看看什么叫作般若波罗蜜？大家可能都比较熟悉《心经》，《心经》的第一句话是"观自在菩萨行深般若波罗蜜多时，照见五蕴皆空，度一切苦厄"，经文中的"深般若波罗蜜多"就是般若波罗蜜，六祖有时称为摩诃般若波罗蜜。摩诃意思是大，般若意思是智慧，波罗蜜意思是到彼岸，合起来即是大智慧到彼岸，本书一般简称般若或智慧。我们看《六祖坛经》如何赞叹这能引导众生到彼岸的智慧:"摩诃般若波罗蜜,最尊最上最第一,无住无往亦无来,三世诸佛从中出。"禅宗依这出生三世十方诸佛的般若观心见性,无疑握得了大乘佛法的心要,因此它并不向弟子传授念佛、打坐、礼拜、诵经等具体修行法门。《六祖坛经》从第一品到最后一品,可以说都是依般若为能观智展开的妙法,如果我们掌握了这个能观智,修习《六祖坛经》甚至整个禅宗都有纲举目张的效果。可是有人会问:没有得到智慧的人怎么修呢?最切近的办法是依六祖的有关开示去修。六祖说:"何名般若?般若无形相,智慧心即是。若做如是解,即名般若智。何名波罗蜜?此是西国语,唐言到彼岸。解义离生灭,著境生灭起,如水有波浪,即是于此岸。离境无生灭,如水常通流,即名为彼岸,故号波罗蜜。善知识!迷人口念,当念之时,有妄有非;念念若行,是名真性。悟此法者,是般若法;修此行者,是般若行。"这段开示的关键是"著境生灭起"和"离境无生灭"两句。著就是执著,执著于任何人事物,乃至于我们脑袋里面的任何境界,都是生灭心在现起;反之,"离境无生灭",如果我们的心当下不执著于任何人事物与内心种种境界,就能远离生灭心而现起不生不灭的智慧心。智慧心是什么?就是《金刚经》所谓"无所住而生"之心,即不执著任何境相的心。依般若为能观智观照自心,无论什么人,也无论在家出家,随时随地都可以修行,所谓"若论修行,在家亦得"。

不过,六祖毕竟是出家人,他弘法的重点还是依般若开出传统佛教的种种修法。这其中，最著名的就是"三无"法门，所谓"我此法门，从上以来，顿渐皆立无念为宗、无相为体、无住为本"。这三个法门正是佛法修学的核心戒、定、慧三学，往后我们会一一讲到，现在仅从总体上对它们的来源、相互关系和修持特点进行简要介绍。六祖的"三无"法门都是从自性上安立的法门，"心地无非自性戒，心地无痴自性慧，心地无乱自性定"。自性是戒律的本源，具足一切戒律，而它本无形相，是根本的戒律，故称为无相戒；自性是禅定的本源，具足一切禅定，而它本无动摇，是根本的禅定，故称为无念定；自性是智慧的本源，具足一切智慧，而它本无滞著，是根本的智慧，故称为无住慧。换句话说，不二自性体现在戒律上是无相戒，体现在禅定上是无念定，体现在智慧上是无住慧，因此契嵩禅师才这么解释三无法门："'无相为体'者，尊大戒也；'无念为宗'者，尊大定也；'无住为本'者，尊大慧也。"（《六祖大师法宝坛经赞》）

既然"三无"法门都是从自性的某一特性安立的修法，它们之间根本上是平等的法门，其关系是一即三、三即一的一体关系，三个法门都本于自性而又归于自性，上根器的参禅者无论从任何一个法门都可直接成就佛道。当然，参禅者还有大量不能从一个法门直接成佛的中下根器者，也不妨从无次第中权说次第，以利于他们修习，先持守无相戒，再修习无念定，最后开无住慧，但这终究是第二义，非"三无"法门的宗旨。

依般若成佛后，我们的精神生命就体现为三个最为殊胜的特点：第一，自处时没有任何烦恼，连烦恼的习气都没有，"内外不住，去来自由，能除执心，通达无碍"；第二，处事时具有圆满智慧，能够当机做恰到好处的事情，"去来自由，无滞无碍，应用随作，应语随答，普见化身，不离自性，即得自在神通、游戏三昧"；第三，待人接物时尊重一切生命，具足无缘大慈、同体大悲之心，"若人具二三昧，如地有种，含藏长养，成熟其实，一相一行，亦复如是……犹如时雨普润大地"。

以上就是《六祖坛经》传本、思想与法门的概要，其中的思想与法门是《六祖坛经》以及禅宗开展其他种种思想与法门的心要，只要我们掌握了这个心要，学习《六祖坛经》和禅宗就不会太难了。

问　答

问：佛教能不能为现在讲的"中国梦"做点贡献、添砖加瓦呢？

答：我觉得完全没问题。社会主义核心价值观是多少个字？24个字。其中很多内容，我们传统文化中本来就有，而且其思想内涵与可操作性一点不比西方人的差，只是近代以来我们举族自卑，瞧不起自己，才以为这些思想来自西方。西方的优秀文化也是天下所共有，不是他们的私藏品。我当然不反对学习借鉴西方，但是学习借鉴终究需要自己是有本之木、有源之水，否则难免水土不和。特别是建立我们的核心价值观，如果我们能接上优秀传统文化之根，再融汇西方相应的思想，一定会更有亲和力与生命力。佛教提倡的众生平等、精神自在、大慈大悲、爱生护生、报国土恩、少欲知足等等思想，及其追求的悲智双运的人生目标，与社会主义核心价值观及其目标具有深度相通性，完全可以成为充实其内涵的精神资源。

问：《六祖坛经》是中国人的佛教著述当中唯一以"经"命名的作品，其他则以"论"或注疏来命名，为什么只有《六祖坛经》被称为经？

答：依照我的看法，因为《六祖坛经》完全开显了释迦牟尼佛的本怀，并且能够让信奉该经的人通过简洁易行的方法获得智慧，才被汉传佛教界尊奉为经。

问：《六祖坛经》是六祖传法的记录，六祖的真身供奉于韶关的南华寺。我听说您见到六祖真身的时候有一个强烈的感应，能跟我们分享一下吗？

答：没错。这是佛法所谓心心相印的感觉，一方面它不是神秘主义体验，另一方面它也不是用肉眼看木乃伊那种感觉。神秘主义体验是人类对理性不能解释的精神体验的称呼，我与六祖的相应则是一种心灵相通的经验，任何人只要依照六祖教示的见地与方法修行，到一定时候都会有同样的经验，因此并没有任何神秘之处；反过来，如果一个人从来没有依照六祖教示的见地与方法修行，只是以通常的眼光看六祖真身，他看到的不过是一千多年前的肉体，风干之后一直保存到现在，时间长一点照样会坏，也不会有这种感觉。

总之，如果我们的心与六祖相印，能与上千年前在曹溪说法的六祖的大智慧相接，跟他生活在同样的境界之中，很好地、亲切地跟他交流，我们就能够更加深入、更加透彻、更加全面地理解和领会《六祖坛经》的深义了。

第三讲　禅宗的心印

　　我们在第二讲中说，《六祖坛经》的核心思想首要是一切众生皆具佛性、皆能成佛。这个佛性，六祖又称之为本心、佛心或本性、自性，或更形象地称之为心印。

　　心印是与法印相对建立的一个概念。为了更好地理解心印，我们需要先了解一下法印。法印即佛法印，分开看有三法印与实相印，三法印的内容是"诸行无常，诸法无我，涅槃寂静"，实相印的内容是"非有非无，不著二边"；合起来看，两个印只是一个印，因为三法印是展开来说的实相印，实相印则是合起来说的三法印。佛陀依这个法印判断佛弟子所学是否佛法，与此印相契合者是佛法，反之则不是佛法。但是，佛弟子的目的不仅仅是学习佛法知识，还要通过依教奉行，"安住于法中，得诸佛心印，圆满功德业，与佛无有异"（《佛说大乘随转宣说诸法经》），将自己转化成与佛陀一样的觉悟者，才算真正实现了学习佛法的目的。由于众生的这个本心最先由佛陀开发显现出来，所以称为佛心；由于它是佛的根本性质，因此叫作佛性；由于它是众生心的本来面目，所以叫作真心或本心；由于它是众生心的本性，所以叫作自性。

对于这个心印，佛陀圣教与宗门内有很多表达它的名相，如雪峰义存禅师（822—908）在向闽王开示时所说："大藏教中，一切经论，千般万般，只为一心，祖祖相传一心。但山僧为大王说此事，未可造次指示真性……且为大王说真如名于后：一名佛性，二名真如，三名玄旨，四名清净法身界，五名灵台，六名真魂，七名赤子，八名大圆镜智，九名空宗，十名第一义，十一名白净识……亦名无住心，亦名自性涅槃，亦名无言说，亦名无系缚，亦名无形相，亦名一心法门，亦名大涅槃，亦名定念总持，亦名真如性海，亦名无为大道，亦名一真法界，亦名无去无来菩提萨埵，亦名无性涅槃，亦名金刚三昧实谛，亦名自性清净心，亦名如来藏，亦名实相般若，亦名正因佛性，亦名中道一乘，亦名净性涅槃，亦名一念真如……此一念本来识性亘今亘古，本源真性自遍周法界。"（《雪峰义存禅师语录》）

这心印犹如骊龙额下的宝珠，是三世十方诸佛圆满显现、一切众生有待显现的智慧宝珠，佛陀千言万语，无非令众生显现此一智慧心宝。众生根机有上、中、下三等的差异，佛陀当机说法也有方便与真实的不同：对根器迟钝者，佛陀得从世界悉檀入手循循善诱，先将佛教的缘起观告诉他们，再依对治悉檀断其恶业、生善悉檀长其善根，最后才能依第一义悉檀说法，令其了悟本心本性；对根器猛利者，佛陀则可直接依第一义悉檀说法，无论放光现瑞、语默动静、举手投足、扬眉瞬目，凡有施为，皆能令其当下豁然自觉本心本性。禅宗，便是顺承佛陀依第一义悉檀说法开出的宗派。据《大梵天王问佛决疑经》记载，一次佛陀在灵鹫山准备说法时，大梵天王捧着一束金色婆罗花献给佛陀，佛陀拈起花束向在会大众示意，可是当时在场的八万四千人天大众对佛陀拈花的旨趣都懵然不知，只有大弟子摩诃迦叶破颜微笑，佛陀于是开示说："我有正法眼藏，涅槃妙心，实相无相，微妙法门，不立文字，教外别传，总持任持，凡夫成佛第一义谛，今方付属摩诃迦叶。"从此，禅宗一脉通过以心印心的方式，经西天二十八代，由第二十八祖菩提达摩传到中国，在中国经过五代孕育，由六祖发扬光大。禅宗因此被称为"传上乘一心之法"（《马祖道一禅师广录》）的传佛心宗或佛语心宗，而传承诸佛心印的人，则被称为"明佛心宗，行解相应"（《少室六门·二种入》）的禅师或祖师。

有学者认为，禅宗建立的这个法脉传承谱系不可靠，不值得信从。的确，如果从历史学的角度研究禅宗传承谱系，我们很难拿出文献、考古等证据来证明禅宗这个谱系，但我觉得我们并不能因此简单地否定这个谱系的真实性，更不能否定其摄化作用，原因在于佛教所说的真实，本质上不是理性认知的真实而是智慧体知的真实。这两种真实的根本区别在于，前者是凡夫的分别心执著的"客观"真实，后者则是觉悟者的智慧心显现的"唯心"真实；凡夫可以感知到前者，但对后者则取决于觉悟者以其喜闻乐见的方式来显现，否则他只能信仰。禅宗代代相传的谱系，是顺应非常看重宗法血统的中国人建立起来的一种摄受当机众生的传法方式，它的核心不是这个谱系能否在分别心的世界中得到证明，而是能否令当机众生依此方便对禅宗生起信心。从这个意义上说，禅宗的传法谱系是非常成功的，中国佛教宗派如此之多，但涌现人才最多的还是禅宗。再说，禅宗本来就没有执著代代相承的谱系，禅宗史上不时出现的隔代付授（如大阳警玄通过浮山法远将曹洞宗法脉传给投子义青）或隔代遥接（如近代虚云禅师遥接沩仰、云门、法眼三家宗脉）等现象，甚至好像是对这种执著谱系说的证伪。何以如此？因为禅师们知道，禅宗法脉能否延续的决定性因素并非有没有代代相继的参禅人，而是有没有不断悟入诸佛心印的禅师。

有的人不仅怀疑禅宗的传承谱系，还进一步怀疑是否真有他们所谓的诸佛心印，因为在他们看来，《大梵天王问佛决疑经》是伪经，依据伪经法义建立的宗派显然也是靠不住的。关于这个问题，要细究起来非常复杂，这里只是依佛陀开示给大家讲讲重点，以消除各位的疑惑。一部经典是不是佛经，学术界与佛教界各有其判断标准，学术界依据文献学、考据学、历史学、考古学等标准判断，认为释迦牟尼佛所说是真经，否则是伪经；佛教界的根本标准是"依法不依人"，即以佛陀宣说的三法印或实相印为根本标准，如佛陀在《正法念处经》就说："诸佛如来以法为师，何况声闻、缘觉？"这样，据学术标准判为伪经的经典，依佛法的标准判断却未必如此。如果经典的归趣与佛法印相契合，又有"六事成就"（佛经前的"如是、我闻、一时、佛、在某地、与某某大众俱"等语，是证明佛陀真实演说某经的六个证据，故称为六事成就），那肯定是佛经；反之，哪怕是释迦牟尼佛所说，也不是佛经。

《大梵天王问佛决疑经》现存两个本子，分为一卷本和两卷本，一卷本七品，两卷本二十四品，两经经文除了释迦牟尼佛拈花示众、付法迦叶的记述大同小异，其余内容颇有异同。有人认为两部经典都是伪经，有人认为两卷本是真经，一卷本是伪经，这大概都是仅仅从学术立场做出的判断，很难信从。譬如，怀疑两卷本者认为，该经没有译者、没有经录记载、没有请经东归祖师法号（该经系从日本传回中国）；怀疑一卷本者认为，该经蕴含很多中国文化的内容，暗含天台宗的五时判教思想，隐持不顺佛法的大梵天造世说，还有与两卷本内容差异太大。其实这些都是似是而非的证据，且不论人们解读出的内涵是否为强作解人的结果，即便事实确实如此，也可以从佛法的角度加以消解：以人道肉眼观佛陀，一卷本中出现的中国文化、五时判教等内容当然不可理喻，但佛陀具足大智慧，一念了知一切法，他用中国人喜闻乐见的名相说法，正是其善巧智慧的体现，我们怎么能用肉眼观佛陀？一卷本中的梵天造世说只是表象，其真实意趣是观音菩萨随心显现世界，因为经中的梵天是观音菩萨的化身；一卷本与两卷本内容大为不同，或许反映大梵天王曾经多次请佛决疑，只有两次被结集成了现传的同名佛经。两卷本没有译者等现象要成为证据，必须先证明经录对佛经及其译者的记载毫无遗漏，而事实上这一点根本得不到证明；至于说没有请经东归祖师名号，与前者是同样的道理，不必多说。既然如此，还有什么理由明确怀疑、否定《大梵天王问佛决疑经》的真实性呢？依鄙人浅见，这两部经既有六事成就，其归趣都是诸法实相，除非有确凿无疑的证据，否则不能轻率地否定其真实性。有人或许会说："照你这么讲，佛经最容易伪造了，因为只要用佛陀智慧无量就能破掉一切质疑。"其实这不过是凡夫的妄想。如果是凡夫造作的伪书，一定不可能与佛陀的意趣相同；如果是圣人或得到佛陀印可者所造，哪怕他们示现为凡夫相，他们造出的经典必与三法印或实相印契合，因而肯定是佛经。

退一万步说，就算《大梵天王问佛决疑经》是伪经，但佛陀付法迦叶的内容并不仅仅见于该经，在《大般涅槃经》里也有差不多一样的记载。《大般涅槃经》有南传和北传两系，南传《大般涅槃经》侧重叙述释迦牟尼佛圆寂前的行事，北传《大般涅槃经》侧重开显佛陀最后垂示的究竟法义，其《寿量品》中有这么一段经文："我今所有无上正法，悉以付嘱摩诃迦叶。是迦叶者，当为汝等作大依止。犹如如来为诸众生作依止处，摩诃迦叶亦复如是，当为汝等作依止处。"这同样可以证明佛陀将"无上正法"付给了摩诃迦叶。

佛陀付给迦叶的"无上正法"是什么呢？是佛性，是《大梵天王问佛决疑经》所说涅槃妙心，也是六祖所说的本心、本性或自性。有人说，禅宗奉为宗本的佛性或自性是类似外道偏执的真常或恒常的实体。如印顺法师（1906—2005）说，"禅者是唯心论，而且是真常唯心论"，"'识者知是佛性，不识唤作精魂'（神我）；神我与佛性，洪州下是看作同一事实的（只是识与不识的差别）"，因此禅宗这种"真心论者与神我论者"是一丘之貉（《无诤之辩》）。如果禅宗尊奉的心印真是这样的实体，其根本见地与佛教的空性见敌体相违，禅宗自然也就不是佛教宗派而是附佛法外道了。

窃以为，持这种看法的人犯了依文解义的过失，不知道禅宗所说心印有离言与依言两个方面的内容。从离言一面说，禅宗的心印是"如人饮水，冷暖自知"的不可思议禅境，这在《坛经》里是有明确记载的。据《坛经》说，追杀六祖的惠明知道衣钵不可强夺，便向六祖作礼，请六祖为他说法。六祖那时虽然还是个未剃发的行者，却是已彻悟诸佛心印的觉悟者，于是就对他说："你既然是为法而来，那请舍弃攀缘、不生杂念，我为你说。"惠明静默了很久。六祖开示说："不思善，不思恶，这个时候，哪个是你的本来面目？"惠明闻言大悟，又问六祖："除了前面所说的密意，还有别的密意吗？"六祖说："对你说出来的不是密意，你只要回光返照，就知道密意在你自己身上。"惠明说："我虽然在黄梅参学这么久，实际上没有真正见到自性，今天承蒙您指示，如人饮水，冷暖自知。"六祖印可他说："汝若如是，吾与汝同师黄梅，善自护持。"这样的禅境，用《大般涅槃经》的话来说，就是"不生不灭、不习不修、无量无边、无有足迹、无知无形、毕竟清净，无有动摇、无受无行、不住不作、无味无杂，非是有为，非业非果，非行非灭，非心非数，不可思议、常不可思议"的如来法身。

为了教化弟子，方便依言说示，禅宗的心印则如六祖大悟时所说:"何期自性本自清净! 何期自性本不生灭! 何期自性本自具足! 何期自性本无动摇! 何期自性能生万法! "这是从众生自性上点示性空缘起或缘起性空的实相，从体性或果德上可称为真空妙有:"本自清净"、"本不生灭"、"本无动摇"显示自性本性空寂、不生不灭;"本自具足"指自性虽然毕竟空寂，但并不是远离万法的顽空，而是具足无量清净法的真空;万法也不是远离空性的实有，而是与空性一如的妙有。在此意义上，分立自性与万法只是言说方便，实际上自性即万法、万法即自性，心法皆如，如黄檗希运禅师说:"据我禅宗中，前念且不是凡，后念且不是圣;前念不是佛，后念不是众生。所以一切色是佛色，一切声是佛声，举着一理，一切理皆然。见一事，见一切事，见一心，见一切心;见一道，见一切道，一切处无不是道;见一尘，十方世界、山河大地皆然;见一滴水，即见十方世界一切性水;又见一切法，即见一切心。一切法本空，心即不无，不无即妙有，有亦不有，不有即有，即真空妙有。既若如是，十方世界不出我之一心，一切微尘国土不出我之一念。若然，说什么内之与外? "(《黄檗断际禅师宛陵录》)反对禅宗心印者，不见其离言旨趣，只见其依言之义，并且只见凡夫执取之义，将其误解为真常心体，于是有此误判。

反对禅宗心印者还说，"中观与瑜伽……从不将心与性混一，而作万化之本"，如来藏学和禅宗"将空与心融合"在一起，并将此心性视为万法的生因，因此根本违背了佛法（《无诤之辩》）。佛教的根本思想是诸法性空，如《大般若经》开示说："设更有法胜涅槃者，我亦说为如幻、如化、如梦所见。所以者何？幻、化、梦事，与一切法，乃至涅槃，皆悉无二，无二分故。"有情众生心作为诸法之一，其本性自然也是空性，只有依空性认识此心才能真正洞察它的本来面目。此心法尔性相如如，禅宗根本没有在其间作出任何增损，哪里需要将真心与空性融合或混一？既然空性是佛现证的诸法实相，佛又是在泯绝我所后才觉悟了这个实相，从佛的角度称此实相为佛性就是很自然的事。同时，禅宗顺乎"一切众生皆有佛性"的事实，相对众生执著此心此性的虚假性，直指此心此性的本来面目，并施设以对治性的真心、真性或本心、本性等名相，非但不违背佛法，反倒是禅宗祖师善巧智慧的体现。无论中观即诸法当体显现的中道，还是唯识通过转识成智次第开显的真如，都意味着众生有一颗能契入此境的智慧心，禅宗直接依此心印立宗，为一分当机众生开出相应的"最上乘法门"，有何不可？

表面看来，禅宗的某些说法似乎真把心性视为万法的生因了。例如《坛经》的"何期自性能生万法"这句话，而后面的"若不思，万法性本如空，一念思量，名为变化，思量恶事化为地狱，思量善事化为天堂，毒害化为龙蛇，慈悲化为菩萨，智慧化为上界，愚痴化为下方"等语，更像是前面那句话的具体阐发，所以印顺法师说，"教（华严）多重于事理之叙说，禅（禅宗）多重于诸法实相心之体证"，但两家都"以即心即性、即寂即照之真常心为本，说'性起'、'性生'却是完全一样的"（《无诤之辩》）。我以为，六祖这是在依言层面立论，说自性既可随迷执的众生心显现为六凡夫界诸法，也可随觉悟的智慧心显现为四圣人界诸法，而它本身既不是染污法的生因，也不是清净法的生因，染污法的生因是根本无明，清净法的生因是对治染污法的种种法门；至于自性，它就是六祖所谓非常非断、非真非妄、非善非恶、非圣非凡的"无二之性"。

对此，我们不妨看看禅宗的祖师们是如何说的。达摩大师说，"深信含生同一真性，客尘妄覆，不能显了"；六祖说，"自性常清净，日月常明，只为云覆盖，上明下暗，不能了见日月星辰"；宗密禅师（780—841）说，"六道凡夫、三乘贤圣，根本悉是灵明清净一法界心，性觉宝光各各圆满，本不名诸佛，亦不名众生。但以此心灵妙自在，不守自性故，随迷悟之缘，造业受报，遂名众生；修道证真，遂名诸佛。又虽随缘而不失自性故，常非虚妄，常无变异，不可破坏，唯是一心，遂名真如。故此一心，常具真如、生灭二门"。观乎三家论说，达摩以"客尘妄覆"一语带过，六祖以浮云覆盖日月为喻，都没有具体谈及有为法的产生问题，只有宗密从教理上提供了可供进一步讨论的观点。

宗密的"法界心"即《起信论》所谓具有本觉性的真如心，其真心"不守自性"说来自注解《起信论》的《释摩诃衍论》。该论为了说明《起信论》的真心为什么能够与生灭心和合，提出了这样的见解："本觉无为有二种用。云何为二？一者通用，不守自性故；二者别用，不转变故。"真心的本觉性具有"不守自性"和"不转变"两种功用，"本觉真心从本已来远离动念，解脱结缚，体性清净，相用自在，而不守自性故，随无明之缘作种种相……本觉之智离断灭法故，无明灭，诸识皆尽，本觉真心无有坏灭。"我们姑且不论《释摩诃衍论》的作者问题，只从如来藏学的教理看看此说是否有违佛理。《论》中先肯定真心是不生不灭（离动念、离断灭）的无为法，然后才说它不守自性，随无明的因缘生起种种作用。因此，我们显然不能将此说理解为真心不能持守空性而蜕变成了生灭性，而应该这样理解：由于真心的根本性质是空性，因此它没有任何自性（实体性）可守；因为它没有任何自性可守，当无明这个缘执取它时，它就能随此缘表现为种种作用。换句话说，他们都肯定真心是不可思议的实相，至于真心随缘所起的种种染净作用，是无明颠倒此实相后在生灭门中展现出的种种生灭相，起惑、造业、受苦、轮回是其在生灭门中显现出的轮回相，发心、始觉、相似觉、分真觉是其在生灭门中显现出的还灭相，及至究竟觉（成佛）又回归真心的实相。这一道理告诉我们：首先，真心非生灭法之生因而是其依因，生灭法乃无明执取真心而生的诸法，包括令众生轮回的染污法和为对治此染污法而开出的清净法；其次，如来藏学说染净互熏非真如门而是生灭门中事，在生灭门中，染净二法确实相互熏习、此消彼长，否则不能理解众生善变为恶、恶变为善的事实；再次，真心在生灭门中只有隐显而没有生灭，染污法隐没真心，清净法显了真心；最后，一切法究竟说来都是真心显现的相与用，染污法是真心显现的颠倒相用，清净法是真心显现的对治相用，佛功德法是真心显现的真实相用，因此六祖才形象地说"万法从自性生"，令弟子当下回归"万法皆如"的真心。这些教理，与佛教经典没有任何龃龉之处。

明白了这一点，我们就知道反对心性本觉就不仅仅是反对禅宗，而且是反对整个佛法了。吕澂先生（1896—1989）等人坚决反对禅宗的本觉说，说"禅宗本与大乘瑜伽不无关系，如初译《楞伽》窃其义，讹传《起信》，道信、弘忍因以兴。《七句义释》既出，惠能复据以夺法统。然空谈依教，误解自觉、本觉、自性、菩提，辗转束缚，愈溺愈深，此以大乘教义较量而可断言者也。吾侪学佛，不可不先辟异端，以其讹传有损人天眼目之危险也。如从本觉著力，犹之磨砖作镜，期明何世？众生心妄，未曾本觉，榨沙取油，宁可得乎？即还其本面亦不过一虚妄分别而已……要之，本觉绝不可立"（《禅学述原》）。禅宗依真心为所依体，必然主张心性本觉，道理很明显：从如来藏学说，真心作为境智如如之心，怎么可能不具足智慧性？一切众生本具真心，尽管众生事实上处于无明状态，他又如何能不本具觉性呢？吕澂先生据《楞伽》、《起信》、《七句义释》等典籍证明禅宗本觉义违背了佛意，斥之为异端，殊不知他本人才不自觉地陷入了异端之见。从教证方面讲，《华严经》早就说，"无一众生而不具有如来智慧，但以妄想颠倒执著而不证得"，难道《华严经》不是佛经？吕澂先生深信不疑的四卷《楞伽经》也说众生本具如来藏心，只不过如无价宝珠缠裹在众生烦恼这件垢衣中而已，难道《楞伽经》不是佛说？从理证方面说，如果众生成佛开显的智慧非其本有，那么无论它从哪里得来，都难逃生灭法的命运，难道吕澂先生认同佛法的根本见地是生灭见？

　　宗门中是否存在将心印误解为实体的现象呢？当然有。但是，禅师们遇到这种现象都会严加呵斥，绝不会稍有姑息。例如，有参禅者拜访南阳慧忠国师（675—775）："国师问禅客：'从何方来？'对曰：'南方来。'师曰：'南方有何知识？'曰：'知识颇多。'师曰：'如何示人？'曰：'彼方知识直下示学人：即心是佛，佛是觉义。汝今悉具见闻觉知之性，此性善能扬眉瞬目、去来运用，遍于身中，挃头头知，挃脚脚知，故名正遍知。离此之外更无别佛。此身即有生灭，心性无始以来未曾生灭。身生灭者，如龙换骨、蛇脱皮、人出故宅。即身是无常，其性常也。南方所说大约如此。'师曰：'若然者，与彼先尼外道无有差别。彼云我此身中有一神性，此性能知痛痒，身坏之时，神则出去。如舍被烧，舍主出去，舍即无常，舍主常矣。审如此者，邪正莫辨，孰为是乎？吾比游方，多见此色，近尤盛矣。聚却三五百众，目视云汉，云是南方宗旨。把他《坛经》改换，添糅鄙谭，削除圣意，惑乱后徒，岂成言教？苦哉，吾宗丧矣！若以见闻觉知是佛性者，净名不应云"法离见闻觉知"。若行见闻觉知是，则见闻觉知非求法也。'"

《景德传灯录》）当时南方很多禅客离身心为二，认为肉身生灭无常、主宰肉身的心性不生不灭，确实将与肉身如如不二的心性误解成了常恒不变的实体，但这是参禅者的问题，而不是禅宗有此主张。

禅宗的心印与以法印为宗旨的诸佛教法是什么关系呢？为使大家比较容易明了，我们从六祖度化一个弟子的公案来展开这个问题。据《坛经》，六祖弟子志彻常年奉持《涅槃经》，但不知常与无常的法义，于是向六祖请教。六祖见他将经中佛性的常与有为法的无常都执著为定性的实法，当机设教对治说："无常者，即佛性也；有常者，即一切善恶诸法分别心也。"志彻一听，果然大为疑惑："和尚所说大违经文！"六祖说："吾传佛心印，安敢违于佛经？"志彻反问："经说佛性是常，和尚却言无常；善恶之法，乃至菩提心，皆是无常，和尚却言是常。此即相违，令学人转加疑惑。"六祖说："你知道吗？如果佛性是常，还说什么善恶诸法，甚至永远不会有人发菩提心，所以我说的无常正是佛所说的真常；再说，如果一切诸法无常，就意味着它们都有定性的生灭性，这会导致真常佛性有不周遍之处，所以我说的常正是佛所说的无常。佛看到凡夫、外道将无常的有为法执著为常，二乘人将真常的佛性执著为无常，总共形成八种颠倒，所以在《涅槃》这部甚深了义经中，为破除它们的偏执见，才明白地宣说真常、真乐、真我、真净的了义。你现在依言违义，用断灭无常与定性死常错解佛陀最后垂示的圆妙教义，纵然诵经千遍，又有什么利益呢？"

前述公案告诉我们：从究竟门说，心印与教法等同一味，因此六祖觉悟心印后能够到弟子的知见丛林中自在随方解缚。从体用门说，心印是教法的体性，"三世诸佛十二部经，在人性中本自具有"，教法是心印的相用。从度化门说，佛菩萨与祖师大德们"说通及心通，如日处虚空，唯传见性法，出世破邪宗"，说无常、苦、无我、不净是为了对治凡夫与外道执著世间法为常、乐、我、净，说常、乐、我、净四德是为了对治声闻执著佛性、如来为无常、无乐、无我、不净，都是为对治偏执施设的法门，并非为了建立某种实体性的理论见解。从修证门说，心印是教法的归宿，众生依教修行必然归于心印，所以禅师每每呵斥滞著经教文字者为"死于句下"的"知解宗徒"；教法是契入心印不可或缺的门径，不依经教难免空腹高心、痴禅暗证，所以禅宗要以《楞伽经》或《金刚经》印心，六祖会严厉呵斥"执空之人"是"自迷""谤经""罪障无数"的罪人。

心印与教法的这种非一非异关系显明，心印与教法的非一是非异的非一，教外别传、不立文字的心印，既是教法的根源，又是教法的归宿，教法与心印同归性海；心印与教法的非异是非一的非异，借言而显、依言而传的教法，既是心印的显现，又是心印的归路，心印与教法一以贯之。这种关系，正如同宗密禅师所说："经是佛语，禅是佛意，诸佛心口，必不相违。"（《禅源诸诠集都序》）以此观之，天台宗怀则法师对禅宗"未离三障四魔，何名圆顿心印"（《天台传佛心印记》）的质疑，确实未能充分体会到禅与教的这种关系。正因为如此，"明佛心宗"的禅师才能面对任何机缘，依般若任运开出破除众生执著的对治法门，以"无常"法门破"常"执，以"常"法门破"无常"执，以"非常非无常"法门破"亦常亦无常"执，以"亦常亦无常"法门破"非常非无常"执，破尽众生一切执著，令其证入诸佛心印——无上大涅槃。

因此，我们用六祖的《大涅槃颂》来结束这一讲无疑是最恰当不过的了："无上大涅槃，圆明常寂照，凡愚谓之死，外道执为断，诸求二乘人，目以为无作，尽属情所计，六十二见本，妄立虚假名，何为真实义？唯有过量人，通达无取舍。以知五蕴法，及以蕴中我，外现众色象，一一音声相，平等如梦幻，不起凡圣见，不作涅槃解，二边三际断。常应诸根用，而不起用想，分别一切法，不起分别想。劫火烧海底，风鼓山相击，真常寂灭乐，涅槃相如是。"

问　答

问：修行只是手段，不是目标。以佛法来说，您刚才讲的禅宗也好，净土宗也好，都是手段，关键是自己要搭建起这个观念结构。这个观念结构搭建好以后，还要找到终极价值跟社会接轨的渠道，并付诸行动，否则就没多大用。不知道这样理解对不对？

答：跟社会接轨？佛教从来就没有远离社会，它从来都是跟众生结缘、在社会中开展的宗教，只不过它主要是通过个体而不是制度拯救众生的宗教。佛教认为，佛教徒与社会接轨乃至帮助别人有个时间问题，这个工作必须在佛教徒本人建立起坚定信仰以后才能去做，只有在其开启智慧以后才能做好。佛教徒尚未建立坚固信仰，如果急于入世助人，往往会心随境转，退失信仰；如果还未开启智慧，便无法洞察事物的真相，不知道事物的真相，就无法当机教化，往往都是做无用功；只有开启了智慧，才能洞察到宇宙社会人生的真相，并进一步知道解决问题的办法，提出恰当的解决问题的方案。

问：禅宗强调以心传心，是否就是强调发挥人的主观能动性？我的意思是说，参禅的人明白了客观真理后，就不用文字，就可以通过发挥自己的主观能动性来做事了，是这样吗？

答：所谓客观真理，中国的儒、道、佛三家都不讲"客观"这个词。他们认为最根本的真理是道，道是天地万物的根本，不管人在不在、认同不认同它都是如此，人只能随顺道而行动，因此人最主要的使命是发现并运用道。只不过，佛教认为唯有智慧心觉知者才是道。但是，由于人生活的时间和地域有差异，将道传递给不同时间和空间的人，运用的方法是有所不同的，有的是通过语言文字来表达，有的是通过其他符号来表达。不管如何表达道，其目的都是为了让还没有悟道的人知道有道，并且起而求道。儒、道、佛三家都认为，他们各自信奉的经典是传达道的经典，因为他们相信这些经典所载不是随便什么人都可以说的道理，是只有完全觉悟了宇宙人生大道的先知先觉者才能如实传达的道理。后人要像这些先知先觉者一样自由自在地运用智慧，必须依其所传经典中的见地与方法修行，否则就是口头禅了。信奉儒、道、佛三家思想的信徒们，相信他们能够成为其教主一样的智者，因此无不会自觉依教奉行。用你的话说，对儒、道、佛三家的信徒来说，自由发挥"主观能动性"的前提是依教奉行而悟道，尽管三家对道的体悟容有偏圆深浅的差异。

问：佛陀说苦、空、无我、无常，又说常、乐、我、净，比较难理解，初学佛法者该从哪里入呢？

答：这个问题比较重要，也比较深。依我对佛经的体会，觉得佛陀在《阿含经》中说的苦、空、无常、无我，究竟说来就是《大般涅槃经》中所说的常、乐、我、净，而不是声闻所执著的苦、空、无常、无我。

这里涉及一个很重要的问题：我们修学佛法一定要先明教理。学佛法明教理的过程是比较长的，因为佛陀说的经有几千卷。但如果不能对佛法融会贯通，有时就会出现两部经之间的说法看上去完全相反的难题。造成这种现象的根本原因是，佛陀的经典都是当机说法的法语汇集，而佛陀教化的众生根机利钝不一、兴趣爱好各异、语言习俗多样，佛陀得用他们能接受的深度和喜闻乐见的方法施行教化。这样，佛弟子将佛陀的法语结集成经典后，经典中不但包含有不同层次、不同角度的教理，还频繁出现文字上的同名异义与异名同义问题，有时佛陀用同一个概念表达很多种意思，有时佛陀又用不同概念表达同一个意思，令我们初接触佛教的人很难理解。加上有些佛弟子还要打破砂锅问到底，佛陀也要满足他们的愿望，对教理进行条分缕析，比如《楞严经》就有这个特色。如果我们不能将佛陀所说的法融会贯通起来，就难以建立正确的见地，自然也就难以达到成佛的目的。

回到刚才你问的问题，佛陀讲苦、空、无常、无我，本是为了对治众生将有为法执著为常、乐、我、净的毛病，一部分弟子听佛陀说有为法苦、空、无常、无我，即建立起了万法皆空、空亦复空的中道见；但另一部分弟子听佛陀说同样的法，一方面执著有为法有苦、空、无常、无我的实体性，另一方面又执著有为法之外有一个具有常、乐、我、净等实体性的涅槃，从而陷入偏空见，落入了二乘见地。针对这种见地，佛陀又对他们宣说不可思议常、乐、我、净的涅槃法，令他们从偏空见归于中道见。

问：《大般涅槃经》的常、乐、我、净与禅宗的见地有什么关系？

答：《大般涅槃经》的常、乐、我、净是大般涅槃本具的

四德,是诸佛如来现证心印的特点。禅宗历代祖师传承的心
印就是这个大般涅槃,你看这关系多么密切!如果没有具足四
德的大般涅槃,禅宗从摩诃迦叶到后来历代祖师不就没目标了
吗?今天这一讲看起来好像大部分在教上讲,实际是从禅教一
致的角度回应教下、学界一些人对禅宗的无端指责,为禅宗确
立合法性地位。这个系列讲座多处都在做这一工作,同时也注
重从禅教对扬的角度彰显禅宗的特性,我感觉这对澄清相关问
题、引导人们走进禅宗非常重要。

问:既然佛教提倡万法平等,为什么包括禅宗在内的每个
佛教宗派,都强调自己这一家最妙呢?

答:这是佛教中的判教问题,内容非常复杂,我们只能简
单说说。的确,在佛教中,我们常常看到,天台宗人说天台宗
最妙,华严宗人说华严宗最妙,禅宗人说禅宗最妙,几乎无不
说自己信奉的宗派最妙。对此我们可以从两方面来观察:从开
宗立派的祖师大德来看,因为他们负有开宗立派的使命,要摄
受一分与其有缘的众生,如果不在平等无高下的佛法中权说高
下、权设次第,著相的众生不会投到他门下。但这只是一面,
从另一面看,他们根本不会执著教派高下的差别相,否则他们
就不能开出引导有缘众生趋向菩提涅槃的宗派。

有人会问:要学佛,读佛经不就可以了吗?还要高僧大德
们开宗立派干什么呢?我认为他们是为了利益更多的人。高僧

大德修行和觉悟所依经典不同，比如智者大师依《法华经》修行和觉悟，贤首国师依《华严经》修行和觉悟，他们各自弘扬给自己带来利益的佛经，希望利益更多的众生，令当机众生依其教化得入万法平等的佛境。不过，从修学佛法者或不具有开宗立派因缘的人来讲，应该知道"法无高下，当机者良"的道理，不应该对不同宗派横生高下之心，否则就会堕入法执，难以开启智慧。

问：五祖曾说："不识本心，学法无益。"想请冯老师就这句话讲讲我们在修行过程中容易出现的问题，以使我们提高警觉。

答：五祖这句话是一切学佛者的司南。学佛学佛，顾名思义就是学习成佛。如何才能成佛呢？除了把凡夫心变成佛心，没有别的办法。凡夫心与佛心本来无二无别，都是具足无量智慧和功德的心，如《华严经》所说："心佛与众生，是三无差别。"五祖说的本心即此心，六祖说的自性即此心的性质。无奈无量劫来，众生受无明习气熏习，将一颗与佛不二的本心遮盖得严严实实，不能显发妙用，发用者乃是迷惑、造业、受苦的凡夫心，由此虚生浪死、相互缠缚、长劫轮回。因此，修行者要想了生脱死、自度度他，最切要最关键的一关就是"识自本心，见自本性"，这就是所谓确立正知正见。如果这一关没有过，想成佛无异于蒸砂为饭，如《楞严经》说："因地不真，果招迂曲。"但是，要将本心、自性认得真却不是件容易的事情，古德就曾经慨叹:"学道之人不识真，只为从来认识神，无量劫来生死本，痴人认作本来人。"

那么，参禅者如何才能建立正知正见呢? 有两种渠道: 一是依具德善知识建立，二是依佛菩萨经典建立。参禅者如果一时难遇具德善知识，方便可行的门径就是依《六祖坛经》的教示建立正知见。六祖大悟后说的五个"何期"，已将本心的法身、智慧、解脱三德秘密藏和盘托出，是我们建立正知见的圭臬。当然，此处的自性必须在"不二"(中道)的意义上来领解。建立正知见，同时包含发菩提心。什么是菩提心? 就是从中道见中发起的度尽一切众生之心。实际上，菩提心与中道见是一体两面，没有菩提心之见非中道见，或为凡夫见，或为偏空见; 离开中道见之心非菩提心，或为情执心，或为厌离心。参禅者如果具足这个基础，随持一法，在修行道路上都不会舍本逐末、忽勤忽怠、半途而废，而能直指根本、持之以恒、穷源彻底。六祖有遗教说:"后代得吾法者，将此顿教法门，于同见同行发愿受持，如事佛故，终身而不退者，定入圣位。"此非虚语。

第四讲　禅可说吗

禅是否可说？这个题目看上去很学术，但我试图讲得比较生活化，因为这个问题不仅是禅宗学术界讨论的重要问题，也是信仰和修习禅宗的人经常遇到的问题。比如，有时我们听到别人说禅，就会生起一个念头："这个人在夸夸其谈，这个人讲的是口头禅。"我们此时是不是执著"禅总是不可说"的观念了呢？很有可能。有时我们遇到某人在那里默默地打坐，我们会想："这个人修成大笨蛋了，连话都不会说。"当我们生起这样的念头时，我们是不是又执著"禅一定可说"的境界了呢？也有可能。之所以说有可能，是因为这到底是不是执著，如人饮水，冷暖自知，第三者很难评价。

但我们确实看到，佛陀有时说禅不可说，有时又说禅可说。例如，《金刚经》明文开示，"若人言，如来有所说法，即为谤佛，不能解我所说故"；《楞伽经》里说，"我从某夜得最正觉，乃至某夜入般涅槃，于其中间乃至不说一字，亦不已说、当说，不说是佛说"。这分明指示禅不可说。可是，《华严经》里又说，修行者只要与空相应，就可以如实说法，如果进入菩萨善慧地，不仅能如实说法，还能辩才无碍地说法；《维摩诘经》里说,"言说文字皆解脱相";《大般涅槃经》里说,佛有八种自在,这八种自在就有无穷无尽演说一句一偈语之义的口业自在。这又分明指示禅可说。

禅的可说与不可说这两种情况,六祖在《坛经》里也有明文开示。六祖在勘验神会的时候曾说:"我有一物,无头无尾,无名无字,无背无面,诸人还识否?"神会回答:这是我们本有的清净佛性。结果被六祖呵斥了一顿:我已对你说无名无字,你竟然还说是自己的佛性?像你这样,修来修去,不过成为一个知解宗徒而已!什么叫知解宗徒?就是执著名相概念、依文解义的禅宗弟子。依文解义,三世佛冤,是诸佛的冤家呀!禅宗标榜"教外别传,不立文字,直指人心,见性成佛",祖师说"一落言筌,皆成粪土",甚至说"起心即错,动念即乖",这都是指禅不可说。但当有人偏执不立文字的偏空见时,六祖又呵斥道:"执空之人有谤经,直言不用文字。既云不用文字,人亦不合语言,只此语言便是文字之相。又云'直道不立文字',即此'不立'两字亦是文字。"迷执者说禅"不立"文字,这"不立"二字不就是文字吗?怎么脱离得了文字呢?六祖这样的反驳能把人问哑。

那么,佛教、禅宗为什么既说禅不立文字,又说禅不离文字呢?这就需要继续追问:禅是什么?禅在什么意义上不可说?又在什么意义上可说?

禅是什么?禅是万法的本来面目,万法都是禅的如如显现,没有一法不是禅。这一思想,六祖大悟时曾做出过精彩叙述。据记载，五祖将向六祖传授衣钵，遂为他宣讲《金刚经》。当六祖听到"应无所住而生其心"这句经文时，言下大悟一切诸法不离自性，于是说了下面这几句话："何期自性本自清净！何期自性本不生灭！何期自性本自具足！何期自性本无动摇！何期自性能生万法！"六祖用短短几句话，从众生本具的清净自性出发，将体、相、用圆满的禅和盘托出了。所谓体指自性的空性，相指空性体显现的空相，用指此空相发挥的作用。其中哪几句讲的是体呢？"何其自性本自清净"句，说众生自性本来一尘不染，与六祖示法偈里说的"本来无一物，何处惹尘埃"同一意趣；"何期自性本不生灭"句，说众生本性空寂的自性常恒不变、不生不灭；"何期自性本无动摇"句，说本性空寂的自性迥绝杂念、如如不动，这几句重在显示禅的体。"何期自性本自具足"句，说自性具足如来的大慈大悲、三念住、十力、四无所畏、十八不共法等无量功德，重在显示禅的相。"何期自性能生万法"句，说自性能发挥任何妙用，重在彰显禅的大用。这样的禅，从究竟义上讲不可思议，既可说又不可说。

　　我们先看看为什么禅在究竟意义上不可说。禅空寂无相，不是一个可以用文字、意念指称的对象，只要起了任何想说对象的念头，想用一个概念来表达这个对象，这就不是禅了。六祖在《坛经》里面明确开示："实性者，处凡愚而不减，在贤圣而不增，住烦恼而不乱，居禅定而不寂。不断不常，不来不去，不在中间及其内外，不生不灭，性相如如，常住不迁，名之曰道。"这个道就是实相本身,它不在内,不在外,也不在中间。我们平常要说一个东西时,必须给它定个位,空间上有上下左右前后,时间上分过去现在未来,只有在时空上定了位才可以说;禅不能在时空中定位,一落入时间空间,就把禅变成了分别心所指向的一个对象,这就不是禅了。

从这个意义上来讲,禅就是我们每一个众生的自性清净心本身,它其小无内,其大无外。我们的自性清净心,大则可以尽虚空遍法界,小则可以是无限小,但这大不是与小相对待的大,小也不是与大相对待的小,而是无形无相、独一无二的大或小。正因为我们的本心无形无相,它才无大无小,看不见摸不着,六祖从心量广大这一角度做出了非常好的开示:"心量广大,犹如虚空,无有边畔,亦无方圆大小,亦非青黄赤白,亦无上下长短,亦无瞋无喜,无是无非,无善无恶,无有头尾,诸佛刹土,尽同虚空。世人妙性本空,无有一法可得,自性真空亦复如是。"

也正是在这个意义上,马祖道一禅师(709—788)说"即心即佛"或"平常心是道"。我们很多人都会说"平常心是道"这句话,问题在于什么是平常心呢?不少人的体会恐怕未必就是禅这个意义上的平常心。我们且看马祖道一禅师所说的平常心:"何谓平常心?无造作,无是非,无取舍,无断常,无凡无圣。"(《马祖道一禅师广录》)造作即人为,"无造作"指禅心不是人为造作的心,而是法尔如是的自性清净心。只有法尔如是的自性清净心才真正具足不生不灭的特性,如果是人为造作的心，那就是有生有灭的有为法了。比如我们爱上某人的情爱心，当我们不再爱她（他）时，这颗心就不见了，甚至会从情爱心转变成嗔恨心，这就是有造作、有生灭的心。在这个意义上，可以说只要起心动念就不是禅了。"无是非"指禅心不是对错之心，而是超越对错之心。对错是在什么意义上出现的呢？是在凡夫的分别心上出现的。譬如，我们今天执著的"是"，明天有可能执著为"非"；我执著的"是"，别人有可能执著为"非"；人执著的"是"，天或鬼可能执著为"非"。这些都是分别心才有的现象，禅心中没有这些是非对错可得，故"无是非"。取舍的"取"是抓取、执著的意思，"舍"也不是慈悲喜舍的舍，而是讨厌、丢弃、厌弃的意思，是另外一种执著。打个比方，我们许多人很讨厌蛇，希望蛇永远不要出现在自己面前；而当我们看到一处漂亮风光、一个漂亮姑娘时，则希望这些美好景象常常出现在自己面前，这就是取舍心。取舍与是非一样，也是分别心才有的两个相，禅心不是这样的取舍心，故说平常心"无取舍"。断与常是实体见的两种表现形式，前者指一事物在时间流程中前后无关，后者指一事物在时间流程中常恒不变，都是违背佛教"缘起性空"这一根本实相的外道见解。"无断常"指平常心虽然念念不住，但从来没有停止发挥作用。平常心是无住心，如流水一样，虽然刹那生灭、新新不已，但又前后相续、从不间断；从体性或果德角度来表达就是，平常心是真空妙有之心，故"无断常"。凡指没有觉悟的凡夫，圣指已经觉悟的圣人，"无凡无圣"指平常心在凡夫身上没有分毫减少，在圣贤身上也没有半点多余，所以佛法说一切众生皆有佛性、皆能成佛。

马祖道一禅师强调这一点，意在告诉我们什么呢？自性清净心既然"无造作，无是非，无取舍，无凡无圣"，如果我们起了一个造作、是非、取舍、断常、凡圣的念头，就遮蔽了自己本具的不可思议禅心，就见不到自己的自性如来。《金刚经》里说"凡所有相，皆是虚妄，若见诸相非相，即见如来"，也是说只有破掉造作、是非、取舍、断常、凡圣等相，才能见到自性清净心的本来面目；只要一念著相，就见不到如来。因此，马祖道一所谓平常心，乃是远离了真妄等一切对立之心，绝不是凡夫那充斥种种二元对立念头的日常心。

禅宗的许多语录或公案，都是在这个意义上说禅不可说的。例如南岳怀让禅师（677—744）跟六祖下面这一段对话："祖问：'什么处来？'曰：'嵩山来。'祖曰：'什么物恁么来？'曰：'说似一物即不中。'"（《景德传灯录》）南岳怀让禅师拜见六祖前，曾去嵩山向六祖的师兄神秀禅师参学，所以六祖问他从哪里来，他说从嵩山来。六组继续问："是什么东西就么来了？"类似后来禅师们问"拖死尸的是谁"。南岳怀让禅师的回答是："说它像一个东西就不对了。"怀让禅师明确告诉六祖：禅不可说。六祖知道这个徒弟见到了本地风光，就印可了他。

同时，正因为禅不可说，任何众生都可以用任何言说去说它，可以用任何概念去称它。不管我们属于哪一道的众生，天道也好，还是地狱、饿鬼、畜生道也好，都可以用任何概念指称它。禅就是这样，正是由于它彻底不可说，所以才不碍于众生从其心显现的种种相去说；如果它有一部分可说有一部分不可说，它就不能无碍一切众生随自己的心相去说了。我们可以说，禅在儒家显现为四书五经，在基督教显现为《圣经》，在小学数学课本里显现为加减乘除，在小学语文课本里显现为诗词散文，这都是无碍的。这个见地，佛经里也有明文开示，《佛说不增不减经》就说："甚深义者即是第一义谛，第一义谛者即是众生界，众生界者即是如来藏，如来藏者即是法身。"这个法身就是禅，这禅即众生界。

这是正反的两面。我认为这点很重要，因为只有悟到禅无碍于所有众生从任何层面、任何角度依其心当下显现的任何相去说，我们才能真正超越彼此、民族、国家、宗教等等分别见。譬如，有些人说我信仰了佛法，所以我高人一等；佛教内部也有些人扬己抑他、甚至是己非他，偏执自己所修的法门更好更圆，这种见地都不是禅，而是分别见。这是从万法平等的境界说，禅非任何相，也不离任何相。

下面，我们要从参禅的角度来看一下，禅在什么意义上可说，又在什么意义上不可说。从参禅的角度讲，未悟道的人只能作相似说。为什么呢？虽然究竟说来一切法都是自性所"生"，无非是禅，但从事相上看，在不同事相上界别这个"生"字的含义有所不同。三界六道众生心显现的种种法并非自性直接显现的相用，而是自性被无明遮蔽后显现的相用。

《六祖坛经》说，自性清净心被浮云覆盖而生出种种烦恼法，其中的浮云指的就是根本无明，就是贪、嗔、痴三毒里的痴，众生的清净心被愚痴所覆，堕入能所对立的世界，陷入我法二执的泥潭，必然生出三界六道众生的种种相用，这是染污的相用。这种相用，从究竟义说是禅，从觉悟者境界说也是禅，但从迷执者本人说不是禅。迷执者只有通过真修实证，用智慧之风将无明浮云吹散，恢复了自性清净心的本来面目，才能显现出与三界六道众生的愚痴、染污相用不同的智慧、清净相用。

我们不妨用禅师的语录来展示此义。宋代的大慧宗杲禅师（1089—1163）在《大慧普觉禅师语录》里批评那些妄登祖位的人说："如今人不曾亲证亲悟，只管百般计较。明日要升座，一夜睡不着，这个册子上记得两句，那个册子上记得两句，斗斗凑凑，说得一片如华似锦，被明眼人冷地觑见，只成一场笑具。"这种人由于没有破掉我法二执，不能够从自性清静心本具的无量智慧中流出真实说，只好寻章摘句，去找他明天升座要用的语录、段子，编出一篇说辞。大慧禅师说：这不是你本有智慧的流露，不过是拾人牙慧而已！

这说明，没有破掉我法二执的人始终是在能所对立的基础上认识对象。什么叫作能所对立呢？所谓能所对立根本上就是哲学上所说的主体与客体的对立，我是认识你的主体，你是我认识的客体。这样的观念一建立起来，跟着就带来了另外两样东西——贪和嗔。为什么我要去认识某个对象？因为这个对象或者能为我实现一个目的，或者可以给我带来钱财，或者可以给我带来心理安慰，或者可以给我带来名气等等。去关注这个对象、去认识这个对象，下一步就是利用这个对象。反过来讲，如果这个对象不能给自己带来财、色、名、食、睡五欲之乐，那我就懒得关心了。进一步，如果这个对象非但不能给自己带来五欲之乐，反而有损于种种乐，那就会产生嗔恨心，进而厌弃甚至消灭这个对象。譬如，我们看到很多怨偶吵架的时候都会说这样的话："我真后悔当初认识了你！我这辈子最后悔的事就是跟你在一起！"诸如此类。由于这种人我法二执未破，贪嗔之心必然伴随着他，所以他所见就不是事物的真实相，而是附着了贪爱或嗔恨情绪的虚妄相。

我觉得，参禅者未悟道前只能作相似说，这个道理不仅仅适用于佛教和修行禅法的人，实际上适应世间所有学习知识的人，因为无论什么人，只要没有破除我法二执，所谓学习都是学自己偏爱的东西，如果不是他偏爱的东西，就算父母拿着鞭子抽他，他也学不进去，甚至根本不会去学习。另一方面，这种人逢人便说自己偏爱的东西，学佛教的人也容易这样，见到谁都是佛言佛语。总之，只要没有破除我法二执，我们所学习的知识都是有执著的知识。

如果参禅者处于这个阶段，禅师往往会告诉你："禅不可说。"为什么呢？因为你说出来的都不是禅，你所有的言说都只是相似说。正是在这个意义上，《金刚经》说了这样一段话："须菩提！汝勿谓如来作是念：'我当有所说法。'莫作是念。何以故？若人言，如来有所说法，即为谤佛，不能解我所说故。须菩提！说法者，无法可说，是名说法。"这段话至少包含了两层意思：一、如来本来就没有生起过"我说法你听法"的念头，没有说"我是老师你是学生"，因为一旦生起这样的念头，就不是发真实菩提心的佛菩萨了；二、听《金刚经》的人也应该如是听法，没有一个实在的佛在说《金刚经》，也没有一个实在的我在听《金刚经》，由此才不会执著于经文本身，才能见到自性如来。《坛经》也说："自性能含万法是大，万法在诸人性中。若见一切人恶之与善，尽皆不取不舍，亦不染著，心如虚空，名之为大，故曰摩诃。善知识！迷人口说，智者心行。"迷执的人整天在嘴上夸夸其谈，有智慧的人则去精进实践，借助教理这个工具、借助佛教这个拐杖修道去了。

　　我们刚才提到的大慧宗杲禅师还说了这么一段话："此事决定不在言语上，若在言语上，一大藏教，诸子百家，遍天遍地，岂是无言？更要达摩西来直指作么？毕竟甚么处是直指处？尔拟心早曲了也。如僧问赵州：'如何是祖师西来意？'州云：'庭前柏树子。'这个忒杀直！又僧问洞山：'如何是佛？'山云：'麻三斤。'又僧问云门：'如何是佛？'门云：'干屎橛。'这个忒杀直！尔拟将心凑泊他，转曲也！法本无曲，只为学者将曲心学，纵学得玄中又玄、妙中又妙，终不能敌他生死，只成学语之流。"（《大慧普觉禅师语录》）意思是说，如果禅在语言文字上，那么藏经中的佛典、诸子百家的典籍已多到不可胜数，还要菩提达摩从印度来干什么？菩提达摩从印度来到中土，就是为了告诉中土众生：参禅不要依文解义，不要死在句下，不然永远不能作如实说了。那到底哪里是直指人心之处呢？如果你认为菩提达摩有一个直指之处，就错了；如果你还在想"庭前柏树子"是什么意思，"麻三斤"是什么意思，那更是大错特错了，这在禅宗叫当面错过。这样也不是，那样也不是，这个禅真让人摸不着头脑，让人不得其门而入。其实，弟子请益禅师时，无论禅师回答什么，重点不在禅师的答话上，而在破除弟子的种种执著上。另一方面，对于没有断除我法二执的参禅者，要害不在于学习多少经典，也不在于能背诵多少祖师语录，而在于识得门径后一门精进、真修实证、了生脱死，否则就成了鹦鹉学舌之流，只会传唱别人的歌曲，自己不会创作。对于不信佛、不参禅的常人来说，这个道理也是一样的，因为我们所学的知识都是为了致用，而不是为了掌握一堆概念，学不能致用的书呆子，与死在句下的参禅者一般无二。

这样讲，是不是意味着种种经典和语录就没用了呢？在这个问题上有许多偏执者，不是堕入痴禅暗证，就是滞于经教文字：有些自认为精进修行的人，看不起那些讲经说法的人，总认为别人是说口头禅；有些讲经说法的人，看到那些整日参一个话头的人，也会骂他们不通教理，狂妄自大。其实，禅师的语录、佛菩萨的经典，对学道人来讲都是教，既有其功用，又不可夸大其功用。这就涉及教与禅的关系问题。

圣教之所以是圣教，因为它们是佛菩萨从自性清净心里自然而然流淌出来的法宝，否则就不能称为圣教。佛教里面所说的最根本圣教, 是三世十方诸佛传出来的经典, 包括经和律;加上菩萨的论, 总称三藏。为什么论也是圣教呢? 因为论是菩萨为众生比较容易阅读和体会佛经的教义所做的阐述, 而不是为其他任何功利目的撰写的著作。为什么圣教对参禅有用呢? 前文已经说过, 禅是教之体, 教为禅之相用, 两者是一体不二的关系, 这里不妨引用唐代宗密禅师的开示, 再强调一下两者的这种关系:"经是佛语, 禅是佛意, 诸佛心口, 必不相违。诸祖相承, 根本是佛, 亲付菩萨, 造论始末, 唯弘佛经……未有讲者毁禅, 禅者毁讲。达摩受法天竺, 躬至中华, 见此方学人多未得法, 唯以名数为解、事相为行, 欲令知月不在指、法是我心故, 但以心传心, 不立文字。显宗破执故有斯言, 非离文字说解脱也。"(《禅源诸诠集都序》)禅是佛心, 经是从佛心里流出来的语言文字, 你能说佛的心与口会相互矛盾吗? 当然不能这样说。菩萨们造论都是为了弘扬佛经, 没有讲经说法的人去毁谤禅, 也没有参禅的人去贬低佛经。达摩为对治执著经教的人才说"以心传心, 不立文字", 并不是离开文字谈解脱。这是关于禅教关系的不刊之论。

我们可据宗密禅师的叙述, 稍微详细地观察一下达摩来中土传"直指人心"之禅的用意吧。当年达摩来到中国, 看到中国到处是将佛教当作学问的人, 哪怕是发心出家修行、了生脱死、求证菩提的人, 很多都把佛教搞成了学问。据《高僧传》记载, 那时很多法师都热衷写著作, 并且执著自己的一孔之见而互相争论。譬如, 当时很多人研究《妙法莲华经》, 各逞己见，莫衷一是。这就是宗密禅师所说的"唯以名数为解"，把名相当成是正解。同时，魏晋南北朝时期虽然也有很多修行者，但他们只知有四禅八定等事相层面的禅定，而不知道还有一个自性清净心要悟，因此不能够开智慧，更不用说成佛作祖了。这就是宗密禅师所说的以"事相为行"。这充分显示，正是因为当时许多人陷入了"名数"（经教）与"事相"（细行）的偏执，菩提达摩才大力提倡"直指人心、见性成佛"的禅，他从来没有拨无文字说禅。

对于未悟道者，经教有什么样的作用呢？有因指见月的作用。如果不依靠经典这个手指，就无法见到禅这个月亮。当然，如果参禅者有具德禅师时时在身边提撕，他用不着过分依傍经教，因为具德禅师是已经完全通达了经、律、论的圣者，他本身就是经、律、论三藏的化身。这样的禅师与三世十方诸佛菩萨同一鼻孔出气，他说的话完全发自自性清净心，虽然其所用概念或表达方式与诸佛菩萨或有不同，但他们表达的思想以及要达到的目的毫无二致。如果不是这种情况，则必须走借教悟宗之路。同时，经教只是指月之指，参禅者不能以指为月，如《楞严经》所示："如人以手指月示人，彼人因指当应看月；若复观指以为月体，此人岂唯亡失月轮，亦亡其指。何以故？以所标指为明月故。"如果参禅者把经教当成禅，不但不认识禅，连经教也不认识了。

我们再举几个禅宗公案，以有助于大家熟悉禅宗如何破除众生对经典的执著。药山惟俨禅师（751—834）悟道前，先向石头希迁禅师（700—790）请教："三乘十二分教某甲粗知，尝闻南方直指人心、见性成佛，实未明了，伏望和尚慈悲指示。"石头希迁回答说："恁么也不得，不恁么也不得，恁么不恁么总不得，子作么生？"（《五灯会元》）他一听之下，更加不知所云，遂去参访南岳怀让的徒弟马祖道一禅师。他将同一个问题来问，马祖道一这样回答："我有时教伊扬眉瞬目，有时不教伊扬眉瞬目，有时扬眉瞬目者是，有时扬眉瞬目者不是，子作么生？"（《五灯会元》）药山惟俨当下就觉悟了。马祖道一禅师的"扬眉瞬目"就是手指，药山惟俨通过马祖道一开示的这根手指悟到了禅这个月亮，终于成为一代禅师。

另有一个著名的德山宣鉴禅师（780—865），他是四川人，成为禅师前是个经师，脾气大得很。他专研《金刚经》，写了一部大部头的《金刚经》注解叫《青龙疏抄》。他听说当时江西湖南一带正大兴禅道，提倡直指人心、见性成佛的顿悟法门，认为这是魔法。他注解《金刚经》时读过很多经书，佛经里面明明告诉我们，成佛需要经过三大阿僧祇劫，禅宗号称顿悟成佛，这不是魔子魔孙说魔法吗？他发誓说，要去把这帮魔怪的老巢给捣了。发了这个愿后，他就信心十足地挑着一担《青龙疏抄》从四川出来了。大概走到湖南境内，他碰到一个老太婆在路上卖点心，于是就向她买点心吃。老太婆问他："师父，你这是要去哪里呀？"他说："我要去龙潭，找龙潭崇信禅师。"当时龙潭崇信禅师很著名，所谓擒贼先擒王，他要先去擒这个王。老太婆又问："那你这担子里面挑的是什么东西呀？"他说："这是注《金刚经》的《青龙疏抄》。"老太婆于是不冷不热地问了一句："师父，如果你能回答我一个问题，我就布施点心给你吃个饱；如果你回答不了，那对不起，我这里没点心，你得去别的地方。"德山当时想："我一个大经师，一个老太婆还能把我问倒了？"他就说："你问吧！"老太婆于是问："《金刚经》说：'过去心不可得，现在心不可得，未来心不可得。'请问师父要点哪个心呢？"这一下德山宣鉴哑了，他怎么也回答不上来！我们可以想象，他当时肯定转了很多念头，搜索枯肠，无奈还是找不到答案。他不知如何是好，只好气冲冲挑着经书去了湖南龙潭。

到了龙潭这个地方，他仍然很傲慢，一见到龙潭崇信禅师就说："久仰龙潭，及至到来，潭又不见，龙又不现。"意思是龙潭崇信禅师虚名在外，名不副实。龙潭崇信禅师的回答很有意思："子亲到龙潭。"意思是您原来是个耳食之徒，现在亲自到了龙潭，不相信自己的眼睛，才有这样的看法。德山一听这话言简意赅，颇有味道，就住了下来。一天晚上，他侍候龙潭崇信禅师，禅师语带双关地对他说："还有更深的地方，你为什么不下去？"德山宣鉴于是走出门去，但不一会又折了回来，对龙潭崇信禅师说："师父，外面很黑，看不见路。"龙潭崇信禅师点了一根蜡烛递给他。正当德山宣鉴要接蜡烛的瞬间，龙潭崇信禅师一口气吹灭蜡烛，德山宣鉴就在此时大悟了！龙潭崇信禅师问他见到了什么，他说："从今往后，我再也不怀疑天下老和尚的舌头了！"第二天，龙潭崇信禅师升座说法,当着众人印可了他:"可中有个汉,牙如剑树,口似血盆,一棒打不回头,他时向孤峰顶上立吾道去在。"德山禅师悟道后,还做了一件出人意表的事情,他将《青龙疏抄》搬到寺院法堂前付之一炬,并说了两句话冠绝古今的话:"穷诸玄辩,若一毫置于太虚;竭世枢机,似一滴投于巨壑。"(《五灯会元》)无论你如何辩才无碍,说得天花乱坠,不过像将一根毫毛放置到虚空;无论你如何心思缜密,想得八面玲珑,无异于将一点水滴投进深渊。这两句话的意思是说,我以前以为禅在经教文字上,殊不知由于执著经教文字,遮蔽了自性清净心,不能见到无边无际的禅海。借助龙潭禅师吹灭蜡烛这个手指,德山禅师破掉了对经教文字的执著,见到了尽虚空遍法界的禅这轮月亮。

他为了印证自己的境界,拜别龙潭崇信禅师后,又去参访了沩仰宗的开山祖师沩山灵祐禅师(771—853),这次他的表现就完全是禅师的风范了。他一到沩山,挟着拂子进到法堂,从东走到西,又从西走到东,看着方丈室说:"有吗?有吗?"沩山坐着,对他不加理会,他就说:"没有!没有!"说完就走到门口。到门口又说:"虽然如此,也不能无礼。"于是又进去礼拜沩山。刚刚跨进门,他就提起坐具说:"和尚!"沩山准备取拂子,他喝了一声就拂袖而出。晚上,沩山问首座:"今天新来的比丘还在吗?"首座说:"他当时背对着法堂,穿上草鞋就走喽。"沩山赞许说:"此子已后向孤峰顶上,盘结草庵,呵佛骂祖去在。"(《潭州沩山灵祐禅师语录》)

如果龙潭崇信禅师不知德山禅师的问题是执著经教，他不但不能当机取材、因材施教，反而与他继续玩弄名相，德山禅师能够从困住他的文字丛林走出来，成为天下闻名的禅师吗？当然不能。所以，对于没有明心见性、没有破除我法二执的参禅者，禅师都说禅不可说。

至于已见道的禅师，则能如实当机说。所以如此，根本原因是他已经见到了诸法的本来面目。所谓诸法的本来面目怎么见？除掉我法二执即等于见到诸法的本来面目，而不是说除掉我法二执外还有一个法的本来面目。一个人只要断除了我法二执，而且断尽了二执的习气种子，他就不会把自己的种种情绪附着在万物上，这样他就能如实看到事物的本相了。见到诸法的本来面目后，他就能如实说诸法的真相。我们可以用《金刚经》里的一段经文来说明这个问题。《金刚经》说佛有五眼，这五种眼睛是肉眼、天眼、慧眼、法眼、佛眼。由于佛的肉眼和天眼为佛眼所统摄，所以佛陀所具有的肉眼和天眼不同于凡夫的肉眼和天眼。如果是没有开慧眼的凡夫，即使他具有天眼，也看不到大千世界的真相，只能看到其假象，这是佛教的一个重要思想；只有成为初地菩萨，开了慧眼，才能够见到诸法的真实本性；菩萨从初地到十地是成就法眼，此时他能越来越清晰地洞察诸法的相状与作用；到了如来境界，则圆满佛眼，能彻底洞察一切诸法的体、相、用。

到达佛菩萨境界的禅师，随便怎么说都没问题，而且说任何法都是直指本来面目之法。这方面的典范就是六祖。我们读《坛经》，能强烈地感觉到，六祖所说的任何法，乃至任何一句话，都是从其现证的自性清净心中自然流露出来的真实言说；反过来，这些言说中的一字一句都不拐弯抹角，都直指参禅者之心，令其破迷开悟。六祖是出家人，主要还是借佛教的种种法门来直指人心，我们且以三皈依为例来看看他如何直指人心吧。

在佛教中，一个人要成为佛教界认可的佛教徒，第一关就是要受三皈依。所谓三皈依，即皈依佛法僧三宝。一般人的理解，皈依三宝是向外皈依住持三宝，皈依寺庙里面的佛像是皈依佛，皈依佛经是皈依法，皈依贤圣僧是皈依僧。六祖说这些都是方便、事相的皈依，真正的皈依是皈依众生本具的自性三宝，这才是真实、彻底的皈依。六祖将三宝从众生本具的自性中点化出，以自性本具的觉悟性为佛，以自性本具的中道性为法，以自性本具的清净性为僧，这就是自性三宝。六祖开示的皈依的确是至为究竟之法，任何事相层面的皈依都必须以此为归结。当然，六祖并不否定皈依住持三宝的功用。六祖说皈依法门如此，说发心、持戒、忏悔、禅定、净土等任何法门，莫不是直指参禅者当下一念心。这当下一念心是真心、妄心，还是非真非妄之心？从所空说，是妄心；从所显说，既是真心，也是非真非妄心。《坛经》中的恶毒心、攀缘心、邪迷心、不善心、贡高心、诳妄心等，都是当以般若照破的分别妄心；而本心、真心、直心、智慧心、真如心等，都是在破妄同时显现的不二真心或非真非妄心。这一点，往后的讲座会一一加以显明。

这种当机取材、直指人心的说法方式，到后来的禅师手里更是运用得出神入化，他们不仅如马祖所说，"随时自在，建立法界尽是法界，若立真如尽是真如，若立理一切法尽是理，若立事一切法尽是事，举一千从，理事无别，尽是妙用，更无别理，皆由心之回转"（《马祖语录》），而且达到了永嘉玄觉禅师所谓"行亦禅，坐亦禅，语默动静体安然"（《永嘉证道歌》）的境界。

问　答

问：禅宗公案里，师父与徒弟的对话中常出现"作么生"三个字，想请教冯老师这是什么意思？

答：这三个字有干什么、什么意思、你怎么看等意思。

问：刚才老师提到，德山宣鉴禅师去参见龙潭崇信禅师时龙潭崇信禅师吹灭蜡烛的典故，想请问这是以智慧照破黑暗的意思吗？

答：这要慢慢参。参就是不要用意识去思考它的意思。我虽然主张今天参禅应走借教悟宗之路，但如果你很想参这个公案，你也可以把它当佛经慢慢读熟，每天一门精进地念。前面我们说到，佛经根本上是从我们的本心中流出来的文字，所以你只要像诵读佛经一样参究公案，总有会参透的一天。

问: 禅的境界如此微妙美好, 请问老师是否可以推荐一些禅修的书籍给我们进一步阅读? 请问老师如何看"动中禅""静中禅"?

答: 禅修的方式因人而异, 因为每个众生心的状态不一样, 很难一概而论。我们今天弘扬的是《坛经》, 所以我推荐你阅读《坛经》。所谓动中禅或静中禅, 也是根据不同根器的修行者方便安立的概念。实际上, 禅修一法, 你只要知道了门径, 行住坐卧都可以参; 如果你不知道呢, 动中也不是禅, 静中也不是禅。比如说现在的维摩禅、人间禅、安祥禅、生活禅等等禅法名相, 它们都是针对一部分信众善巧安立的名目, 不是没有用, 有功用的。为对治一部分人执著禅不在生活中的偏见, 净慧老和尚建立了生活禅; 为对治人们以为禅只在天上的问题, 你也可以建立人间禅。但禅的核心不在这些名目, 而在这些名目里充实的内容; 如果只在名目上面找禅, 未免缘木求鱼了。

问: 感觉禅很难证见。

答: 有了难的念头就真的很难了, 先得把这个念头去掉。譬如说, 你以前没有读过《坛经》, 从今天起就开始天天念《坛经》, 把它作为你日常生活的一部分, 既不要说它难也不要说它易, 就这样天天去做, 有一天就会水到渠成了。

◇　　◇　　◇

问：现在都讲唯物，冯老师您说佛教主张万法唯心，这二者是不是矛盾、冲突、对立的？

答：唯心有实体见的唯心和空性见的唯心之分。在实体见范围内，我个人认为唯物与唯心完全没有矛盾，它们有包含与等同两种关系：首先，唯物是人心所现境界之一，所以唯物本身也是唯心；其次，执著有心体必然执著有物体，反之也是一样；第三，彻底的唯物与唯心不但没矛盾，而且相互等同，因为从相反的方向走到底必然相逢，关键是要彻底。有些人自称是唯物主义者，实际上不是，他只是面对跟自己利益不相关的事情时是唯物主义者，一旦面对跟自己利益切实相关的事情时就转变成唯心主义者了。佛教的万法唯心也有两义，一是指凡夫意义上的唯心识论，含摄得前述种种唯心论；一是圣人意义上的唯智慧论，这是缘起性空意义上的唯心论，是对治前述种种唯心论的唯心论。

第五讲　参禅者的善知识

　　谁是参禅者的善知识？这个问题很重要，但关心的人很少，学术界固然乏人问津，就是在佛教界，专门关注的人也不多。为什么说这个问题很重要呢？因为不管是世间知识的学习，还是出世间佛法的学习，包括参禅在内，都少不了善知识的指引。如果是上根器者，当然比较好说，像六祖一闻"应无所住而生其心"就言下大悟了，此后到五祖那个地方去无非是求得印可、圆满自己的道行而已。问题在于像六祖这样的上根器难逢难遇，一般人都是中下根器，对于众多中下根器者来说，"菩提般若之智，世人本自有之，只缘心迷，不能自悟，须假大善知识示导见性"；即使像六祖、永嘉玄觉那样的上根利器，也是福慧资粮成熟的结果，并且也必须求善知识印可，否则，"威音王已后，无师自悟"，难免"天然外道"之讥。禅宗特别强调法脉传承，主要目的就是为了保证善知识的权威性和纯粹性，由此可见善知识对参禅者的重要性。

　　我们先讲一讲什么是善知识这个问题。善知识又叫作知识、善友、亲友、胜友、善亲友，是梵文语 Kalyānamitra 的意译，音译作迦罗蜜、迦里也曩蜜怛罗，指有德正直、传授正道的人；反之，无德邪曲、传授邪道之人，就被称为恶知识。据《四分律》，善知识应具备难与能与、难作能作、难忍能忍、密事相语、不相发露、遭苦不舍、贫贱不轻七个条件，即所谓"善友七事"。佛教所说的善知识，一定是随顺众生心性、情感、爱好，使其整个身心性命得到升华和净化的好老师。

在佛教里面，善知识的含义有广狭之分，一般可以分为三类：一类是外护善知识。所谓外护善知识，指护持修学佛法者这一类人。譬如，为修行人做饭、买食品、买衣服、搞卫生、保健康的人就是外护善知识，没有他们的全面护持，修行人无法安心修行。第二类是同行善知识。这是指在参禅学道过程中，能够相互切磋、相互砥砺、共进道业的同参道友。这类善知识当然也很重要，如果我们福报不够，亲近到的是恶友，譬如吸毒、赌博、游手好闲这类人，那就很难在道业上有进步了。当然，真正懂得参禅的人，甚至会将给自己带来障碍的人也看成善知识，但一般修行人很难做到。因此，佛教认为善知识很重要，特别强调亲近善知识。第三类是教授善知识，即作为教授师的善知识。今天大学里面普遍使用"教授"这个称呼，大概就是来自佛教的。教授善知识是能够教化、引导参禅者明心见性的善知识。

一般来说，佛教里面所讲的善知识主要指第三类善知识。这类善知识，佛教里面还有一个专门的词叫阿阇黎，这类善知识是弟子的轨则、师范。什么是轨则？弟子学法要依照一定的轨道、一定的原则去学习，这个老师就可以作为他所依的轨道和原则, 乃至所依的真理。什么是"师范"? 如我们讲师范学校的老师"学为人师, 行为世范", 这类善知识的整个形象也是弟子效法的榜样, 这叫师范。这类善知识有两种, 一种是没有明心见性的普通善知识, 一种是已明心见性的大善知识, 禅门中的禅师就属于大善知识。

我们虽然讲了善知识一词这么多含义, 但在禅宗看来这都是从事相上讲的善知识, 还不是从理体上讲的根本善知识。那么, 我们的根本善知识到底是谁呢? 佛教徒以成佛为最终归趣, 而佛教认为"心佛与众生, 是三无差别", 佛因为完全现证佛性才叫作佛, 众生则因为尚未证见佛性才叫众生。禅宗抓住这个根本, 认为众生的根本善知识是其本具的佛性, 而不是前面所讲的那三类善知识。佛性, 因为是每个众生本具的性质, 禅宗称之为本性; 因为是每个众生自己拥有的性质, 禅宗又称之为自性, 因此禅宗说的本性和自性与外道所说可以抓取、执著的实体性不是一回事, 它本质上就是法性, 而法性的根本性质则是空性。佛性的本性虽然是空性, 但又不是顽空, 而是具足无量功德的真空, 自性具足的无量功德就是妙有, 这妙有中就有佛、法、僧三宝。禅宗认为, 我们每个众生本具的佛性、自性里面有三种根本的特性, 即觉悟性、中道性与清净性。觉悟性指自性本具的觉悟万法真相的性质, 这是佛宝; 中道性指自性本具的不落二边的性质, 这是法宝; 清净性指自性本具的清净无染的性质, 这是僧宝。从参禅角度说, 禅宗认为只有皈依这样的三宝才是根本皈依, 这我们以后会讲。从善知识的角度来讲，我们可以这么说，在禅宗看来只有自性本具的佛法僧三宝才是根本善知识。因为一切法无非自性的显现，以自性为善知识，就等于以万法为善知识，如此参禅者当下就安住于"是法平等，无有高下"的禅境中了。也就是说，如果真正以自性三宝为善知识的话，参禅者当下就不光是以六道众生、声闻、缘觉、菩萨和佛等凡圣有情为善知识，已经是以大千世界的一切法为善知识了；如果有人当下全体显现这根本的善知识，其实就是禅的境界了。

问题在于，如《六祖坛经》所说，众生虽然都有自性的善知识，但因为心迷，不能自悟，必须求大善知识开示、引导见性。打个比方，众生本具的菩提智慧宛如一轮明月，这轮明月本来圆圆满满、无欠无余，只因被烦恼乌云遮蔽，不能发出智慧的光芒。什么叫作智慧呢？所谓智慧是跟分别识相对的概念，弥勒菩萨对此有明确的定义："分别是识，无分别是智。"最初的分别是主客体二元对立的分别，在主客体二元对立分别的基础上，认识客体的主体就是分别识。换句话说，分别识是能认识的主体，与其相对的对象就是被认识的客体，在这个二元对立的框框里面起的任何念头都是分别心，得到的任何知识都是分别见。这就是根本的"心迷"，凡夫正是在这种迷执心的推动下不断造业、受苦，轮回于六道。如果泯灭了能知主体与所知客体的对立，超越了这个二元对立的框框，不在这个框框里面认识与生活，就获得了无分别智慧。有人把无分别智慧跟差别智慧混为一谈，这是不对的。虽然两者的根本性质都是无分别，但一般无分别智指不执著种种相的根本智，差别智指在根本智基础上现起的洞察种种差别事相性质、相状、特点及其因果过程的后得智。六祖说，虽然每个人都有不著相的智慧，但由于被无明所迷，自己不能够发现，不能发现这种智慧就不能转迷成悟、转凡成圣，所以必须请求大善知识开示和引导。

六祖说的大善知识是谁呢？就是前面所说教授善知识中的明心见性者。他说这种善知识是能"解最上乘法，直示正路者"，所谓"解最上乘法"就是在教理方面对于佛乘通达无碍。什么叫佛乘？就是成佛的教法，这叫作最上乘法。如果善知识通达的不是成佛教法，而是成声闻、缘觉或往生善道的人天乘教法，就不能叫大善知识。因为佛在经典里面明确开示说，佛究竟所说只有成佛的教法，没有成人、天、声闻、缘觉的教法；佛所说的往生善道、成就声闻或缘觉的教法，都是对根器未成熟者当机宣说的方便教法，不是真实教法。所谓"指示正路"指的是什么？就禅宗来说，指他必须能够直指人心，令弟子见性成佛，否则就不能叫作大善知识。其实这两者是相辅相成的，只有通达了最上乘教法，才有可能具足直指人心的智慧妙用；反过来讲，也只有真正能够发起直指人心的智慧妙用，才算是彻底通达了成佛的教法。这种善知识是佛经里面说的贤圣僧，也就是禅宗所谓宗说皆通的祖师，所以菩提达摩祖师说："行解相应，名之曰祖。"

对于这样的大善知识，佛经里到处都在强调他们的必要性和重要性，例如《妙法莲华经》明确说："当知善知识者是大因缘，所谓化导令得见佛，发阿耨多罗三藐三菩提心。"类似的话六祖在《坛经》也讲过，他说："是善知识有大因缘，所谓化导令得见性，一切善法因善知识能发起故。"这几句话有可能就是基于《妙法莲华经》前述开示的发挥。这讲得再清楚不过，虽然根本善知识人人本具，但是不能自发显现出来，只有在大善知识引导和教化之下，学佛参禅者才能发起无上菩提心、悟见根本善知识，因此大善知识是学佛人成佛的大因缘。对大善知识的重要性做出全面概括的经典是《华严经》，经中说："善知识者，如慈母，出生佛种故；如慈父，广大利益故；如乳母，守护不令作恶故；如教师，示其菩萨所学故；如善导，能示波罗蜜道故；如良医，能治烦恼诸病故；如雪山，增长一切智药故；如勇将，殄除一切怖畏故；如济客，令出生死暴流故；如船师，令到智慧宝洲故。""如慈母"，指大善知识与佛无异，能够将凡夫教化成佛，就像慈母延续人类生命一样延续佛祖慧命。"如慈父"，指大善知识于众生不起分别心，能平等对待众生，能够给一切众生带来广大利益。"如乳母"，指大善知识不但自己三业清净，而且能够敦促弟子行善，喝止弟子作恶。由此看来，在佛教中当一个合格的老师实在不容易，如果弟子有恶念，你明明知道却采取姑息态度，就不是合格的老师；如果你没看到，就更是不合格的老师。"如教师"，指大善知识像老师一样，要向弟子开示菩萨应当学什么、不应当学什么、怎么学才是菩萨。"如善导"，指大善知识像优秀的向导,能向学人指示通往智慧的道路,以免学人迷失正路。"如良医",指大善知识像良医一样,能够治疗弟子的种种烦恼疾病,令其身心健康。我的师父佛源禅师就是这样的大善知识,在你被烦恼纠缠得痛不欲生的时候,他轻轻一句话或一个眼神就把你转过来了,真有四两拨千斤的功夫。"如雪山",雪山譬喻智慧宝藏,指大善知识不是无明漆桶,而是智慧宝藏,能令学人增长一切智慧良药。"如勇将",勇将即勇敢的将军,指大善知识像佛一样,不但自己"无有恐怖,远离颠倒梦想",而且能令学人消除所有颠倒、梦想和恐怖。这其实是所有善知识必备的素质,如果学生处于颠倒、梦想和恐怖中,你不单不能够给他信心,反而让他每况愈下,那你还有资格当善知识吗?"如济客",济客即已渡过海的人,指大善知识像过来人一样,能令学人的生命之舟平安渡过生死苦海。"如船师",指大善知识像接引渡客到彼岸的船师一样,能够将被困于无明此岸的学人接引到智慧彼岸。

我们要以此为标准,具体观察一下哪些是大善知识。为什么我们有必要做这样的观察呢?因为对于佛教徒而言,要找到一个与自己相应的大善知识并不容易,这倒不是我们这个时代没有大善知识,而是很多人受到无明的遮蔽,疑惑心和我慢心很重,往往只能以貌取人。当我们一时间找不到与自己相应的大善知识时,这里的观察对我们就很有帮助。

首先,这类大善知识的典范是佛陀。我们看看佛经里面所说的如来十个名号,大概就知道为什么佛是大善知识了。第一是"如来"。如来音译作多陀阿伽陀，指佛陀是乘如实道来令众生成等正觉的圣者。第二是"应供"。"应供"指佛陀应该受到人天六道众生供养。为什么呢？因为他得到了大智慧，远离了名利，远离了所知与烦恼二障。第三是"正遍知"。正就是正确、遍就是周遍，这是说佛陀能够完全正确地了知三千大千世界一切法的性质、相状与作用。第四是"明行足"。明是智慧，行则是实践，明行足指佛陀智慧与实践圆满，他的生活是具足智慧的生活，他的智慧是圆满落实于生活的智慧。第五是"善逝"。什么叫善逝？佛陀的一生，从现生到圆寂，可谓前善、中善、后善，没有任何一点不善。我们有些人早年很好，但是晚节不保；有些人早年荒唐，晚年幡然醒悟。佛陀没有这种事情，连圆寂时的姿势都是吉祥卧，所以叫善逝。第六是"世间解无上士"。世间解倒过来就是解世间，指佛陀能够完全明了六道众生的心，如同《金刚经》所说，"所有众生若干种心如来悉知"。譬如，众生是犯贪病、嗔病还是痴病，他都知道，如果他不知道，怎么能够应病与药，怎么能治愈弟子的病呢？我们看佛经里面，佛陀教化弟子时运用的方法千变万化，其前提就是他了解弟子的所有心念。佛陀不仅洞悉世间，而且是最洞悉世间者，所以叫作"无上士"。第七是"调御丈夫"。调御就是驾驭、调伏的意思，众生的烦恼像猿猴、野马或瀑布一样难以驾驭和调顺，而佛陀却能令它们顺从清净，故称调御丈夫。第八是"天人师"。天人泛指欲、色、无色三界众生，天人师指佛陀是六道众生的导师，能教化、指引三界众生离生死得涅槃。第九是"佛"。佛是觉悟者,而且是自觉觉他、觉行圆满的觉悟者。第十是"世尊"。世尊又译作薄伽梵,指佛陀具备众德,为世间尊重。

每部佛经里面,只要讲到佛的名号时,往往会把上述名号一起列出来。这告诉我们,在佛教的信仰世界里,人们对佛的智慧、解脱与慈悲的境界已经赞叹到无以复加的地步了。当然,如果是没有进入佛教信仰世界的人,对此可能没有真切的体会。对此我们不妨打个比喻,就像一个具有强大能量的人,无论他走到哪里,他的一挥手一投足,都会令所到之处的一切拜倒在他的脚下。佛在佛教徒眼里也有这种能量,当然佛的摄受力是靠道德、智慧而不是其他外在条件,所以佛陀是大善知识的典范。

第二,这类大善知识的典范是佛法。为什么呢?佛教所说的法包括两个层面,根本层面的法就是我们自性本具的中道性,三世十方诸佛皆因觉悟此法而成佛,所以我们前文说这样的法是根本善知识;另一层面的法即佛陀所说的经和律,因为它们是"真语者、实语者、如语者、不诳语者、不异语者"佛陀所说,也是大善知识。佛陀现证了大千世界的本来面目,完全除掉了烦恼、所知二障以及种种习气,所以起心动念、说话做事,都是如诸法实相而行,是如实观如实行者。从讲经说法的角度来讲,佛陀说苦谛,以众生所受之苦为苦,此乃真实之苦,故是"真语者";佛陀说集谛,不以实体性而以贪嗔痴为众苦之因,此乃真实不虚之苦因,故是"实语者";佛陀说灭谛，不执著某种境界而以无为中道为涅槃，乃是究竟的实相涅槃，故是"如语者"；佛陀说道谛，以确实能证入实相涅槃的八正道、三十七道品、六度万行等为道谛，故是"不诳语者"；佛陀说自己历劫以来的因果、授记等事如实不虚，故是"不异语者"。正因为如此，《金刚经》才说，"一切诸佛及诸佛阿耨多罗三藐三菩提法皆从此经出"；龙树菩萨（约150—约250）才说，"诸佛恭敬法故，供养于法"。

　　这里涉及一个问题：我们刚才曾经说佛陀所说只有成佛的教法，没有成为声闻、缘觉的教法，但有些人对此有疑惑，而且这个问题很早就出现了。佛教历史上，在《般若》《华严》《法华》以及净土等经典传出前，佛教徒都是以《阿含经》为根本经典指导弟子修学；当这些经典传出后，他们怀疑这些经典的真实性，认为佛陀只说了《阿含经》，于是佛教史上出现了"大乘非佛说"的论调。你们看现在的南传佛教徒，大多数人还是依《阿含经》作修学的指导，其中口德好一点的人不会诟病大乘佛法，但口德不太好的人就会说汉传和藏传所依经典不是佛陀所说，不是佛法。这一流派现在在中国也有一定的影响，譬如有些在中国传内观法门的人，就难免诽谤汉传和藏传佛教所依的经典。我觉得这是不好、也是不对的现象，因为这种心已经与道相违了，佛经不是明确说"法宝一味无变易，前佛后佛说皆同"（《大乘本生心地观经》）嘛，怎么能以彼经非毁此经呢？

　　当然，对执著《阿含经》才是佛经的人，我引用《大乘本生心地观经》的经文来证明大乘经是佛说根本没有说服力，因为他们根本不相信这部经典是佛陀说的。为此，我们不妨借助龙树菩萨《大智度论》的相关论述来以理服人。在《大智度论》里，龙树菩萨明确说，《阿含经》判定某种说法是否佛法的标准是三法印，种种大乘经判定某种说法是否佛法的标准是实相印；究竟说来，佛所说法是平等一味之法，这平等一味之法展开来说是三法印或四法印，略说是实相印。何以见得？三法印是"诸行无常，诸法无我，涅槃寂静"，如果展开来，从"诸行无常"开出"诸受是苦"，就是"诸行无常、诸受是苦、诸法无我、涅槃寂静"的四法印。所谓略说三法印是实相印，即完全从不落空有两边的涅槃实相统摄三法印，则"诸行无常"与"诸法无我"皆是"涅槃寂静"这一"实相印"的真实体现。我甚至认为，龙树菩萨只是随顺当时习见的概念将佛经分为大小乘经，并不会真认为佛陀说过一部部深浅有别的三乘佛经，因为他的《中观论》就是依一切佛经为宗旨撰写的佛法概论。龙树菩萨是佛陀亲自印可的能续佛慧命的登地菩萨，《大乘入楞伽经》说他"能破有无宗，世间中显我，无上大乘法，得初欢喜地，往生安乐国"，他在藏传与汉传佛教中的地位都很高，在汉传佛教里甚至被尊称为八宗共祖。他的话我们能不信吗？如果还是不信，只能证明这种人福报太浅了。

还有人会问："虽然你用经文和龙树菩萨的论述证明佛陀说的是一味之法，但我还是有疑惑，佛不是说要'依了义经，不依不了义经'吗？了义经即是宣说成佛见地、观行与果德的经典，不了义经则是方便接引众生的经典，这话不是明确说佛经是有深浅的吗？"依我浅见，从佛的角度来看，如前面所讲，佛所说无非是了义经，但听法的众生千差万别，根器有上中下不同，爱好有种种差异，层次也有三六九等，因此佛陀必须针对其具体情况，从不同的角度和层次，用不同的语言乃至其他符号宣说佛法，否则有些人就会完全弄不懂佛意了。由此可见，所谓"不了义经"并不是指佛陀曾说过"不了义"的经典，而是指佛经中包含有方便接引众生的浅层教法，根本上是指根器未熟众生仅能领会佛经的浅层法义，致使佛所说经成了"不了义经"。尽管如此，佛陀认为，随着众生根器的逐渐成熟，领会法义能力的逐渐深入，"不了义经"相应地就变成了"了义经"。因此可以说，一切佛经皆是"了义经"，都是大善知识。

　　从广义上说，佛法这种大善知识还包括菩萨造的论和禅宗祖师的公案。菩萨是代佛扬化者，他们说的法自然是大善知识，禅师随缘表演的公案为什么也是大善知识呢？元代中峰明本禅师（1263—1323）讲出了其中的道理，他在《山房夜话》中说："或问：'佛祖机缘，世称公案者，何耶？'幻曰：'公案，乃喻乎公府之案牍也。法之所在，而王道之治乱实系焉。公者，乃圣贤一其辙、天下同其途之至理也；案者，乃记圣贤为理之正文也。凡有天下者，未尝无公府；有公府者，未尝无案牍。盖欲取以为法，而断天下之不正者也。公案行则理法用，理法用则天下正，天下正则王道治矣。夫佛祖机缘，目之日公案亦尔,盖非一人之臆见,乃会灵源、契妙旨、破生死、越情量,与三世十方百千万士同禀之至理也。'"据此,公案是当之无愧的大善知识。

第三类大善知识的典范是贤圣僧。这种大善知识的修养、境界及其重要性前面已经讲过,现在不妨再从他们的能力方面略加论述。贤圣僧就是登地以上的菩萨(广义摄得声闻圣者),天台宗创立者智者大师(538—597)称之为"圣师"。关于"圣师"的能力,智者大师曾有精辟概括:"圣师有慧眼力,明于法药;有法眼力,识于病障;有化道力,应病授药,令得服行。"智者大师眼中的菩萨有三种能力:第一是开了慧眼,有慧眼力。所谓慧眼,就是能够洞察诸法实相的眼睛,是凡夫与圣者的根本分水岭,开了慧眼的是圣人,没开慧眼的是凡夫。从实践角度说,佛陀所说的一切教法都是对治众生生死疾病的法药,但是,如果修菩萨道的众生没有开慧眼,还受到我法二执的遮蔽,就不能洞察诸法实相;不能洞察诸法实相,甚至连佛经的宗旨都无法把握,因此只能相信佛经是法药,而不能真切体会到这法药的奥妙。开了慧眼的菩萨则不然,由于他断除了我法二执,洞察到了诸法实相,真切体会到了治疗众生疾病的佛法良药的奥妙,所以具有识法药的能力。第二是拥有法眼,有法眼力。所谓法眼就是洞察诸法差别性相因果的眼睛,因此眼而有的智慧佛教称为差别智。譬如,得到这种智慧的菩萨知道人是人、猫是猫,不会把人当成猫,也不会把猫当成人;知道汽车怎么开、飞机怎么开,不会将开飞机与开汽车混为一谈。这种智慧是菩萨道修行者开慧眼后，通过不断在事相上历练而增长的能力，菩萨从初地到十地的修行无非是圆满这种能力。菩萨具有这种能力，主要是用来观察众生的毛病与障碍，譬如他一看就知道弟子犯了什么病，是贪病、嗔病、痴病，还是贪、嗔、痴等分病，也知道其犯病的轻重、表证和后果。这种能力很重要，是第三种能力的前提。第三种能力是所谓化导力。什么是化导力？"应病授药，令得服行。"这是指菩萨不光能够识药知病，还能应众生病给他配好药，让他依时按量服下去。这要求弟子对善知识有十分信心，他才能够听你的话，服你开的药，即按你的教诲去修行；如果他只是把你当成一般的朋友，或者可有可无的人，哪怕你的教诲说得天花乱坠，他听了以后也不会依教奉行，说不定回去睡一觉就全忘了。真正的菩萨就有这种力量，不但能令弟子信心十足，而且只要发给弟子一味药，弟子马上就会高兴地服下去，而不会有其他的想法。

我们看《华严经》如何赞叹作为大善知识的菩萨吧！"菩萨摩诃萨，于诸众生为庄严，令生人天富贵乐故；为父母，为其安立菩提心故；为养育，令其成就菩萨道故；为卫护，令其远离三恶道故；为船师，令其得度生死海故；为皈依，令舍诸魔烦恼怖故；为究竟，令其永得清凉乐故；为津济，令入一切诸佛海故；为导师，令至一切法宝洲故；为妙华，开敷诸佛功德心故；为严具，常放福德智慧光故；为可乐，凡有所作悉端严故；为可尊，远离一切诸恶业故；为普贤，具足一切端严身故;为大明,常放智慧净光明故;为大云,常雨一切甘露法故。"菩萨三业清净、依正庄严,能当机拔苦与乐,令众生往生善道,直至最终成佛。

菩萨分为几类呢?可以分为两类:一类是释迦佛介绍的菩萨,其中最著名的是文殊、普贤、观音、地藏、弥勒、胜鬘夫人、维摩诘居士等。汉传佛教跟文殊、普贤、观音、地藏、弥勒、维摩诘居士这些大菩萨非常有缘分,胜鬘夫人是以女身示现的菩萨,她说过一部《胜鬘经》,知道的人少一点。我们看过《普贤行愿品》《观世音菩萨普门品》的人,都知道这些菩萨具有大慈悲和大智慧,他们能当机示现任何身相说法度化众生,对不对?这类菩萨在佛教的信仰世界里已经形成了大家的共同信仰,是应当依止的大善知识。

还有一类菩萨是佛教历史上依佛法修学成就的贤圣僧,如教下诸大德与宗门历代祖师等。比如龙树菩萨,即使从人类历史角度考察,他都实有其人,不像文殊、普贤一类菩萨,以人类肉眼不可得见。当然,如果说从心地法门来讲,文殊、普贤、观音、地藏无非是我们自性的显现,那是另外一回事,我们现在是从事相上说。龙树、无著、世亲、马鸣,智顗、法藏、善导、玄奘,还有禅宗的历代祖师等,这些都属于贤圣僧。但对这类菩萨,有些人就不像对文殊、普贤那样有信心。台湾有个居士,不知道在座的有没有人熟悉这个人?他写了很多书,他在书中对释迦佛以来的贤圣僧很少称许,甚至说藏传佛教的宗喀巴大师是附佛法外道;对禅宗的祖师,他只印许达摩、六祖和虚云（1840—1959）等少数几个禅师，其他祖师他说都不行。这个问题就比较复杂。这些人类历史上实有、印中传统应许的贤圣僧是否真转凡成圣了呢？这很难有一种标准去加以判断。我们生产产品，可以用产品质量标准来判断，符合标准的就是合格产品，不符合标准的则是次品，很容易判断；佛法根本上是心法，学佛很难有这样的外在判断标准，因此我觉得我们应尽量避免测度高僧大德、历代祖师的修证境界。这一点，等我们讲完了有关善知识的问题后再来说说。

　　相对大善知识而言，教授师里还有一种普通的善知识，即处于凡夫境界的老师，亦即智者大师所说的"凡师"。由此我们知道，并非只有大善知识才能作善知识，没有明心见性的普通善知识也可以充任善知识。他们虽然没有"圣师"施行教化需要的三种能力，但也能问诊识病、依病处方。这是什么意思呢？这是说，凡师可以通过询问弟子了解他患了什么病、病情如何，然后依据经典的开示授予弟子治疗疾病的方法。譬如，师父问弟子："哎呀，看你近来萎靡不振的，你有什么烦恼啊？"弟子："师父，我想念某个女孩，不能自拔啊。"师父对经典比较熟悉，知道不净观是治疗这种病的法门，就告诉弟子："你用不净观来解决这个问题吧。"这就叫作问诊识病、依病处方。这种善知识也不是谁都可以做的，据佛经开示，这种善知识对佛教的理解和实践至少须达到坚信不疑的水平，如果他对其传授的佛法还半信半疑，那是不能当别人的老师的。老师对于自己所弘扬的法门是不是有信心，弟子是一下子就能感应到的,如果他感觉到你自己都没有信心,他从中得到的效果就会大打折扣,甚至会将老师传授的法门当成可有可无的东西;反过来讲,如果老师对自己弘扬的法门坚信不疑,那无论他走到哪里,都会给人家一个坚固不坏的信仰者形象,这样他至少会给弟子带来莫大的信心。

那么,具体修行到什么阶位的菩萨道行者才能充当善知识呢?《大般涅槃经》说,凡师最主要的条件是菩提心:"初发已为人天师,胜出声闻及缘觉,如是发心过三界,是故得名最无上。"这里的"初发"指的就是初发菩提心。初发菩提心在佛教修行系统中属于什么层次呢?在权教大乘中是已经圆满了十信位的修行,走向十住位第一位初发心住的阶位。换句话说,这种菩萨道的行者已经建立起对佛法的坚定信仰,只有这样才能发起菩提心,才能充当善知识。从禅宗来讲,只有对禅宗这个法门具有坚固信仰的参禅者才能当善知识。但是,这种善知识不能自诩为大善知识,否则就是伪善知识。很多学佛参禅者担心自己碰到伪善知识,事实上也存在伪善知识,因此不能不留心,否则很容易掉进"一盲引众盲,相牵入火坑"的险境。

伪善知识有好几类:第一类是未得谓得、未证言证者。这是说有的人明知自己本来没有明心见性,谎称自己明心见性了;明知自己本来不是证得圣果的菩萨,假说自己是已证圣果的菩萨;有的更是侈谈自己是某一尊佛再来。现在网上不是有人公开宣称自己是毗卢遮那佛再来吗?殊不知毗卢遮那佛是法身佛,根本没有来去问题,说法身佛再来不是滑天下之大稽吗？这在佛教戒律里面叫打大妄语，是绝对禁止的行为。《楞严经》上说，就算真正觉悟了的圣人，都只能在特殊因缘下透露自己的秘密，透露以后就要往生他方，以免弟子将自己当作追逐或崇拜的偶像，未得未证者如何能胡说八道呢？但铁的戒律往往抵敌不住洪水般的贪欲，而世间永远都有不少容易被人愚弄的众生，所以这种伪善知识总能蛊惑、祸害很多人。

第二类是真以为自己觉悟而实际上并没有觉悟的修行者。这类伪善知识又分两种，一种是将师父的鼓励误认为印可的修行者。例如，唐朝有个叫洛浦元安的禅师，他是陕西人，幼年出家，二十岁受戒，博通经论。后到临济义玄禅师（787—866）那里问道，成为临济禅师的侍者。临济禅师曾经当众说过他是"临济门下一支箭，谁敢当锋"的话，他以为得到了师父印可。其实，临济禅师只是鼓励他而已，并没有真正印可他，因为他到南方游历后，临济有一天升堂时说："临济门下有个赤梢鲤鱼，摇头摆尾向南方去，不知向谁家虀瓮里淹杀？"洛浦元安游了一圈，就到夹山住庵了。当时夹山已有夹山善会禅师（806—881）住持弘法，但洛浦元安不理不睬，几年都不去参访夹山。夹山于是修书一封，叫一个僧人送给洛浦。洛浦接到信，看都不看就放到了自己屁股下，还表演机锋，伸手再向僧人要信。僧人不能对答，洛浦就打了他一下说："回去告诉夹山。"僧人回去禀告夹山，夹山说："这僧人如果打开书信，三天后一定会来找我；如果不打开书信，就不可救药了。"三天后，洛浦果然来到夹山，在夹山禅师的接引下，才终于破除了从前的偏执，成就为一代禅师。洛浦算是有福报的，有没有像洛浦一样自以为是而终身逃不出鬼窟的人呢？毋庸置疑。这种人无疑是伪善知识。另外还有一种是被第一类伪善知识胡乱印可的修行者。未得言得、未证言证者心不求道，只求名闻利养，为图门庭热闹、供养多般，随便印可学人。禅宗祖师称这种师家为邪师，其印证弟子的心印叫冬瓜印，如大慧宗杲禅师就说："决要敌生死，须是打破这漆桶始得，切忌被邪师顺摩捋，将冬瓜印子印定，便谓我千了百当。如此之辈，如稻麻竹苇。"大家知道，冬瓜印就是用冬瓜刻的印，不坚固、不可靠，喻滥圣者抵敌不了生死。当然，这与第一种人的情况稍有不同，他们是因邪师印可而成为未得谓得、未证言证者，过错不如邪师严重。邪师本未觉悟，却把自己装成一个悟道者，弟子根本没有见到消息，动不动就说弟子已经觉悟，天天去给人家印可，这实际上是盖橡皮图章。结果，弟子拿你这颗橡皮图章去一点用也没有，不光是不能了生死，而且烦恼丝毫不见减少，这等于断灭佛法慧命，依佛教戒律，犯了这种罪过的出家人是不可共住的，要逐出僧团。宗杲禅师说"如此之辈，如稻麻竹苇"，应当不在少数。

第三类是贪图名利、显异惑众者。这种人在社会上很多，刚才我们提到那自称毗卢遮那佛再来的人就是其中一个；有的虽然没有自称是某某佛转世或再来，但经常说自己见到天上在演奏什么梵乐啦，或说得到某某菩萨加持啦，或说见到阿弥陀佛来现身了，等等，可以说这些都是贪图名利、显异惑众的邪

师，而不是善知识。真正的善知识绝不会轻易显露神通，如果
显露了神通，为了避免学人舍本逐末，他要往生他方世界。比
如邓隐峰就是这样。邓隐峰有神通，他住在五台山。据说，有
一次他从南方回五台山，走到路上遇到两支部队正要打仗，把
路都堵死了，根本过不去。邓隐峰为了平息争端，就起了一个
念头："我干脆飞过去算了。"结果，他将拐杖往空中一扔，自
己坐在拐杖上就回五台山了。两班人看到他的表演，大为惭
愧：你看人家那么厉害都不去争名夺利，我们为了蝇头小利却
不惜大动干戈，这是何苦呢？就各自鸣金收兵了。邓隐峰很清
楚，对于学佛法的人来说，这种神通不过是雕虫小技，真正
的神通是无漏智慧通。但他也知道，他显神通的行为容易令
人舍本逐末，因此不能继续住世，他就这样在五台山往生了。
学佛法的人只要建立起正知正见，就不会被动辄显奇示异的
人蒙骗。

　　第四类是"伪作沙门，心非沙门"者。"伪作沙门，心非
沙门"是《地藏经》里的经文，指有些人根本不是出家人，却
装扮成出家人。这种人实际上是骗子，内骗寺院里的常住，外
骗没有辨别力的信众。《大般涅槃经》称这类出家人为恶魔波
旬，并说护持正法的比丘见到这类"破戒坏正法者，即应驱
遣、呵责、举处"，如果"置不呵责、驱遣、举处"，自己也无
异于佛法的冤家。在家人对待出家人，应如佛源妙心禅师说
"要恭敬，不要迷信"（《佛源妙心禅师禅要》)，如果堕入迷信，
就可能上这类邪师的当。

如《佛说仁王般若波罗蜜经》所说，这些本来都应该是传承、护持佛法的四众弟子，结果却"转更灭破三宝，如师子身中虫，自食师子"。这样，保证善知识的真实性和可靠性就是佛法能够健康传播与开展的重要前提。禅宗如何解决这个问题呢？除了不断强调佛陀的大妄语戒外，六祖之前还靠代代单传的谱系来保证大善知识的真实性和可靠性，而只要这种善知识的真实性和可靠性得到了保证，其他善知识也就不言自明了。佛祖在灵山拈花，把这个心地法门传给摩诃迦叶，摩诃迦叶传给阿难，一代一代传下来，传到二十八祖菩提达摩，就传到中国来了。达摩到中国来以后，一直到六祖也是代代单传，从未间断。不管这个谱系是否为世人接受，这种传法方便确实在很大程度上避免了伪滥，但另一方面，这种传法方式又限制了禅宗的发展。

六祖之后，禅宗只传法不传衣，很快扩大了接受面和影响力，但同时也大大提高了保证大善知识真实性和可靠性的难度，因为佛法根本上是心法，修行者境界高低本无可供判定的外在标准，何况禅宗单提以心印心，更加无迹可寻，这就难怪历代都有那么多禅师不惜口舌从事摧邪显正的工作。

那么，是否有一些可供判断师父邪正高低的参考因素呢？还是有的。首先要"依法不依人"。"依法不依人"不是舍弃师父专依经教，否则就等于舍弃了三宝中的僧宝。同时，"依法不依人"也不是用佛经或戒律去要求和衡定师父，这样也有很大问题。参禅者没有明心见性前，连经典都只能读个半通不通，怎么能判定某个师父是正是邪、是凡是圣呢？即使弟子弄懂了佛经经义，看到师父身口意三业与自己的理解不一致，甚至相去甚远，也可能不是师父本身有问题，而是弟子未能将经典义理融入实际生活带来的问题，因为大善知识在大用现前时是不存丝毫理论痕迹的。怎么办？我觉得，虽然我们不知道师父境界的邪正高低，但是他说的话、做的事对所在缘起会带来什么样的因果，我们还是可以略知一二的。一般来说，除了禅师勘验弟子，获得了智慧的人做事情，首先不会拖泥带水，其次不会给当事人带来退失信心的影响，如果他说话做事拖泥带水，表明他智慧力量不够；如果他给当事人带来了退失信心的影响，那就更有问题了。所以参禅者找师父时，最好不要看他是什么身份和地位，而要看他说的是什么法，做的是什么事，要从他的语言和行动上去看。当然，我们又不能看他的语言行动是否符合我们自己的好恶，这又无异于以我们的习气判断师父的邪正高低了。其次，我们还要深入禅宗历史，看看历代著名的禅师是如何摧邪显正的，这对我们寻找和判断善知识也有帮助。

我们上面讲了那么多关于"知识"的内容，既有善知识也有恶知识，善知识中又有普通善知识和大善知识，恶知识中又有邪知识和伪善知识，参禅者应该如何对待他们呢？如果能够以恭敬心、平等心和慈悲心来对待各种知识，不管这个知识是善知识还是恶知识，那是最为圆满的了，因为参禅无非是为了求无上菩提，而无上菩提的根本内容就是平等心与慈悲心，没有平等心和慈悲心就不是学菩萨道者。在这个意义上讲，参禅者不再执著善知识与恶知识之分，实际上是大菩萨的境界。《华严经》说，"所有尽法界、虚空界，十方三世一切刹土所有极微一一尘中，皆有一切世界极微尘数佛，一一佛所皆有菩萨海会围绕"，这个境界中到底谁不是佛呢？既然一个微尘里面都有无量佛，可以肯定地说我们就都是无量诸佛中的一员，这就回到"是法平等，无有高下"的自性法身去了。事实上，这是圆顿禅法之一，而且佛菩萨已经为我们做出了示范。《妙法莲华经》里的常不轻菩萨就从不轻视任何一个众生，无论见到谁他都会说，"我不敢轻于汝等，汝等皆当作佛"；《华严经》里的普贤菩萨，无论见到任何众生，他"皆于彼随顺而转，种种承事，种种供养，如敬父母，如奉师长，及阿罗汉，乃至如来，等无有异"。如果参禅者能够这样对待所有知识，当下就安住于禅之中了。

当然，用平等心与慈悲心对待包括恶知识在内的一切"知识"，甚至是山河大地、花草树木，并不意味着参禅者不应该随缘方便转化偏邪的"知识"。《楞严经》里，阿难曾对佛说："我今已悟成佛法门，是中修行得无疑惑。常闻如来说如是言：'自未得度，先度人者，菩萨发心；自觉已圆，能觉他者，如来应世。'我虽未度，愿度末劫一切众生。"阿难在楞严会上还没有觉悟，但是他深知发菩提心的重要性，能发起度一切众生的菩提心。因此，如果参禅者碰到恶知识、邪知识或伪善知识，也应随力随分转化他们。所谓随力即量力而行，所谓随分即随缘而动。具体说，当这些"知识"因烦恼而向参禅者请教时，即他把参禅者视为善知识时，参禅者就可以教化他们。如果参禅者在随缘转化中还能做到"无我相、无人相、无众生相、无寿者相"，那就是在禅的境界中认识善知识、以禅的方式皈依善知识了。

问　答

问：有点思考，请老师指正。达不到大善知识的普通佛学教师，借用韩国人所说的"学长"这个词来代替会不会合适一点？

答：广义上可以，我们刚才不是说，从本质上讲师徒都是同参嘛。但是，随顺世俗的用语或者习惯，他们还是师徒关系。比如说：我们去寺院里向某个和尚或首座求皈依，那和尚或首座即使不是明心见性的圣人，但与我们的师徒关系还是在的。当然，他也不会摆出一副善知识的架子，我觉得善知识最好不要摆出一副居高临下的样子。

◇　　◇　　◇

问：作为一个凡夫，应该从教义上还是从现实生活中认识佛法？

答：佛陀在佛经里曾经明确开示：信仰佛法的有两类人，一类是信行人，一类是法行人。什么是信行人呢？就是这个人遇到善知识，善知识给他一个法门，他能生起清净信心，按照这个法门一门精进地修行，不用善知识跟他讲道理，这叫信行人。所谓法行人，法指佛法，因此法行人是指必须通过听闻佛法、如理思维、依教奉行的人。这两类人确实都有，我们现前都可见到。有人说汉传佛教地区法行人多一点，他们一定要将教理搞清楚，心服口服之后才能进入修行；藏传佛教地区信行人多一点，他们只要上师给一个法门，什么话不问就开始修行了。这是相对的说法，只要我们把眼光扩展到大千世界，就知道两类众生是一般多。具体到人道中的某个人，到底是信行人还是法行人，那要看他过去的福慧资粮。

不管哪一类人，作为佛弟子，对师父的信心都是极为重要的。如果对师父有十分信心就有十分利益，有两三分信心就只有两三分利益，这就是为什么密教里面要皈依四宝，并且将上师放在首位。参禅也一样，我们一开始最好不要通过阅读《五灯会元》《景德传灯录》中的公案来参禅，而要依止禅师参禅。禅宗丛林中说，禅师就像狮子王，小狮子见到狮子王，身心就被摄入他的境界，很多妄想都打不起来了。狮子王有火眼金睛，看小狮子哪个走得快哪个走得慢，哪个要加点什么营养，他会随时给予调养。到万事俱备只欠东风时，他或者用一两句话，或者用一棒子，或者大吼一声，就能将小狮子唤醒来。

现代人多急于求成，只想从书本上、文字中去找禅，这是舍本逐末了。那么，看公案有没有用呢？也有用。但是，没有禅师的指导，参禅者看公案往往会得少为足，甚至仅仅在第六意识中得到一点轻安就以为大彻大悟了。这就是为什么菩提达摩祖师要用《楞伽经》来印心。《楞伽经》对我们的八识及其每一个层次所现起的种种烦恼是什么、怎么样才算断除了某个层次的烦恼，比如是在第六意识断除了分别法执或进一步断除了分别我执，还是在末那识断除了俱生我执或进一步断除了俱生法执，它都可以印证。当然，如果有具德禅师指导则不必依经典印证，因为禅师本身就是佛法僧三宝的化身。

问：老师，您好，有个问题想问您一下。佛法讲"普度众生"，但一是门票贵，一是香火贵，很多老百姓进都进不了寺院，聆听不了善知识的大智慧。我认为，"普度众生"只是佛门的一套说辞，他们做的是另一套。我想问问您，这是否违背关于善知识的说法呢？

这个问题涉及寺庙的管理问题，寺庙的管理又涉及外缘和内因两个方面。你讲的这个现象确实存在，而且不是个别现象。据我所知，这些门票特别贵的寺院或者道场，往往是有外缘插手的。也就是说，好多寺庙或者道场，在如何管理自己的寺院，乃至门票如何定价等小事上，都是不能完全做主的，因此很难怪寺庙里面的出家人。当然，你可以说，他们抵抗外界违缘的力量不够。这是内因外缘合在一起的结果，里面情况相当复杂，有些庙是居士做主，有些庙甚至是其他力量做主，出家人只是一个打工仔。这是在这种社会格局下必然出现的社会现象，我们广东有些寺庙就是这样嘛。这种现象你说怎么办呢？只有大家共同努力才能逐步改善。

至于我们能不能进寺庙去跟出家人结上缘分，这要看自己的福报。依我看，我们不论过去的福报，应该从现在开始去做，如果想去寺院拜佛，或想通过师父引导阅读、体会佛经，乃至依照佛经去修行，先要把自己对寺庙的陌生感或畏惧心除掉，放心大胆地向他们请教问题。据我多年跟他们接触的经验，你不一定是佛教徒或修行人，只要你真心向师父学习和请教，他一定会回答你，并且不会有任何保留。他回答的水平如何？这个很难说，因为这跟他们每个人的修学水平有关。我们很多人由于不熟悉出家人这个特点，见他们不苟言笑，觉得他们冷若冰霜，这是误解他们了。师父不在俗情上跟在家人打交道，见面一定要跟你嘘寒问暖，对他们来说，无论谁都是平等的众生；纵使有的师父还有亲情、友情等世间情，他们都在不断淡化这些感情的过程中。你没事找他们，他们很多人采取的当然是多一事不如少一事的态度。

第六讲　禅师如何说禅

　　禅究竟不可说，为什么我们还要讲禅师如何说禅呢？很简单，僧肇法师在他的《肇论》里讲得很清楚，道"虽不能言，然非言无以传"，道虽然根本上不可说，但不借助语言文字又得不到传播。设想一下，如果当初释迦牟尼佛不说法，我们能够见到佛教吗？很可能见不到。所以，释迦牟尼佛虽然在《妙法莲华经》里说"止止不须说，我法妙难思"，但还是苦口婆心地说了四十九年。禅宗的历代祖师们也经常说禅不可说，"一落言诠，皆成粪土"，但还是作了种种善巧言说。有人说，禅师们个个说禅不可说，可是佛教藏经里就禅师语录最多，这不是相互矛盾吗？不矛盾。因为禅师说禅，不是无因自说，而是有因缘才说。《华严经》说，菩萨"永离烦恼身，而现自在身，知法不可说，而作种种说"，禅师们也一样，虽知禅究竟不可说，有因缘也不妨作方便说。

　　禅师（即大善知识）说禅的根本因缘是有同见同行的参禅人。这一点，六祖在《坛经》里面讲得很清楚："后代得吾法者，将此顿教法门，于同见同行，发愿受持，如事佛故，终身而不退者，定入圣位……若不同见同行，在别法中，不得传付，损彼前人，究竟无益。恐愚人不解，谤此法门，百劫千生，断佛种性。"这话是什么意思？"同见"就是见解完全一样。如果见解完全一样，就表示大家同心，同心才能同住，才有同修的基础，否则，住在一起就不会太和谐，因此同见是首要的前提。从参禅的角度来讲，所谓"同见"指对禅宗具有完全一致的知见。禅宗的根本知见是什么？简单说就是《坛经》里所说的五个"何期"："何期自性本自清净！何期自性本不生灭！何期自性本自具足！何期自性本无动摇！何期自性能生万法！"换句话来讲，就是完全相信每个众生自性本具佛法僧三宝、本具法报化三身。在这个见地上，弟子不可以有任何其他异见，如果有不同见解，这就不是六祖说的"同见"。一个单位或家庭也一样，如果大家见解相同，工作生活就很和谐；如果大家见解不同，就要费很多时间精力来磨合；如果大家的见解南辕北辙，那根本不能在一起工作或生活。这就是古人为什么说"不是一家人，不进一家门"，《易经·系辞传》为什么说"方以类聚，物以群分"，佛教为什么说"见和同解"。所以，"同见"这个条件确实至关重要。所谓"同行"指共同的修行方式，对禅宗来说就是弟子要相信顿悟成佛的法门，并依此法门修行。如果弟子只是认同禅的见解，但却不认同顿悟成佛法门，而是喜欢按照四禅八定这种次第禅法来修行，或按天台宗的止观法门、华严宗的法界观门来修行，那也没法向他说禅。这些法门固然没有高下之分，但共住规矩互有差异，入手方便有所不同，中间所见风光和障碍也有差别，有这种种不同的学佛人住在一起，相互之间也会产生不同看法。我们有时会看到，尽管彼此都是佛教徒，而且都很虔诚，但由于修行的法门不一样，就会产生一些不同的看法，有些甚至会产生争执。譬如，有些偏执净土法门的人，他们看过几则祖师公案，不得其门而入，就以为祖师说的都是废话，参禅者都是夸夸其谈、不着边际的口头禅。有些偏执密宗的人，动不动说显宗是浅显、方便的佛法，密宗才是深密、究竟的佛法。对修这些法门的人能说禅吗？当然也不能。因为你对他们说禅，他们不但不会依教奉行，反而会诽谤你这个法门。诽谤佛法，就等于断送了有缘人接触佛法的机缘，所以六祖说，如果传非其人，会断佛种性。

禅师说禅的差别因缘，临济义玄禅师以"四料简"进行了分类。"四料简"，即"人境俱不夺""夺人不夺境""夺境不夺人""人境两俱夺"四种情况，类似佛陀说法的四种悉檀，"夺人不夺境""夺境不夺人""人境两俱夺"相当于前三种悉檀，"人境俱不夺"则类似第一义悉檀。与佛陀依前三悉檀作方便说、后一悉檀作真实说不同，禅师无论依前三种机缘解黏去缚，还是依后一种因缘直显心性，说的都是"直指人心，见性成佛"的真实法。

由于对参禅者来说，自性是超言绝相的如来，只可显示而不可直说，直说自性则伤锋犯手；同时，参禅者不能契入自性，都是因为未能空去烦恼所知二障，禅师们本着"但愿空诸所有，慎勿实诸所无"的原则，都不以实法与人。这样，在点化参禅者时，禅师每每从随机解黏去缚入手。六祖就说："吾若言有法与人，即为诳汝，但且随方解缚，假名三昧。"六祖进一步开示解黏去缚的方法："忽有人问汝法，出语尽双，皆取对法，来去相因，究竟二法尽除，更无去处。"如果有人问法的话，禅师要针对来机，以对待法遣除其执著。六祖还举出了三十六对法："外境无情对有五：天与地对，日与月对，暗与明对，阴与阳对，水与火对。语言法相对有十二对：有为无为对，有色无色对、有相无相对、有漏无漏对、色与空对、动与静对、清与浊对、凡与圣对、僧与俗对、老与少对、长与短对、高与下对。自性起用对有十九对：邪与正对、痴与慧对、愚与智对、乱与定对、戒与非对、直与曲对、实与虚对、险与平对、烦恼与菩提对、慈与害对、喜与嗔对、舍与悭对、进与退对、生与灭对、常与无常对、法身与色身对、化身与报身对、体与用对、性与相对。"六祖此处是例举，实际上不论弟子陷入任何边执，禅师都可以用相对的另一边来破除："问有将无对，问无将有对，问凡以圣对，问圣以凡对。二道相因，生中道义。如一问一对，余问一依此作，即不失理也。"六祖还具体举了一个例子："设有人问：'何名为暗？'答云：'明是因，暗是缘，明没即暗。'以明显暗，以暗显明，来去相因，成中道义。余问悉皆如此。"六祖告诉我们，无论弟子陷入任何执著，禅师都要像以明破暗执或以暗破明执一样去破掉它们，令其当下舍二边而契中道自性。这是般若观照法门在教化弟子时的灵活运用。

从这里我们也可以了解，禅师们为什么那么大胆，他们"父亲"也敢骂，"母亲"也敢骂，"菩萨"也敢骂，"佛陀"也敢骂；不光是敢骂，还敢打杀。许多人不理解，妄说禅师欺师灭祖。其实禅师在干什么？他真要打杀父母亲、打杀佛菩萨吗？当然不是。他无非是要打杀弟子的分别心和相应的偏执呀，不打杀掉弟子的分别心与偏执，弟子就不能"见诸相非相"、不能"见如来"呀。

佛菩萨所说的法不都是对治烦恼之法吗？禅师说法有什么特点？第一个特点是直指人心。六祖在向弟子传授三十六对法的宗旨时就说："吾今教汝说法，不失本宗：先须举三科法门，动用三十六对，出没即离两边，说一切法，莫离自性。"他对神秀弟子志诚开示时也说："吾所说法，不离自性，离体说法，名为相说，自性常迷。"这里最重要的内容是，禅师说一切法都不能离自性，都要从自性中流出，否则就是舍本逐末的相说，甚至是不着边际的胡说，而说法者也就称不上禅师了。"直指人心"，是禅师说法的根本特点，教下各派法师说法还有方便说与究竟说的差异，禅师无论面对任何机缘，但有所说，都是究竟说。

那么所谓"直指人心"具体是什么意思呢？我以为可以从两面来理解：从说法者来看，禅师所说法是从智慧心海里流露出来的不假思索、恰到好处之法，如果不满足这个要求，那就是从分别心中简择出的凡夫法，不是"直指人心"的禅法。从参禅者当下的状态来看，禅师所说的法为什么能够自然而然而又恰到好处呢?因为当他与弟子觌面相对时,他的智慧心看透了弟子的心境,知道这个弟子当下最严重的问题是什么。譬如,是贪财、色、名、食、睡,还是执著于佛法呢?他已经洞若观火。同时,他还能任运用出最适合解决这个问题的手段,令弟子明心见性。只有这两方面都做到了,才可叫作"直指人心"的禅法。

第二个特点是形式多样。禅师说法,或软言细语,或粗言秽语,或棒打呵斥,或扬眉瞬目,无不拈来即用,可以说用尽了佛的种种说法方式。《楞伽经》里曾说:"一切声闻、缘觉、菩萨,有二种通相,谓宗通及说通。大慧!宗通者,谓缘自得胜进相,远离言说文字妄想,趣无漏界自觉地自相,远离一切虚妄觉想,降伏一切外道众魔,缘自觉趣光明晖发,是名宗通相。云何说通相?谓说九部种种教法,离异不异、有无等相,以巧方便,随顺众生,如应说法,令得度脱,是名说通相。"佛由于彻见了本心本性,他说法时无论横说竖说、顺说逆说、粗言秽语、软言细语,或用其他任何方式说,都能够随顺众生根机,令他们得到度脱。真正的禅师有没有这个本事呢?当然有。请看圆悟克勤禅师(1163—1135)怎么说:"(禅师)可搅长河为酥酪,变大地作黄金,都卢混成一片,而一亦不立,然后行是行,坐是坐,着衣是着衣,吃饭是吃饭。如明镜当台,胡来胡现,汉来汉现,初不作计校,而随处见成。所以万机顿赴而不挠其神,千难殊对而不干其虑。"所谓"万机顿赴而不挠其神"是说,即使有千百万机缘一时到来,禅师都能够不加计较地从自性心海里面发出妙用，而其心神丝毫不被扰乱；"千难殊对而不干其虑"则是说，禅师同时面对和解答无量难题，而其精神不曾受到干扰。这不是圆悟克勤禅师吹牛，如果大家有机会看看他的语录，看看他的《碧岩录》，你会觉得他的说法真实不虚，真正的禅师确实如佛陀般任运自如。

好了，我们就具体看一看禅师们的种种精彩表演吧。首先看禅师如何通过语言来说法。第一种是直接显示自性。有一天，智常禅师来参六祖，六祖问他："你从哪里来？来干什么？"他说："我最近到白峰山礼拜大通和尚，听他开示了见性成佛的法门，但心里面还有疑惑没有得到解决，所以不远千里来礼拜和尚，还请您慈悲开示。"六祖问："大通和尚有什么言句？你举来我听听。"他说："我在他那里前后学习了三个月，三个月内都没有听到他对我开示什么。我想早点听闻到妙法，实在着急，所以有一天就径直跑到方丈室去问：'什么是我自己的本心本性？'大通和尚就问我：'你看到虚空没有？'我回答说看到了。大通和尚又问：'你看到虚空有没有大小、长短、高低等形象？'我回答说：'虚空连形状都没有，哪还有什么相貌呢？'大通禅师就告诉我：'你的本性跟虚空一样，也没有任何形象可见。'他说没有形象可见是正见，没有东西可知是真知，只要见到本源清净、觉体圆明，即名见性成佛，亦名如来知见。我听到他这么开示，还是不能够起决定信心，特来请您开示。"六祖说："彼师所说，犹存见知，故令汝未了。"六祖说大通和尚心中尚有分别见。这分别见是什么？

六祖说:"不见一法存无见,大似浮云遮日面,不知一法守空知,还如太虚生闪电。此之知见瞥然兴,错认何曾解方便?汝当一念自知非,自己灵光常显现。"这是说大通和尚将空误认为与有相对的无,堕入了执著空的分别见。只要生起执著空的见解,还有守空的知见,这个空就不是禅宗所说的自性真空,而是假空、偏空或顽空,这与浮云蔽白日、虚空生闪电一样,都是对自性的覆障。由于这样的假空、偏空或顽空如同佛源妙心禅师所说是死东西,所以无法生起善巧智慧,不能够随缘起用。六祖揭示大通和尚禅法的问题所在后,用两句话破除了智常的空执:"你只要知道住于偏空的错误,自己本具的智慧灵光就常恒不变地显现出来了。"智常一听就开悟了,还高兴地作了两首偈颂感谢六祖:"无端起知见,著相求菩提,情存一念悟,宁越昔时迷。""自性觉源体,随照枉迁流,不入祖师室,茫然趣两头。"

还有一种显示自性的方法,虽然也是用语言文字来表达,但不是直接显示,而是绕路说禅。何谓绕路说禅?禅师说禅时不直接显示自性,而是用种种象征性、含蓄性的语言、符号象征或暗示自性。这种说法方式是因缘时节变化所带来的结果。禅宗在六代祖师前,主要采取的是直显心性法,像六祖说自性"本来无一物,何处惹尘埃"就很直白嘛。可是到后来,由于人心的变化,这种直显心性法渐渐成为一种平淡无奇的语言文字,学人听来听去也没什么感觉,于是祖师们就有了"绕路说禅"的善巧方便。同时,禅宗强调禅要自己参究,而"绕路说禅"这种说法方式呈现的机缘语句宛如谜语，恰好可以成为参禅者破迷开悟的谜团，日参月究的话头。由于这两个原因，大概从南岳怀让禅师开始，禅师就渐渐以"绕路说禅"为主要的说法方式了。

例如，青原系的天皇道悟禅师（748—807），他问石头希迁禅师（700—790）："什么是佛法大意呢？"师父说："不得不知。"这句话既可理解成"不能不知道"，也可以理解成"不可得不可知"，语带多关，令道悟禅师摸不着头脑，因此道悟禅师又问："向上更有转处也无？""上"指自性，意思是在通往自性的路上可以为我指示一下吗？石头希迁禅师说："长空不碍白云飞。"（《景德传灯录》）广阔的虚空不碍白云飞来飞去。回答很有诗意，说的也是事实。石头希迁禅师借用长空、白云这两个形象及其相互关系说法，目的是要告诉道悟禅师：自性一切现成，没有上下，不劳追寻；自性虽不碍追寻，但只要有追寻之心，则不能见自性；只要放下追寻之心，自性就会全体显现。

又如，有个参禅人问洛浦元安禅师（834—898）："经云：'饭百千诸佛，不如饭一无修无证者。'未审百千诸佛有何过，无修无证者有何德？"他看到佛经上曾说：供养百千个佛，还不如供养一个无修无证的人，问题是"佛有什么过错？无修无证的人有什么功德"？洛浦元安的回答真是妙绝："一片白云横谷口，几多归鸟尽迷巢。"（《景德传灯录》）鸟巢本在山谷中，因为山谷入口被一片白云挡住了，所以很多归鸟迷失了归巢之路。鸟巢即自性,即诸佛,亦即无修无证者,谷口即六根门头,归鸟即参禅者,参禅者不知佛经词语乃是为对治向外求佛者施设之药,横生实法见解,如同迷巢归鸟一样,见不到真正的自性。

还有一种是粗言。譬如,云门文偃禅师(864—949)有一次上堂开示,他先举好多部佛经里面都讲过的一个故事:释迦牟尼佛刚刚生下来就能走路,他东西南北四方各走七步,一手指天一手指地,目顾四方说:"天上天下,唯我独尊。"一般人认为,这是我执如须弥山大者说的话,但佛陀所说的"我"不是凡夫在第六意识、第七末那识中构造出来的我执意义上的我,而是一切众生本自具足的佛性"我"。参禅者虽然不会认为佛陀所说是凡夫的自我,但不少人把它想象为一个完美的形象,因此产生法执,不得自在。云门文偃禅师举完这个故事后,说了一句惊世骇俗的话:"我当时若见,一棒打杀与狗子吃却,贵图天下太平。"(《云门匡真禅师广录》)这句话翻译过来就是:我当时如果看到的话,就一棒把他打死了喂狗,让天下太平无事。好多人说,云门文偃禅师对佛祖没有恭敬心,甚至由此说禅宗已经走向了佛教的反面。但是,宋智昭禅师却对云门文偃禅师的禅法十分推崇,誉为"孤危耸峻,人难凑泊",将其比为一座壁立万仞、难以攀爬的高山。琅琊慧觉禅师甚至赞叹说:"云门可谓'将此深心奉尘刹,是则名为报佛恩'。"(《指月录》)为何如此?因为云门文偃禅师正是借此机缘打掉参禅者对佛的执著。对参禅者来说,"我想成佛作祖"这样的念头一起，实际上已远离佛祖，只有放下这个念头才能成佛作祖。所以，云门文偃禅师看似用粗言秽语来骂佛，实际上是斩杀弟子执著成佛的念头。有人听了这样的说法，可能又有新的迷惑：如果不想成佛，还信佛法干什么？哎，要再讲下去文章就比较长了。我只想谈一点体会：云门文偃禅师只是既不允许弟子生起一个成佛的念头，又要求弟子不废参禅、念经、打坐、拜佛，也就是过一种完全没有妄想的生活。

更有一种是秽语。圆悟克勤禅师，俗家是四川人。他为了参禅，从四川出来，一路参访了很多善知识，那些善知识纷纷说他了不得，晦堂祖心更说"临济一派由你光大"，他也自以为悟道了。没想到，他去到五祖法演禅师（1024—1104）那里，使尽浑身解数，呈心得、下转语，尽其机用，法演禅师都不印许。圆悟禅师很不服气，认为法演禅师故意作弄人：那么多师父都印可我，唯独你说我不是，你这不是故意刁难人吗？他当下已住于这"是"中无法翻身。法演禅师没跟他啰嗦，只是说："你随时可以走，我也不会留你。等你得了一场大病，那时你就会想到我。"圆悟禅师于是跑到江苏金山参学去了。在金山参学期间，他患了严重的伤寒，于是将以前学的佛经、语录、公案全部找出来，看看能不能对治当下的病苦，结果如《楞严经》所说"说食不饱"，一点用都没有。这时他想到法演禅师的话，知道五祖法演绝非泛泛之辈，于是发愿说："等我的病稍有好转，就回到五祖身边。"等他病一好，来到法演禅师住持的寺院，法演禅师就说："你来了？去禅堂参禅吧。"他就住下来当法演禅师的侍者。半个月后的一天,有一个做提刑的四川人退休回老家,来向法演禅师辞行,并向他请教禅法。法演禅师就说:"提刑有没有读过一首艳诗?其中有两句与禅很接近。"艳诗就是写男欢女爱的情诗。提刑问:"师父,哪两句?""频呼小玉原无事,只要檀郎认得声。"这两句话的意思是:少女天天呼叫侍女的名字,根本没有别的事,只是要郎君知道我在这里,我没有离开你。提刑当时虽然诺诺连声,却当面错过了。侍立一旁的圆悟禅师一心参禅,很留心他们的对话。待提刑走后,圆悟禅师就问法演禅师:"听到您举小艳诗,提刑会吗?"法演禅师说:"他认得声。"圆悟禅师继续追问:"'只要檀郎认得声',他既认得声,为甚么却不是?"法演禅师说:"什么是祖师西来意?'庭前柏树子'聻?"圆悟禅师忽然有所领悟,急忙走出方丈室。此时他瞅见一只鸡飞上栏杆,鼓动翅膀打鸣,就自言自语道:"这难道不是声吗?"于是将香藏入衣袖,进方丈室向师父献呈心偈:"金鸭香销锦绣帏,笙歌丛里醉扶归。少年一段风流事,只许佳人独自知。"法演禅师遂印可他,并遍告寺院中长老说:"我侍者参得禅也。"(《续传灯录》)

圆悟禅师这首悟道诗的字面意思我们都懂,看上去是典型的"靡靡之音"嘛。他的师父为何印可他?何况法演禅师本人也说了两句艳诗。这表明,禅师所说的诗只在表面上是艳诗,实际上不能够依文解义,其中的每一个意象,如金鸭、锦绣、笙歌、归、风流事、佳人、独自知等等,都必须回归到禅里面来加以体会，才能够真正领会禅师真意；如果我们看到这首诗，认为写诗的人是六根不净的风流和尚，圆悟禅师肯定会大呼冤枉。类似的艳诗在禅宗的语录里还有不少，我们读这种诗时都不能起一念作贱祖师之心，否则自己已先堕入了淫邪境界。这类诗告诉我们一个道理：法无邪正，正人说法，邪法是正；邪人说法，正法是邪。

禅师说法，除了语言文字，还用其他符号。譬如德山宣鉴禅师说法，经常用一根拐杖横打竖打，说"道得也三十棒，道不得也三十棒"。我们还是见识一下他的本事吧。一天，他上堂说："今天晚上我不答话，谁问问题就打三十棒。"当时有一个僧人站出来，谁知他刚刚礼拜，德山禅师就给了他一顿棍棒。僧人不解："师父，我连问题都没有问，你为什么打我？"德山禅师就问："你是哪里人啊？"他说："新罗人。"新罗在现在的朝鲜半岛。德山禅师说："汝未跨船舷时，便好与三十拄杖。"（《景德传灯录》）

临济义玄禅师则惯用喝，禅门常将他与德山禅师的宗风并称为"德山棒，临济喝"。临济禅师有时一喝，就像狮子啸吼，百兽脑裂，弟子烦恼应声而断。对这种说法方式，我以前只有一个朦胧的印象，自从亲近佛源妙心禅师后，才知道什么叫狮子吼。佛源妙心禅师也善于用喝的方式说法。有一次适逢禅师生日，我去方丈室拜望老人家。不一会儿，进来了几个比丘尼，领头的比丘尼说："给老和尚拜寿。"老和尚说："不拜了。你不拜我还活久一点，一拜反倒把我拜死了。"如果比丘尼们依教奉行，自然无事；但她们固执礼仪，还是继续顺着自己的业力拜下去。正当她们拜第二拜时，佛源禅师瞪着眼睛，如雷霆般大吼一声，还一边举起拐杖准备扫下来。那几个比丘尼一听，顿时鸡飞狗跳地跑了。至此我才真明白，禅师的一声猛喝，可以刹那间斩断弟子的烦恼业流。临济禅师把他以喝说禅的妙用作了归纳，说"有时一喝如金刚王宝剑"，像一把宝剑斩下来，谁也不敢当锋；"有时一喝如踞地金毛狮子"，像蹲在地上的金毛狮子，不怒而威；"有时一喝如探竿影草"，像拿着杆子试探对方的深浅；"有时一喝不作一喝用"，这很有意思啊，这"不作一喝用"的一喝是什么呢？就是自性的全体显现。这里且举一例以见其作略：一天上堂，有僧人出来礼拜，临济禅师便喝。僧人说："老和尚最好不要冒头。"临济禅师说："你说说，我什么地方落败了？"僧人便喝。又有僧人问："什么是佛法大意？"临济禅师便喝。僧人礼拜，临济禅师说："你说这一喝怎么样？"僧人说："人赃俱获，已经大败了。"临济禅师说："错在哪里？"僧人说："再犯不容。"临济禅师便喝。是日，两堂首座相见，同时下喝，僧人问临济禅师："其中还有宾主吗？"临济禅师说："宾主历然。"临济禅师接着说："大众，要会临济宾主句，问取堂中二首座。"（《镇州临济慧照禅师语录》）临济宗的宾主，指师徒交接中师父与弟子是否醒觉，醒觉即是主，不醒觉即是宾。其中分四种情况：师父醒觉，叫主中主；弟子醒觉，叫宾中主；师父不醒觉，叫主中宾；弟子不醒觉，叫宾中宾。这次上堂，临济禅师与两个首座一起，用喝的方式演示了临济宗禅师说法时宾主互换的禅机，其中奥妙，请大家各自参究。

禅师还用沉默说法。以沉默显示禅道，在佛教中具有源远流长的传统，维摩诘菩萨和达摩祖师的沉默便是典范，不即语默，不离语默，不可思议。禅师也常常以此作略说法。例如鲁祖宝云禅师，但凡见到参禅者前来请益，就背对着对方，像达摩祖师一样做壁观婆罗门，禅门称为鲁祖面壁，往往令来机茫然无措，不得其门而入。

禅师还用眼神、手势说法。南泉普愿禅师（748—834）有一次想勘验茱萸、玄沙（835—908）和赵州（778—897）三个弟子，便写了一封信，信中说："理随事变，宽廓非外；事得理融，寂寥非内。"这是讲只要达到理事圆融、事事无碍的境界，就无内无外、来去自在了。他座下的僧人先将信送给茱萸，并问："什么是'宽廓非外'？"茱萸说："问一答百也无妨。"僧人又问："如何是'寂寥非内'？"茱萸回答："睹对声色，不是好手。"意谓只要还有能见的我和所见的身色，那就是凡夫。接着，这个僧人又将同样的问题拿去问玄沙师备禅师，他问前一个问题时，玄沙瞪着眼睛看他；他问后一个问题时，玄沙则将眼睛闭了起来。这个僧人最后把同样的问题拿去问赵州，他问前一个问题时，赵州做了个吃饭的姿势；他问第二个问题时，赵州做了个吃完饭擦嘴的姿势。这个僧人问完几个禅师后，回来向南泉普愿禅师汇报，南泉听报后说："此三人不谬为吾弟子。"（《五灯会元》）三个弟子中，除茱萸说了几句话，玄沙的瞪眼闭眼和赵州的吃饭擦嘴，都是用身体符号说法。他们的符号到底包含了什么呢？如果什么都没有，南泉普愿禅师怎么会印可他们呢？

还有一种说法符号叫石巩张弓。石巩是马祖道一禅师的弟子，在家时是个猎人，干的是佛教戒律中禁止的杀生之业。一天，他追着一只鹿从马祖的寺院经过。马祖看到拼命奔跑的鹿，知道后面有猎人，就站在路上挡着路。不一会儿石巩上气不接下气地跑上来，一头就撞在他的怀里面。马祖佯装责怪他："仁者走路慢点，怎么不看路呢？"石巩气喘吁吁地说："师父，你不要挡我的路，我要追鹿子。你看到鹿子没有？"马祖说："你不要慌，我有几句话问你，问完以后你再去追吧。"石巩说："你快点问！"马祖问："会打猎吗？"这个问题让石巩非常惊讶：我本来就是老猎人，你却问这种让人大伤自尊心的问题，就像问当了一辈子老师的人"会教书吗？"一样，情何以堪？石巩虽然不高兴，但还是说："会。"马祖问："那你一箭能射多少只？"他有点不高兴："一箭只能射一只，还能射多少？"心中已有愤懑。马祖很肯定地说："那你不会打猎。"这让他更加烦恼，同时疑窦丛生，于是气冲冲地说："莫非你会打猎？"马祖还是不紧不慢地说："会。"石巩顿时好奇起来："那你一箭射几个呢？"马祖说："一箭能射一群。"这是典型的禅宗机缘语句，但石巩当时没听懂，他反过来劝马祖："师父，彼此都是生命，你干嘛一箭就射死一群呢？"石巩刚才虽然错过了机缘，但这时良心发现，又呈现了一个机缘。马祖知道机缘到了，就直指石巩之心："既然彼此都是生命，你为什么不倒过箭来往自己身上射？"石巩开始语塞："师父，你要我倒过箭来射自己，真的下不了手。"马祖当下就斩断石巩的业流："这汉旷劫无明烦恼今日顿息。"（《马祖道一禅师广录》）石巩也很醒目，当下就给马祖磕三个头，成了他的弟子。石巩禅师悟道以后，经常张弓架箭以待学人，凡有参禅人来请益，他就在对方不注意时拉开弓作射人状，结果，很长时间内都没有一个人能够通过他的考验。一次，一个叫义忠的师父去拜访他，石巩照样拉弓搭箭说："看箭！"义忠禅师一把扒开石巩慧藏禅师的胸口，问他："此是杀人箭，活人箭又作么生？"意思是说：你这是杀人箭，活人箭怎么样呢？据说，"巩乃扣弓弦三下"，弹了弓弦三下。义忠禅师一见，当即礼拜，依他为师。石巩接引义忠后说："三十年，一张弓，两只箭，只射得半个圣人。"最后把弓箭折断了。（《景德传灯录》）禅，说容易很容易，就像醒来伸腿那么容易；说难很难，就像将油麻摊到树上那么难。你看，石巩禅师三十年才接得义忠禅师这半个圣人，多难！

　　俱胝一指。婺州金华山俱胝禅师，大悟前曾惨败于一个比丘尼手下。这比丘尼名叫实际，机锋很厉害，分明就是个禅师。一天天色将晚，她头戴一顶斗笠来到俱胝禅师住的寺院。一见俱胝，她不脱斗笠、拽着禅杖绕他转了三圈，并连问三次："你能下一句转语，我就把斗笠取下来。"下转语是禅门中对来机的应答，是勘验对答者禅道水平的重要手段，要求不假思索、恰到好处，如果没有明心见性，看不透来机的用意，不要说答得快答得好，根本答不上来。这比丘尼不缘世情，表面上倨傲无礼，实际上直显禅师本色。俱胝虽然亲眼目睹其作略，但不知其意趣，答不上来。他见天色已晚，就挽留比丘尼住下，谁知比丘尼还是说："你能下一转语就住。"他依旧没法回答。那个比丘尼当时就走了。比丘尼走后，俱胝感到很自卑，说："我枉为丈夫，连一点丈夫气都没有。"他还心存男女相，自然应答不上来喽。其实，学佛参禅哪有什么男女之别？佛经里说"转女身"，根本上不是把生理意义上的女身转为男身，而是指将烦恼转成菩提，如果将烦恼转成了菩提，女人就是丈夫；如果没有将烦恼转成菩提，男人也是女身。他当时因心存这种见解，感到一个大丈夫竟然被一个女子奚落，非常自卑，就想烧掉寺院离开此地。据说当晚有山神告诉他："师父，你不必他往，很快就会有大菩萨来为你说法。"佛教说，这是他的心用功到了一定层次，得到了菩萨加持。他得到加持，决定继续住下来。过了十来天，有位叫天龙的禅师果然来到寺院，他就向这位师父汇报了此前的遭遇。天龙禅师怎么给他开示呢？他向俱胝竖起一个手指。俱胝禅师当下大悟。从此，凡有参学僧人来请益，他"唯举一指，无别提唱"（《五灯会元》）。当然，我们千万不要以为他只会举手指，他只是不必用其他接引方法而已。

　　脚踏。譬如，水潦和尚问马祖："师父，请问什么是我自己的本来面目？"马祖说："你先礼拜。"水潦于是礼拜。马祖见他礼拜下去，就一脚踩到他胸口，将他踏倒在地。水潦和尚被马祖一踏，顿见本来，不以为嗔，反以为喜，起来哈哈大笑说："百千三昧，无量妙义，只向一毛头上便识得根源去。"（《马祖道一禅师广录》）这一毛头是什么？是我们的自性清净心，就是要向这个地方识得根源去。

其他还有种种手段，只要是可以方便运用的手段，禅师们都会随缘取用。他们的种种言说或表演要干什么？都是为了对治弟子的烦恼，令其当下顿悟自己的本来面目，所以对禅师的机缘语句，我们也可以这么看：从直指人心来讲，禅师所说法无非究竟说；从对治烦恼来讲，禅师所说法又无非方便说。前面那些公案对治弟子的什么烦恼，个别已有我个人的提示，大量的留给大家参究。下面我将另据一些公案来观察禅师对治什么和如何对治。

开示因果。禅宗不由因果证自性，但并非离因果立自性，而是主张自性即因果、因果即自性，在生活中要"不昧因果"，因此有不信或不明因果者来参，禅师也会向他开示因果的道理。洪州廉使问马祖："吃酒肉即是，不吃即是？"马祖说："若吃，是中丞禄；不吃，是中丞福。"洪州是现在的南昌，马祖当时在这个地方的开元寺弘法。廉使即观察使，全称观察处置使，是地方军政长官。时任洪州观察使的问题是："到底是喝酒吃肉好，还是不喝酒吃肉好？"马祖的回答是："喝酒吃肉是你的福禄，不喝酒吃肉是你的福德。"这开示的是因果平等的道理：你吃肉喝酒，这是你的俸禄带来的享受，将来要承受相应的恶报；你不吃肉喝酒，这是你的善心带来的福气，将来也会有相应的善报。我们看，马祖的回答并没有直接告诉他该怎么办，而是采取问事答理的方法，用一个"禄"字和一个"福"字，将两种行为的因果清清楚楚地显示出来，由廉使自己决定。这就是禅师的智慧！地方长官就像老虎，与老虎应酬，无论偏左一点，还是偏右一点，都可能吃不了兜着走。马祖的应对既播扬了佛法，又了无痕迹，可谓完美无缺。

破文字障。文字障即经教等文字带来的障碍，实际上是教理带来的障碍。禅虽不废教，但对参禅者来说教不是禅，只有完全将教化为生活的妙用才是禅，因此禅师凡见到堕于文字障的参禅者，都会加以破斥。有讲僧问马祖："不知禅宗到底传扬佛陀的什么法？"讲僧又叫讲主、座主，即讲经的法师。在唐代，教下很多人看不起禅宗，甚至视之为外道，这个法师也属于这类人，一上来就如此唐突一问。马祖没有直接回答他，而是反问他："请问您传扬什么法？"这个人真好表现自己，他很得意地说："忝讲得经论二十余本。"他说勉勉强强能够讲二十多部经论，这话看上去很谦虚，实则很自大。马祖明褒暗贬地说："莫非是个狮子儿？"法师表面上说"不敢"，实际上是不客气地领受了。马祖知道面前这个人死在文字深坑里，暂时出不来了，所以他只"嘘嘘"两声，有点嘲讽他的意思。那法师果然去话尾上追逐，说马祖的嘘嘘声是法。马祖问他："这是什么法？"他说是狮子出窟法，好像狮子出窟就要嘘两声一样。马祖于是像维摩诘一样沉默起来，谁知那个讲僧马上又往这个境相上攀缘，说这也是法。马祖又问："这又是什么法？"讲僧说这是狮子在窟法，就像狮子在石窟里默不作声。马祖接下来使出了杀人刀："不出不入是甚么法？"你说刚才叫两声是狮子出窟法，一声不吭是狮子在窟法，那狮子不出窟不在窟的时候是什么法呢？讲僧再也答不上来，因为分别心在这里没有立足之地。一会儿讲僧辞行出门，马祖在他转身的时候喊了他一声："座主！"讲僧回头，马祖突然问一句："是什么？"希望讲僧当下走出文字幕障，见到本来面目，可惜讲僧还是当面错过。马祖遂感叹："这钝根阿师！"（《马祖道一禅师广录》）这个公案中，马祖道一起码五六次向他示现禅机，无奈他始终执著于经教，不能言下归心。虽然如此，这次机缘必然如种子入地，定会在讲僧今后的生命土壤中生根发芽、开花结果。

破奇特想。参禅人不知禅即是无妄想的生活，无妄想的生活即是禅，总以为禅是某种玄妙的美境，于是离开当下向别处求道觅禅，陷入禅宗所谓"为贪天边月，遗落手中珠"的妄想之中，禅师对此种烦恼也毫不留情。例如："师问二新到：'上座曾到此间否？'云：'不曾到。'师云：'吃茶去。'又问那一人：'曾到此间否？'云：'曾到。'师云：'吃茶去。'院主问：'和尚，不曾到教伊吃茶去即且置，曾到为什么教伊吃茶去？'师云：'院主。'院主应喏。师云：'吃茶去。'"（《赵州和尚语录》）新到即新来的僧人，上座指受具足戒二十年以上的长老，赵州称对方上座是敬称。两个新来观音院参访赵州禅师的僧人，一人曾来过，一人首次来，赵州禅师都请他们喝茶。更有意思的是，当观音院管理寺院事务的院主不明其中旨趣而问赵州时，赵州喊应院主后，还是一声"吃茶去"。赵州禅师告诉他们：吃茶就是禅，禅茶一味。别有奇特吗？没有。如汾阳善昭禅师（947—1024）所颂："赵州有语吃茶去，天下衲僧总到来；不是石桥元底滑，唤他多少衲僧回！"

破偏空执。有的参禅人才破本参，有个休歇处，容易欣静厌动，住于偏空，成为一潭死水，禅宗称为枯木禅，是非常严重的问题，必须救出来。如："师遣一僧去问同参会和尚云：'和尚见南泉后如何？'会默然。僧云：'和尚未见南泉已前作么生？'会云：'不可更别有也。'僧回举似师，师示一偈曰：'百丈竿头不动人，虽然得入未为真；百丈竿头须进步，十方世界是全身。'僧问：'只如百丈竿头如何进步？'师云：'朗州山，澧州水。'僧云：'请师道。'师云：'四海五湖皇化里。'"（《五灯会元》）这里的师是南泉普愿禅师的弟子长沙景岑禅师，会和尚是他的同参师兄。景岑禅师知道会和尚与这僧人双双落入了偏空境界，为了达到一箭双雕的目的，故派他去送话。景岑禅师问他见南泉普愿禅师后如何，就是要引出他的偏执境界。会和尚默然不答，初看起来与维摩诘菩萨、达摩祖师的默然无有二致，无法判断其深浅，故景岑禅师还有"未见南泉以前怎样"这句追问。当会和尚说"不可更别有"时，就知道他确实偏执默然无语为禅了，故说他所得不真，并说只有从偏空境中出来，才能见到尘尘刹刹都是自性之身。景岑禅师

已经和盘托出，无奈这僧人还不会，惹得他更入泥入水，又是
"朗州山，澧州水"，又是"四海五湖皇化里"，无非告诉他，
十世古今、无边刹海都是"妙明真心中物"（皇化里）。

　　破得少为足。有些禅人或因当初见地不真，或因误解禅
师加持，后来得少为足，不自觉地成了佛教戒律严格禁止的增
上慢人。这种人虽然不如"未得言得、未证言证"一类增上慢
人罪过大，实际上也会产生断佛慧命的后果，罪过不轻，因此
凡见到此种人，禅师都要痛加钳锤。临济禅师的弟子洛浦元
安，就是前文提到过的洛浦山元安禅师。他是陕西凤翔人，参
禅以前博通经论，后来成了临济义玄禅师的高足。有一次临
济义玄禅师当着大众赞美他说："临济门下有一支箭，谁敢当
锋？"他不知师父这是鼓励，以为得到印可，遂准备到外面行
脚，展露一下头角。我们如何知道临济禅师只是鼓励他呢？只
看他们师徒分别前的情形即可得知："师后辞济，济问：'甚么
处去？'师曰：'南方去。'济以拄杖画一画，曰：'过得这个
便去。'师乃喝，济便打，师作礼而去。济明日升堂曰：'临济
门下有个赤梢鲤鱼，摇头摆尾向南方去，不知向谁家虀瓮里淹
杀？'"赤梢鲤鱼譬喻洛浦，虀瓮指腌菜的缸子，譬喻禅师对
治弟子的毒辣法门。临济禅师明确说，洛普鹦鹉学舌，未能踏
断他所画一画，不知经过哪个禅师的钳锤才能彻底死掉命根。
洛浦到外地游历了一圈后，到湖南常德夹山住了下来。当时夹
山已有著名的夹山善会禅师，可他到此地很久都不去拜访，根
本目中无人。夹山禅师知道他大事未了，就写了一封信派僧人

送去。洛浦接过僧人送来的信就放在屁股下面坐了，接着还做了一个伸手向他要东西的动作，显示自己酬答伶俐。这僧人一时无语，他就打了人家一顿，还叫他回去说"我被洛浦打了"，意思是你夹山座下的高足不过如此，你也差不多嘛。这僧人果然如实向夹山禅师禀报，夹山禅师说："这个人如果打开书信，三天内一定会来找我；如果不打开书信，那就不可救药了。"果然，洛浦三日后来到了夹山。洛浦虽然来了，但还是很傲慢，见到夹山都不礼拜，当面叉手而立，作禅师投机状。夹山见他这么傲慢，就毫不客气地说："鸡栖凤巢，非其同类。出去！"鸡跟凤凰根本不是同类，飞到凤凰窝里来算什么？滚出去！这话是非常损人的。洛浦这时稍稍放下架子说："自远趋风，请师一接。"夹山禅师见他我慢心稍降，就语带双关地说："目前无阇黎，此间无老僧。"阇黎全称阿阇黎，原指轨范师，这里借指洛浦。这两句话既呵斥了洛浦目无师长之无礼，也显示了师徒平等之真趣。洛浦听夹山说完，喝了一声，表示自己见处与夹山一般。此时夹山禅师祭出了杀手锏："住，住，且莫草草忽忽！云月是同，溪山各异。截断天下人舌头即不无，阇黎争教无舌人解语？"意谓虽然人人本具佛性，但"一切贤圣皆以无为法而有差别"，你以为你学得师父几个招式，到处胡喝乱喝就是禅？姑且肯定你有杀人刀，能"截断天下人舌头"，但你的活人剑在哪里？如何"教无舌人解语"？一问之下，洛浦开口不得，就陷入了意想分别、杂念纷飞的状态，就与禅天地悬隔了，结果自然是挨夹山狠狠揍了一顿。此后，洛

浦对夹山心悦诚服，并成为夹山临终前亲自付嘱的传人。(《景德传灯录》)

　　直示自性。所谓直示自性，指参禅人因缘时节到来，禅师以四两拨千斤的善巧智慧令其反迷成悟，了办大事。唐朝有个叫神赞的禅师，是百丈怀海禅师（720—814）的得法弟子。他得法后回到受业本师身边，想报师父的教化之恩。师父见他回来，就问他："你到外面去学到了什么本事？"神赞禅师说："没学到什么本事。"于是就在寺院里住下来干活。一天，师父洗澡，命神赞禅师擦背，神赞禅师边擦边说："这么好一座佛堂，可惜佛不显圣。"师父回头看着他。神赞禅师又说："佛虽然不显圣，还是能放光。"一天，师父在窗下读经，正好有一只蜂子在窗纸上扑来扑去，找不到路出来。神赞禅师见状，就说："世界这么大，你不肯出去，向故纸上钻，驴年马月才有希望。"表面是在骂蜂子，实际上是在警策师父。接着他还说了一个偈子："空门不肯出，投窗也大痴；百年钻故纸，何日出头时？"这就是明白地呵斥他师父了。他师父这下听懂了，很有感触地问他："我看你这几天的言行很不平常，你到外面去行脚参访见到了什么人？"神赞禅师说："我蒙百丈怀海禅师指授，得到个修歇处，现在回来报师父慈恩。"师父知道徒弟已今非昔比，于是设斋请神赞禅师说法。神赞禅师登座举唱百丈门风说："灵光独耀，迥脱根尘，体露真常，不拘文字。心性无染，本自圆成，但离妄缘，即如如佛。"两个偈颂，将禅的体、相、用以及参禅的关键展露无遗。师父一听之下，心

眼洞开，法喜充满地说:"何期垂老得闻极则事!"(《景德传灯录》)

净除习气。禅宗认为，一个人尽管已经明心见性，不会再有新的烦恼种子，但俱生习气种子并未断尽，需要在往后的生活中清洗，直到习气净尽才能安禅接众。这个过程教下称为菩萨顺真如修行，禅宗一般形象地称为牧牛。禅师说法，有一类表达的就是这种境界的内容。例如我们提到过的石巩禅师，他悟道后就在厨房干活。一天，石巩正在厨房做事，马祖见到他就问:"你在干什么?"石巩说:"我在牧牛。"马祖继续问:"你怎么牧牛呢?"他说:"一回入草去，便把鼻孔拽来。"马祖赞叹他说:"子真牧牛。"(《马祖道一禅师广录》)牛在这里譬喻石巩尚未荡涤干净的习气种子，石巩说"一回入草去，便把鼻孔拽来"，意谓习气种子一出来就看着它，就像牛不听话就拽回牛鼻子一样。石巩所说，对参禅者来说，无论见道前还是见道后，都是用功的不二法门，所以马祖深为赞叹。

还有一类公案是禅师直接显示禅境。唐代贞元年间，庞蕴居士去参石头希迁禅师。石头希迁，俗家广东高要人，青原行思禅师(?—740)传人，是当时著名的禅师。庞居士一见希迁禅师就问:"不与万法为侣者是什么人?"希迁禅师立马用手把庞蕴居士的嘴捂住，庞居士因此豁然省悟，实际上就是明心见性了。他悟道后，一天希迁禅师问他:"自从见我以来，你每天都干些什么事情呢?"庞蕴居士说:"若问日用事，即无开口处。"意思是日常动用无非是禅，不知从哪里说起。希迁禅师说："知子恁么，方始问子。"我知道你已经达到这个境界才问你。庞蕴居士于是说了一首偈："日用事无别，唯吾自偶谐。头头非取舍，处处没张乖。朱紫谁为号？丘山绝点埃！神通并妙用，运水与搬柴。"（《庞居士语录》）这确实是禅境的显现。

禅师还会用公案表达他们的游戏三昧境界。先看禅师们如何生活：一天，南泉普愿禅师跟归宗、麻谷两位禅师去拜访南阳慧忠国师（690—775）。走到半路，南泉普愿禅师在路上画了一个圆相，对他们说："你们能够下一句转语，我们就去拜访南阳慧忠国师，下不了转语就不去了。"归宗到圆相里面坐了下来。麻谷呢？他对着归宗作女人拜佛的动作。南泉普愿禅师说："这样我们就不去了。"归宗说："你安的是什么心？"南泉于是把归宗、麻谷喊回来，不再去礼拜国师。南宋大慧宗杲禅师对他们的游戏三昧非常赞叹，说"学般若菩萨，须到遮个田地始得，如金盘里盛珠，不拨而自转"（《正法眼藏》）。

再看禅师们如何面对生死。普化克符禅师圆寂前，到街上见到人就说："请给我一件直裰。"直裰是偏衫与裙子裰合的衣服。他以直裰譬喻棺材，大家都不明其意，纷纷拿衣服布施给他，普化禅师自然不要。临济禅师听说，命寺监买了一口棺材。普化禅师外出回来，临济禅师说："你要的衣服我做好了。"普化禅师一见棺材，就笑着说："临济这小子真啰嗦！"于是扛着棺材，绕着街道跟大家告别："临济为我做好了衣服，我去城东门往生去。"师父能够预知时至，非有真修实证不可，大家相信出家人不打诳语，都争先恐后追随着师父到城东门，看他是不是真正能够坐脱立亡。到了城东门，他说："今天葬期不好，明天到城南门往生。"第二天，人们跟着他到城南门，他却说："明天到城西门往生吉利。"不少人开始觉得他两次说话都不算数，以为他没有真功夫，就不再跟着他了。第四天，他自己扛着棺材到城北门，一边摇着铃子，钻到棺材里往生了。大家这才知道，普化禅师的精彩表演是在对治他们的妄想，于是满城人都争着去目睹这一奇观。据说"市人竞往开棺，乃见全身脱去，只闻空中铃响，隐隐而去"(《镇州临济慧照禅师语录》)。

还有汾州无业禅师 (762—822)，他是马祖的高足，唐宪宗 (778—820) 多次请他到宫中接受供养，他都托病不去。唐穆宗 (795—824) 继位后，很想一睹禅师高行，但知道他难请，特意派遣时任僧人总管的灵阜等人带着诏书去礼请。灵阜宣诏毕，向无业禅师顶礼道："皇上此度恩旨不同常时，愿和尚且顺天心，不可言疾也。"话说得很明显，你这回要是再托疾不去，大家都有麻烦了。无业禅师还是决定不去，于是笑着说："贫道何德，累烦世主？且请前行，吾从别道去矣。"他们前脚一走，他就开始沐浴剃发，对弟子作最后付嘱："汝等见闻觉知之性，与太虚同寿，不生不灭。一切境界本自空寂，无一法可得。迷者不了，即为境惑，一为境惑，流转不穷。汝等当知，心性本自有之，非因造作，犹如金刚，不可破坏。一切诸法，如影如响，无有实者。故经云：'唯有一事实，余二即非真。'常了一切空，无一物当情，是诸佛用心处。汝等勤而行之。"说完即跏趺而逝，用自己的生命向弟子开示了禅的真谛——"一切境界本自空寂，无一法可得"。

从上面的介绍可以看出，禅师们不管温言细语、粗言秽语，还是拳打脚踢、扬眉瞬目，无论以什么方式说禅，都是为了让参禅者当下回光返照、洞见本来面目，能在日常生活中乃至在面对生死考验时如如自在。如果我们想从禅师的说法中得到受用，最好的办法是把自己当成禅师的弟子，将公案视为禅师对自己的开示，并以一种正确的方式参究公案，一定会得到受用。这正确参究公案的方法，如南宋瞎堂慧远禅师（1103—1176）所说："但以千句万句只作一句看，一句明，千句万句一时明；一句透，千句万句一时透。只那透处，佛眼也觑不见，且如世间音声三昧。至于种种差别法门，粗言细语，鸦鸣鹊噪，风动树摇，异口同音，权实照用，皆不出此一句；大藏小藏，亦诠此也。"（《瞎堂慧远禅师广录》）这话很明白地告诉我们，祖师的一千七百则公案，乃至鸦鸣鹊噪、风动树摇都是在表显这一句，三藏十二部经典也在解释这一句。这一句是什么呢？请大家参吧。

问　答

问：净与禅有区别吗？

答：就这两个字本身很难谈区别，还是要看某人如何去对待这两个字。如果他理解的"净"是相对"污染"的"清净",与禅还不是一回事;如果他理解的"净"是超越了"污染"与"清净"的绝对清净,即六祖所谓"本来无一物"意义上的清净,则与禅等同一味。

问:佛教原来是一种理论系统很强的宗教,怎么到了禅宗看不出什么理论性了呢?

答:这只是我们看到的部分佛法有比较完整的理论形态罢了。再说,佛陀即使说比较有理论形态的法,也是随顺众生的心愿而说,他从来不会堕于文字或理论之中,因为他说法的目的是令众生因文字觉悟诸法实相。那么,只要因缘和合,佛陀有时说法连文字都不用,如《维摩诘经》就说,佛陀在众香国说法不用文字,仅仅用各种香就令天、人等众生入道,菩萨坐在香树下闻到妙香就能获得一切德藏三昧。因此,我觉得禅师们用简洁明了、甚至不合逻辑的语言文字或符号说法,正是为了令参禅者直下从各种名相和思想丛林中穿透出来,是完全回归佛陀本怀的体现。

问:您提到,志诚一天问六祖:神秀说诸恶莫作是戒,众善奉行是慧,自净其意是定,不知和尚用什么法教人?六祖回答,"我没有任何法给人,只是随方解缚,假名三昧",这使我联想到"云门三句"中的"随波逐浪"句。恳请冯老师宣说"随波逐浪"的涵义，并请开示我们修行和处世如何才能取中道？

答：如果从参禅的方式看，神秀大师提倡的是因戒生定、因定发慧的渐修禅，惠能大师弘扬的则是当体即是的顿悟禅。从修行过程看，渐修必须走向顿悟才能明心见性，顿悟必定不废渐修才能体用圆满，故两者是相需相扶的关系，谁也离不开谁。但仔细体会六祖的开示，有从见地上呵斥神秀大师以实法与人之义。这不一定意味着神秀大师本人执著戒、定、慧为实法，但渐修者容易陷入此类执著，这也是事实。以渐修为行门者，谨依三学次第修行固然稳当，但如果不知本所修法亦空，则会执之为实法，以为实有三学为因，实有涅槃为果，从而堕入法爱，不得解脱。须菩提为破此法执，曾特别告诫世人："我说佛道如幻如梦，我说涅槃亦如幻如梦，若当有法胜于涅槃者，我说亦复如幻如梦。"（《摩诃般若波罗蜜经》）佛陀也殷殷告诫佛弟子："无苦、集、灭、道，无智亦无得，以无所得故。"（《般若波罗蜜多心经》）六祖以般若为总持，彻见诸法本性皆空、毕竟不可得，故不以实法与人；又知众生但有实法，无非为虚妄执著所缚，故专以解缚接人。

"云门三句"中的"随波逐浪"句，与六祖的顿悟禅同一意趣。"波"与"浪"譬喻众生业流滚滚的世界，"随波逐浪"指禅师在业流滚滚的众生界随缘解粘去缚。禅师所以能达到这个境界，不仅因为他们已彻悟生死涅槃皆空，能入生死而不住生死，能证涅槃而不住涅槃，更因为他们悉知所有国土众生种种烦恼心，且能针对其烦恼心行施种种法药，令其顿得清凉。

至于我们修行和处世如何才能取中道？这不得其问。中道是现证般若波罗蜜后自然体现出的智慧妙用境界，既无能取之人，也无所取之道，但有能取所取，则非中道。这对已证者言，如人饮水，冷暖自知；对未证者言，只宜依无念法照破种种妄想，不宜更起念追求，一旦起念追求，则转求转远。

问：您在讲座中提到不少公案，都要我们参究，但我们很难看懂，您能告诉我们怎么参究吗？

答：句句会归自己。

第七讲 禅宗的皈依

在佛教中，有人要成为佛教徒，首先必须受皈依，只有受皈依后才是真正的佛教徒。"皈依"又称"归依"，这两种写法在佛经里是通用的，基本的意思是投向、归向，就是将我们的整个身心投向某个地方，或者归向某个对象。具体说，就是毫不犹豫、无所畏惧、毫无保留地将自己交给皈依的对象，毫不犹豫指决定无疑，无所畏惧指无有恐惧，毫无保留是指完全彻底，只有做到这三点才是真正的皈依。有所疑惑的皈依会退转，有所畏惧的皈依会自卑，有所保留的皈依会自暴，都不是清净的皈依。

佛教所说的皈依，其内容由所皈依处、能皈依者、皈依行为这三部分构成，所皈依处是佛法僧三宝，能皈依者是一切有情众生，皈依行为是皈依的具体过程与效果。

我们首先了解一下佛教徒通常说的所皈依处，即佛法僧三宝。世间人都有"物以稀为贵"的心理，像金、银、钻石、珍珠、琉璃、砗磲、玛瑙等物，就因其稀有而价值贵重，被世人视为宝物。佛教认为，佛法僧出现于世，能令众生转烦恼成菩提、离生死入涅槃，"更无异皈依，能救护众生，唯有佛法僧，三宝能救护"(《得无垢女经》),因此比世间宝物更加稀有难得,故借世间珍宝将其喻为三宝。

佛,梵文 Buddha 的音译缩写,全称佛陀,义为觉悟者,并且是自觉觉他、觉行圆满的大觉悟者。觉他即令众生觉悟,佛度化众生的慈悲行区别于声闻、缘觉,声闻、缘觉虽然能够自觉,但是不能觉他;觉行圆满即智慧心与慈悲行都圆满无缺,佛陀觉行圆满的境界区别于菩萨,菩萨虽然能自觉也能觉他,但还有两点欠缺:第一,自己的觉悟没有圆满;第二,度化众生的慈悲行没有圆满。

法,梵文 Dharma,音译达磨,有两个层面的含义:一是"任持自性",二是"轨生物解"。"任持自性"指法能保持自己的差别性质,这是指色、声、香、味、触等法;"轨生物解"指法能令人产生对某种事实、道理的理解,这是指文字、知识、理论意义上的法。三宝中的法非其他的法,特指能够引导众生出离生死、现证涅槃的佛法。

僧,梵文 Saṃgha 的音译缩写,全称僧伽、僧佉、僧加、僧企耶,指四人以上组成的佛教出家共修团体。因为这样的团体有理和与事和的要求,理上要求对佛法有共同见解与追求,事上要求戒和同修、见和同解、身和同住、利和同均、口和无诤、意和同悦,所以意译作"和合众"。广义的僧即指四个以上出家人组成的修行佛道的团体,三宝中的僧是其狭义,指信受奉行如来教法而觉悟者,又叫贤圣僧。贤圣僧已转烦恼为菩提、离生死得涅槃,不但能够垂范三界,还能向众生开示觉悟成佛之路，引导、护念众生觉悟成佛，因此称为宝。

以上是三宝的基本含义，下面要进一步谈谈不同层次的三宝。根据《大乘理趣六波罗蜜多》《解深密》《楞伽》和《大般涅槃》等佛经的开示，我们可以从法身、报身和化身三个层面来理解三宝。

首先是法身层面的三宝。法身就是佛教所说诸法的本来面目，它本来不可思议、不可名状，但佛陀为令众生能像他自己一样觉悟这个本来面目而成佛，就方便安立许多名相来指称它，并在此基础上建立了种种度化众生的佛法系统。诸如实相、法性、实际、真如、空性、法界、实谛、中道、佛性、涅槃以及禅宗的本心、本性、自性等等，都是从佛法的不同系统或不同角度命名这个本来面目的同义词，法身是从修学成佛后现证的正报这方面安立的名相。

法身意义上的佛宝，指具足无量清净功德的佛身。《大乘理趣六波罗蜜多经》说："此微妙身是佛功德无漏法身，自他受用平等所依。然此佛身亦非是体，离是体外别无法身。若是体者，同于外物，有四大相，故知非相，亦非无相。若非相者，同太虚空，同太虚者，性即是常，无方便过。自性清净，无染无著，甚深无量，无有变易，难解难知，微妙寂静，具无边际真常功德。绝诸戏论，唯佛证知，非余所及，亦非譬喻之所校量。"经文基本意思有几点：第一，法身佛是无相无不相的，既不能说法身佛是任何一个相，又不能说它远离任何一个相。举例说，你不能指着某人说他是佛，或者说他不是佛，法身佛就是张三、李四、王五等人甚至畜生、饿鬼、地狱众生的本来面目，既不离一切众生之相，也不就是这些相。读过《楞严经》的人知道，这里的法身佛就是该经所说"离一切相，即一切法"的妙明真心。第二，法身佛具足无量无漏功德。"无漏"是没有烦恼的意思，无漏功德指法身佛具有的十种智慧力、四种无所畏惧、十八种不共法、三念住、慈悲喜舍等佛法，从佛教的价值观看，这一切都是六道众生眼中最真最善最美、没有任何烦恼的法，所以说是无漏功德。第三，法身佛是报身佛与化身佛所依止的根本身。自受用身是菩萨成佛后自己享受法乐的身体，他受用身是登地菩萨所见的身体，这两个身体本是一报身，从自受用说则称为自受用身，从他受用说则称为他受用身。这两个受用身都依法身而有，故说法身佛是"自他受用平等所依"。这实际上是以佛与诸法实相不二的身体为佛宝。

法身意义上的法宝，指没有一切烦恼的涅槃和解脱的性质。《大乘理趣六波罗蜜多经》说："第一法宝，所谓涅槃甘露解脱，常乐我净而为体性，能尽一切生老病死、忧悲苦恼。"涅槃解脱是灭尽了所有烦恼的状态，是具足智慧、解脱、法身的寂灭体，具有不生不灭（常）、自在安乐（乐）、大千同体（我）、清净无染（净）四种特点。这与《解深密经》中的"一切诸法皆无自性，无生无灭，本来寂静，自性涅槃"，以及《楞伽经》的法身佛"建立自证智所行离心自性相"等说法同一意趣，都是说法身意义上的法本无烦恼、自性涅槃。众生见到这样的法，自然能灭尽种种烦恼，得到清净法眼。这是以诸法实相本具的无烦恼性或涅槃解脱性为法宝。

关于法身意义上的僧宝，《大乘理趣六波罗蜜多经》说："第一义僧，所谓诸佛圣僧，如法而住，不可睹见，不可捉持，不可破坏，无能烧害，不可思议，一切众生良佑福田。虽为福田，无所受取，诸功德法常不变易。"此处的"圣僧"不是通常所说的贤圣僧，而是佛的同义词，因为经文下面还专门讲了贤圣僧意义上的"第二义僧"。经中以人格化的佛为第一义僧，但说他虽为"一切众生良佑福田"，而"不可睹见，不可捉持，不可破坏，无能烧害，不可思议"，根本是指诸法实相体现在佛身上的无形无相、不生不灭的性质，是以诸法实相的无相即相和不生不灭性为僧。

法身层面的三宝是一体三宝。《大般涅槃经》对此三宝开示道："一切众生悉有佛性，佛法众僧无有差别，三宝性相常乐我净。"这是将众生佛性本具的性相，从佛法僧三个方面命名为三宝。

其次是报身层面的三宝。报身佛的相状如何呢？《大乘理趣六波罗蜜多经》说："佛报身者，谓诸如来三无数劫修集无量福慧资粮所起无边真实功德常住不变，诸根相好，智慧光明，周遍法界，皆从出世无漏善根之所生故，不可思议，超过世智，纯熟有情，为现兹相，演无尽法，广利无边。"这是说佛在因地发愿，要修六度万行成佛，当他经过无数劫积累道德与智慧资粮成佛后，就报得了一个诸根美妙、寿量无边、功德无边、智慧无边的常住不变之身，佛经里常说的清净色身、须弥山身等就是佛报身的妙相。如果法身佛侧重以诸法实相的真空性为义，那么报身佛则侧重以诸法实相的妙有相为义，对佛教徒来说，这是真、善、美三位一体之身。

报身层面的法宝，指的是令众生证得清净法身的佛法，《大乘理趣六波罗蜜多经》称为第二法宝："应知第二法宝者，戒、定、智慧诸妙功德，所谓三十七菩提分法，谓四念住、四正断、四神足、五根、五力、七觉分、八圣道，此三十七法与前清净法宝而为方便。云何方便？以修此法而能证彼清净法身。"这是因三学、八正道、三十七道品等佛法能够令众生现证清净法身，故称之为报身层面的法。《楞伽经》则说："法性所流佛说一切法自相共相，自心现习气因相、妄计性所执因相更相系属，种种幻事，皆无自性，而诸众生种种执著，取以为实，悉不可得。"法性所流佛即报身佛，谓报身佛说的法是：声闻缘觉执著的地、水、火、风等诸法自相与苦、集、灭、道等诸法共相，都是他们的法执习气未断而产生的妄相，其实他们执著的这些相都没有自性，都不可得。这是从对治二乘执著而说的报身层面的法，与《大乘理趣六波罗蜜多经》所说相应法义没有任何矛盾。

报身层面的僧宝，指的是三贤十圣等贤圣僧。《大乘理趣六波罗蜜多经》称之为第二僧宝："第二圣僧者，谓须陀洹向、须陀洹果，斯陀含向、斯陀含果，阿那含向、阿那含果，阿罗汉向、阿罗汉果，辟支佛向、辟支佛果，八大人觉、三贤十圣，如是名为第二僧宝。"须陀洹是小乘初果，是声闻初断三界见惑的圣人；须陀洹向指处于见道初心至第十五心间的境界，因正处于走向须陀洹果的过程，故称为须陀洹向；三贤即十住、十行、十回向三种居于十信位后初地前的菩萨道阶位，十圣即从初欢喜地到第十法云地的菩萨阶位。地上菩萨皆已现证诸法本来面目，随顺真如法流自然修行，证果不会退转，所以称为圣；三贤虽尚未见道，须依信仰修行，不退住位前还会有位退转，但是进入此阶位的菩萨对佛法信心坚固，能够发起菩提心，矢志不渝地追求佛智慧，不会转舍菩萨种性，故次于圣而称为贤。

化身层面的三宝，佛宝指法身化现于六道度化众生的身相。《大乘理趣六波罗蜜多经》说："言化身者，为彼有情，随所应化故，现无量阿僧企耶诸化佛身。其所化身，或于地狱以现其身，度彼有情令离众苦，导以正法令发胜心，便生人天受胜快乐，于佛法中深生信乐，得佛法分，获圣道果……或生人趣，现处王宫，生释种家，以巧方便化诸有情，断除三界烦恼忧患、生老病死，故现受生、逾城出家、菩提树下取吉祥草、坐于道场、处金刚座、降伏魔军、成等正觉，为化有情转正法轮，放大光明周遍一切照曜世间，自利利他悉皆圆满，或现寂静入大涅槃，是即名为佛化身也。"六道众生被无明惑障，造业受苦，轮回苦海，长夜绵绵。佛陀悲智双运，随类现身，当机说法，令众生离苦得乐，往生善趣。其中的"或生人趣，现处王宫，生释种家……"等语，实际上描写的就是释迦牟尼佛，他也是法身佛的千百亿化身之一。释迦牟尼佛从兜率下生人间、入摩耶夫人胎、受生、王宫享乐、出家苦行、降魔成佛、转法轮、入般涅槃等相，并非实有其事，而是对娑婆世界众生的示现：天上天下，唯有佛性最尊贵；一切众生皆有佛性，皆能成佛；只要有正确知见，能发起菩提心，经过努力修行都可成佛。这就是化身层面的佛宝。

化身层面的法宝，《大乘理趣六波罗蜜多经》称为第三法宝："云何名为第三法宝？所谓过去无量殑伽沙诸佛世尊所说正法，我今亦当作如是说，所谓八万四千诸妙法蕴，调伏纯熟有缘众生，而令阿难陀等诸大弟子，一闻于耳，皆悉忆持，摄为五分：一、素咀缆；二、毗奈耶；三、阿毗达磨；四、般若波罗蜜多；五、陀罗尼门。此五种藏教化有情，随所应度而为说之。"素咀缆为梵文 Sūtra 的音译，又译作修多罗、修单罗、修妒路、修多阑，意译契经，即佛所说经；毗奈耶为梵文 Vinaya 音译，即佛所说律；阿毗达磨为梵文 Abhidharma 音译，又作阿鼻达磨，意译作大法、无比法，即菩萨所造论；般若波罗蜜多为梵文 Prajñapāramitā 音译，意译作到彼岸的智慧；陀罗尼为梵语 Dhāranī 音译，意译作总持、能持、能遮，指能总摄和忆持无量佛法而不忘失的念力，陀罗尼门是培养、成就这种能力的法门，包括长句的陀罗尼、短句的真言和一两字的种子。这五种法总摄为经、律、论三藏，般若波罗蜜多与陀罗尼实即分别应随法行人和随信行人说的佛法。《楞伽经》则说："化佛说施、戒、忍、进、禅定、智慧，蕴、界、处法，及诸解脱、诸识行相建立差别，越外道见，超无色行。"这是从与外道相区别的角度说的佛法。比如，以胡塞尔为代表的现象学与弗洛伊德以来的人本主义心理学，在论述"诸识行相"时虽与《楞伽经》有不少相通之处，但佛陀要借对诸识行相的观察分析展示众生颠倒、迷执、轮回的事实和过程，并落实到转识成智的修行实践，而无论是现象学还是人本主义心理学，都完全没有这一部分内容，他们都是在肯定诸识的基础上寻找知识基础或解决心理问题。两部经一从听法众生机缘定义法，一从凸显佛法与外道的差别性定义法，角度不同而内容一样，都是指化身层面的法，实即经、律、论三藏。

化身层面的僧泛指一般僧众，《大乘理趣六波罗蜜多经》说："第三福田僧者，所谓苾刍、苾刍尼等，受持禁戒，多闻智慧，犹天意树，能荫众生；又如旷野碛中，渴乏须水，遇天甘雨，霈然洪霍，应时充足。又如大海，一切众宝皆出其中。福田僧宝亦复如是，能与有情安隐快乐；又此僧宝清净无染，能灭众生贪、瞋、痴暗，如十五日夜满月光明，一切有情无不瞻仰；亦如摩尼宝珠，能满有情一切善愿。"这个层次的比丘（男众）、比丘尼（女众）虽未悟道，但他们都信奉、皈依了佛法僧三宝，甚至已受种种戒律，在闻、思、修三慧中已具足多闻智慧，正精进修学、生起和圆满思慧与修慧，因此相对众生来说清净无染，能灭除众生贪瞋痴三毒，满足众生转烦恼为菩提、离生死入涅槃的善良愿望。他们也努力满足一切有情的善愿，这点大家如果去过寺庙的话，应该很有体会。注意，出家师父满足的是弟子菩萨道上的善愿，如果连这种善愿他都不满足，那就很难说他是合格的出家僧人了。因为化身层次的僧众具有这样的功德，所以经文对他们大加赞叹。

上述三个层面的三宝，相互之间首先是浅深有别的关系。法身三宝是三宝的体性，报身三宝是三宝的相状，化身三宝是三宝的妙用。如果没有法身三宝，根本不可能有报身和化身三宝，因为报身三宝是法身三宝显现出来的真、善、美三合一的相，而化身三宝则是报身三宝随缘发挥的功用。比如我们人间，法身三宝经由报身三宝显现出来的化身三宝，释迦牟尼佛应世时是释迦牟尼佛、释迦牟尼佛为化导众生所说的法和依前述二宝修学的僧伽，即古人所谓别体三宝；释迦牟尼佛圆寂后，则是寺院供奉的佛像与舍利、三藏经典以及依前述二宝修学的僧伽，即古人所谓住持三宝。由此我们看到，这三个层面的三宝固然缺一不可，但三者是体、相、用的关系，没有体则相无以显，没有相则用无以发，三者深浅有别。

其次，三宝之间又是一即三、三即一的关系，三位一体，不能割裂。法身、报身和化身三宝中的法与僧二宝，不过同一佛性在不同方面的称谓，以佛性的觉悟性为佛宝、中道性为法宝、清净性为僧宝，这是其三即一的关系。正是在这个意义上，《大般涅槃经》才说："佛、法、众僧无有差别，三宝性相常乐我净。"

正因为它们具有三即一的关系，当知三宝本性无异，不可分开，离开其中任何一宝，其余一宝或二宝都不是真皈依处，如佛所说，"若言如来异法、僧者，则不能成三皈依处"（《大般涅槃经》）；同时，正因为它们具有一即三的关系，浅深有别，必须深入到法身层面的三宝，从本举末，才能穷尽所皈依处的意蕴，也如佛所说，"凡所有相，皆是虚妄，若见诸相非相，则见如来"（《金刚经》）。

明白所皈依处后，接下来要讲一讲能皈依者。能皈依者即能皈依三宝的众生，在人道即能皈依的人。关于这个问题，我们得从信仰讲起，因为如《华严经》所说，"信为道元功德母，长养一切诸善法，断除疑网出爱流，开示涅槃无上道"，信仰是皈依三宝、累积功德、增长善法、断除三毒、通向涅槃的根本前提，没有佛教信仰的人学习佛教，最多能够得到一点心理安慰的利益，其他什么都谈不上。我们反过来看，为什么有的人前一秒还是善人，后一秒就成了恶人呢？就是由于缺乏信仰。由于没有坚定的信仰，他们只是把善行建立在自认为善的理论基础上，而当这理论遇上比它力量更强大的对立面冲击或诱惑时，他们所坚持的理论就无效了，他们也就会改变其立场和行为。比如间谍工作者，如果他不相信他信仰的对象毕竟与其身心一体，而只是认为自己在为某种正义或有价值的目标工作，只要敌方能证明他们的理论更有价值，或给予他更大的利益，或对他施以更大的酷刑，他就变节了。当然，并不是说只要有坚定信仰就好，这信仰还必须是健康的信仰。我以为，以智慧与慈悲为终极追求的佛教信仰，是一种非常健康的信仰。佛教信仰跟一般所谓相信不是一回事，相信是指人肯定并坚持与其相对的某个对象具有某某性质、内容和价值，是在二元对立基础上确立起来的有对（象）有依（靠）的相信。佛教信仰虽然一开始也是在二元对立模式中建立起的有对有依的信仰，但其最终目标是非二元对立的无对无依的信仰。

什么样的人才能建立起佛教信仰？佛教依世俗谛方便将众生分为正定、不定和邪定三类，正定聚是见道位以上的众生，不定聚是从未建立佛教信仰到三贤位的众生，邪定聚则是已经信仰了种种外道或邪见的众生。佛教对众生作如此分类，是为了施行当机教化，如《大般若经》说，佛陀"以佛妙智，安立有情三聚差别，谓正性定聚、邪性定聚及不定聚。安立如是三聚别已，随其所应，方便化导，令获殊胜利益安乐"。其中的邪定、不定两类众生都能建立佛教信仰。有人会问：没有宗教信仰者信仰佛教好理解，已信仰其他宗教或邪见者怎么能信仰佛教呢？这正是佛教智慧的地方。佛教坚信一切众生都有佛性、都能成佛，并且坚信众生只要不成佛，他的烦恼就不会彻底断除，终将走上成佛之道；至于他什么时候走上成佛之道，则决定于众生各自的因缘，不能着急，更不能强求。这种摄受一切众生而又充分尊重众生实际的慈悲精神，比起那些强制异教徒改宗的排他性的做法，不知高明凡几。

还有一个问题：什么样的信仰才是合格的佛教信仰？《大般涅槃经》如此说，信"有二种，一者信正，二者信邪。言有因果，有佛法僧，是名信正；言无因果，三宝性异，信诸邪语，富兰那等，是名信邪。是人虽信佛法僧宝，不信三宝同一性相；虽信因果，不信得者，是故名为信不具足"。经文有几层意思：首先，信仰有正信、邪信之分，一个人如果不相信因果，不相信佛法僧三宝，即使有信仰也是邪信。这里的因果就是缘起，缘起不是佛陀虚构出来的理论，而是佛陀如实看到的世界真相，这个真相从现象方面说就是缘起。依佛教，如果一个人不信缘起，以为行善会遭恶报，行恶反得善报，杀人可以成佛，放火可成菩萨，则一切都乱套了，什么都没得谈了，所以首先要相信因果。同时，如果只相信因果，不相信佛法僧三宝，同样不是正信。从三宝的三层含义说，法身层面的三宝本为因果的根本体性，报身层面的三宝则是因果的真实相状，化身层面的三宝则是引导众生觉悟因果体性与相状的渠道，因此，若不信三宝，则其所信因果必非佛教徒所当信的因果。

其次，信仰还有具足与否的区别。虽然信仰三宝，但是不信仰"三宝同一性相"，不坚信能够现证三宝同一性相的境界，便是不具足、不圆满的信仰。此处的"三宝同一性相"指三宝皆具大般涅槃常乐我净的性质，故《大般涅槃经》论及具足、圆满的信仰时说："云何名为信心具足？深信佛法众僧是常，十方诸佛方便示现，一切众生及一阐提悉有佛性。"这是法身层面的三宝，只有"深信"能现证这样的三宝，才可称为具足、圆满的信仰。

在这个基础上讨论皈依行为，就容易分辨高下了。第一，既然三宝"同一性相"，那么无论皈依哪个层面的三宝，都必须完整地皈依三宝，而不能仅仅皈依其中一宝或二宝。《大般涅槃经》说:"善男子! 汝今不应如诸声闻、凡夫之人分别三宝, 于此大乘无有三皈分别之相。所以者何? 于佛性中即有法僧。善男子! 若欲随顺世间法者, 则应分别有三皈依。"这里的"分别皈依"指先后分别皈依三宝, 连先后皈依三宝都是随顺凡夫、声闻的方便法门, 那些撇开僧宝只皈依佛、法二宝或撇开佛、僧只皈依法宝者, 岂不是在偏执见基础上的残破皈依吗? 第二, 由于教下各派多以渐修法门为宗旨, 它们的皈依大多是《大般涅槃经》所谓"随顺世间法"的皈依, 即从皈依化身三宝入门的皈依, 如果不了解三宝有法身、报身和化身或体、相、用三个层面的内容, 不清楚只有"同一性相"的法身三宝才是三宝根本义所在, 就很难达成圆满的皈依。换句话说, 仅仅皈依化身三宝, 则不能转凡成圣, 必须进一步皈依报身三宝; 仅仅皈依报身三宝, 则不能成佛, 必须进一步皈依法身三宝。正是在这个意义上,《金刚经》才说:"若以色见我, 以音声求我, 是人行邪道, 不能见如来。"

相对教下的皈依, 六祖开创的禅宗提倡的皈依有其鲜明特点。有些人说禅宗背叛了佛教, 这种看法是对禅宗的误解。从皈依法门看, 禅宗信徒的皈依处并非随意拣择, 还是不出传统佛教所说的三宝, 它的新颖之处在于如下两点: 第一, 将法报化身三个层面的三宝总摄到法身三宝中来建立所皈依处。教下各派最后的皈依处固然是法身三宝, 但渐修法门要求它们必须从化身三宝、报身三宝循序深入到法身三宝, 提倡顿悟法门的禅宗则直指法身三宝。第二, 直接从众生自性中指出法身三宝。教下各派虽然肯定法身三宝为众生自性本具，但渐修法门使得它们多不明确说化、报二身层面的三宝为众生自性本具，提倡顿悟法门的禅宗则可以略过这两个层面的三宝。在所有法门上，禅宗都表现出这种直指诸佛心印的特点。

我们看《坛经》是怎么说三身佛的。首先，它说"色身是舍宅，不可言归"。众生皈依，不能皈依色身，因为众生本来就在妄想执著中，如果皈依佛的色身，势必陷入"依人不依法"的偏执。这种情况历代皆有，佛在世时也如此。释迦牟尼佛将要圆寂前，摩诃迦叶等证得佛法身的圣弟子已不动心，真正皈依法身佛的弟子也能把持住自己，但很多对佛没有正确认识、仅仅皈依释迦牟尼佛色身的弟子，误认为佛是有为法，死了就一去不复返了，痛哭流涕，呼天抢地，非常伤心。例如阿难就是这样，佛陀临圆寂时，他的心智都因受到悲伤蒙蔽，以致不知该如何请佛授临终付嘱。释迦牟尼佛告诉他们：你们根本不知道什么是佛，所以你们看到我的色身变灭时无比痛苦，如果你们知道什么是真正的佛，就不会因为佛色身的四大解体而烦恼。我们好多佛教徒都有这样的经验，一见到自己的师父就没有烦恼，一离开师父就乌云滚滚，许多人不了解这是什么原因，其实这就是只皈依化身佛的表现。只皈依人，不皈依法，没有按照师父传授的法修习，仅仅靠师父的神力加持，怎么靠得住呢？又比如，很多人热衷于灌顶，不知一般的灌顶只是师父给你下种子，还要自己通过修行跟师父的法身相应，只有种子，废弛修行，这怎么可行呢？"色身是舍宅，不可言归",不管你皈依的是多么大名鼎鼎的高僧或上师,都不能皈依他的色身,这对现在的佛教徒照样具有重要的警示意义。

真正的佛在哪里?六祖说:"三身佛在自性中,世人总有,为自心迷,不见内性,外觅三身如来,不见自身中有三身佛。"众生本具的自性中具足了法报化三身佛,不皈依自性具足的三身如来,而到外面去皈依色身,当然是迷执了。因此六祖要求:"汝等听说,令汝等于自身中见自性有三身佛,此三身佛从自性生,不从外得。"六祖所说的自性不是佛教破斥的实体性,而是《涅槃经》里所说的佛性。许多人一听"佛性",认为只是佛所具有的性质,跟凡夫无关,然而佛教明确宣称,佛性就是一切众生心的清净本性。换句话说,佛教认为人的根本性质不是人性,而是佛性,佛教没有人性论,只有佛性论。六祖进一步将众生自性的不同内涵形象化为佛的三身:具足万法的清净自性是法身佛,自性体现出的功德是报身佛,自性变化出的种种形象是化身佛。

关于法,六祖也是直指佛法的核心——般若波罗蜜多,即到彼岸的智慧。可以说,整部《坛经》,不管是宗宝本还是敦煌本,从头到尾都是在讲般若这个法。我们首先看六祖是怎样强调这种智慧的。据《坛经》说,六祖升座,就要求大众"总净心念摩诃般若波罗蜜多",要求去听他说法的弟子一直净心念般若,可见他把般若放到了至关重要的地位。《坛经》里有个般若颂:"摩诃般若波罗蜜,最尊最上最第一,无住无往亦无来,三世诸佛从中出。"六祖说三世诸佛都从般若中诞生,有没有道理？很有道理。依佛教修学成就的圣人有两种，一种是声闻，一种是佛菩萨，前者具有现证空诸我执的智慧，后者除了具足这种智慧，还具有空诸法执的智慧，即透彻洞察诸法差别性相因果的智慧，否则不能随缘度化众生。实际上，由于声闻只是菩萨道上暂时阶段的果境，其成就的智慧并非真正的般若，因此佛教无论说般若、深般若、甚深般若还是摩诃般若，指的都是佛菩萨的智慧。这般若在哪里呢？六祖明确回答："善知识！菩提般若之智，世人本自有之。"不仅如此，"三世诸佛十二部经"，也"在人性中本自具有"，因为三世诸佛正是现证了"世人"自性本有的般若，才能当机说出度化众生的三乘十二部经。六祖即以这众生自性本具的般若为所皈依的法。

六祖如何理解僧？他认为僧就是自性的清净性。"若自悟者，不假外求，若一向执，谓须他善知识方得解脱者，无有是处。何以故？自心内有知识自悟。"六祖反对一直执著向外求善知识，以为其他善知识能让自己解脱，殊不知根本的善知识是自性本具的清净无染的性质，其他善知识只有开示引导凡夫回归这根本善知识的作用。这样的僧自然不假外求。

六祖从自性具有的不同特性界定三宝，与前面所说法身层面的三宝完全一样，因此由他开创的禅宗所践行的皈依，可以说属于法身三宝意义上的皈依，六祖称为自性三皈依或无相三皈依。

我们进一步看六祖如何授自性三皈依。他授皈依时讲过这么一段话:"皈依觉,两足尊;皈依正,离欲尊;皈依净,众中尊。从今日去,称觉为师,更不皈依邪魔外道,以自性三宝常自证明。劝善知识皈依自性三宝:佛者,觉也;法者,正也;僧者,净也。自心皈依觉,邪迷不生,少欲知足,能离财色,名两足尊;自心皈依正,念念无邪见,以无邪见故,即无人我贡高,贪爱执著,名离欲尊;自心皈依净,一切尘劳爱欲境界,自性皆不染著,名众中尊。若修此行,是自皈依。"用自性三宝来证明自己的皈依,皈依自性本具的觉悟性、中道性、清净性这三宝,这确实是完全根据三宝一体而从法身三宝的根本层面来讲三皈依。

六祖还讲到了自性三皈依的具体修法:如果要皈依自性本具的清净性,就要常常提起般若观照,让邪见和迷执不要生起,尽量减少欲望,随遇而安,远离以财色为代表的五欲,这就是皈依佛。皈依法就是要念念没有邪见。什么叫邪见?马祖道一禅师有个很好的解释,凡是二元对立的见解都是邪见,把一切二元对立的见解破掉,就没有邪见了。这就是六祖为什么要求弟子用三十六对法来教化众生,来人执著明就说暗,来人执著长就说短,总用与对方相反的另一端破掉他的执著,最后归于中道。《楞伽经》里,大慧菩萨曾向佛发一百八问,佛用一百八句来回答他,六祖这三十六对法与佛的一百八句同一意趣,无非是任运破除佛子任何执著,把他们从二元对立中拔出来,归于不著二边的中道。这就是皈依法。如何做到"自心皈依净,一切尘劳爱欲境界,自性皆不染著,名众中尊"呢?这就要求弟子知道，我们的自性"本来无一物"，任何染污和烦恼都沾不上去。如果弟子皈依时念念回到这清净无染的自性上，那就是真正皈依了僧宝。

禅宗为什么强调自性三皈依呢？万法皆因缘而起，六祖不会无缘无故这么说。《坛经》里有一段话说出了他提倡自性三皈依的因缘："凡夫不会，从日至夜受三皈戒。若言皈依佛，佛在何处？若不见佛，凭何所皈？言却成妄。善知识！各自观察，莫错用心。经文分明言自皈依佛，不言皈依他佛。自佛不归，无所依处。今既自悟，各须皈依自心三宝，内调心性，外敬他人，是自皈依也。"在六祖时代，佛教各派提倡的皈依，都是从化身三宝、报身三宝到法身三宝的次第皈依，但许多人舍本逐末，仅仅在报身甚至化身三宝层面修行皈依。这样的皈依，套用《金刚经》的经文说，是"以色见三宝，以音声求三宝，是人行邪道，不能见三宝"的皈依，迷失了皈依法门的旨趣。禅宗提倡的自性三皈依，正是为了对治那些停留在化报二身上皈依三宝的信仰者，让他们知道只有自性三皈依才是彻底的皈依。

我们该怎么理解禅宗的自性三皈依呢？首先，作为一个修行法门，传统的皈依是渐修法门，是从化身、报身到法身三宝的渐次皈依，只有最后皈依了法身三宝，才称得上圆满皈依；而禅宗的皈依是顿悟法门，当下超越化报二身层面的三宝，直接皈依究竟的法身三宝或自性三宝。六祖的顿悟式皈依法门并不像有些学者所说，是变了味甚至是反佛教的修行法，相反，我倒觉得，六祖从来没有离开过三世诸佛的经典来讲皈依法门，他与佛陀所说之法乃是一脉相承的妙法。我愿意再次引用《大般涅槃经》经文来强调这一点："善男子！汝今不应如诸声闻、凡夫之人分别三宝，于此大乘无有三皈分别之相。所以者何？于佛性中即有法僧。善男子！若欲随顺世间法者，则应分别有三皈依。"建立有差别性相的佛法僧三宝，令众生分别皈依，那是随顺世间法（包括二乘）而说的方便皈依，大乘的三宝是没有差别性相的一体三宝，佛宝中具足法僧二宝，法宝中具足佛僧二宝，僧宝中也具足佛法二宝，因此皈依也没有皈依佛、法或僧的差别相，是一体三皈依。这与六祖所说如一鼻孔出气，只是六祖更多用"自性"指称《大般涅槃经》所说的"佛性"罢了。

其次，禅宗的皈依必须包含传统皈依的内容，否则容易流于偏失狂妄；传统的皈依必须趣向禅宗的皈依，否则难免得少为足、半途而废。禅宗虽然以皈依法身三宝为核心，但是它没有舍弃报身三宝和化身三宝的内容，因为无论我们从一即三、三即一的横向关系，还是从性相一体的纵向关系来讲，三宝都不可分割，禅宗只是重点提持了法身三宝而已。如果参禅者认为自己只须皈依法身三宝，那就难免割裂三身三宝、流于偏失狂妄，并且得到的实际利益肯定是很少的。如果一个人只皈依法身三宝或自性三宝，我们有理由怀疑他是否真正理解什么是自性三宝，因为根本就不存在离开化报二身三宝的法身或自性三宝。这种狂妄的言行在知识分子当中相当有力量，尤其是自认为很聪明的知识分子，他们以为，佛是人，僧是人，自己也是人，只要遵从他们说的道理就行了，不必遵从说道理的人。今天禅宗寺院举行皈依仪式，大多从化报二身层面的三宝开始说皈依，或许正是一种对治法门，避免佛教徒陷入偏失狂妄。

最后，什么是圆满的皈依？我认为应依照《普贤行愿品》的教理来理解，只有在尽法界、虚空界十方三世一切佛刹皆有不可说极微尘数佛法僧三宝的见地上来受行皈依，才是圆满的三皈依。这种皈依的典范就是普贤菩萨。《普贤行愿品》的第一愿讲礼敬诸佛。如何礼尽？修普贤法门的人知道，我们在礼敬诸佛的时候，一方面要观想有无量礼敬者在礼敬佛，另一方面要观想有无量诸佛在接受礼敬者礼敬，同时要观想能礼、所礼圆融无碍。同样，如果我们将礼敬诸佛理解为皈依佛法僧三宝，这样受行皈依，当下就进入了诸法平等不二、相即相入、重重无尽的华严境界，归到了禅宗皈依法门的本怀。

问　答

问：您说佛教信众皈依的是贤圣僧，这不是有违佛教"万法平等"的道理吗？

答：佛教说法，有理有事，有因有果，从理体与果位来说，自然如《金刚经》教示，"是法平等，无有高下"。从这个层面来理解僧，任何一个僧众都是我们要皈依的善知识。同样，任何一法也莫不如此。例如，唐代有位云门宗的师父，方丈叫他去化缘，但他对此不是很擅长，所以他对方丈分派的任务不太高兴。方丈是不是故意为难他呢？当然不是。方丈这样安排，就是要调理他讨厌这个活儿的心态。这位师父虽然心里非常不乐意，但方丈安排的活儿还是要做，就依言出去了。他出去很久，一分钱、一斤米都没化到，结果只能继续走。由于心思不集中，他突然被石头绊了一跤，真是屋漏偏逢连夜雨。此时，旁边有两个人不知为何吵起架来，有第三者过来劝架。经过规劝，其中一人很快歇声不言，另一人依然唠唠叨叨骂个不休。劝架者对他说："他都歇了，你为何还不歇呢？"摔跤的师父还未起身，听到这句话就恍然大悟了。你说这劝架者是不是他的善知识呢？就是嘛。从更广的意义说，一花一草都是我们应皈依的善知识。虽然如此，有些经典还是明确说佛教信众应"皈依贤圣僧"，因为没有明心见性的佛教信众，如果不能得到贤圣僧的化导，便很难建立起正确见地、找到相应法门、超越途中障碍、达至成佛的目标。但困难在于，没有明心见性的佛弟子根本没有能力分清哪位师父是贤圣僧，如果他动辄进行这样的分判，他要么是佛菩萨，要么是大痴人。因此，佛门认为，佛教信众应皈依整个僧伽，而不是皈依某个僧人。

问：如何皈依？皈依的意义到底是什么呢？

答：佛教徒虽然皈依的是整个僧伽，但必须礼请一位与其相应的师父作为代表来授皈依仪式，藏传佛教称这位师父为上师。藏传佛教特别重视上师，因为弟子是依上师才知道有佛法僧三宝、才能够觉悟佛法的，如果依上师皈依了三宝，就要以上师为尊，要绝对恭敬上师。这在经典中是有依据的。据《华严经》记载，善才童子所参的善知识中，就有严刑峻法的无厌足王。这个无厌足王以嗔行度化众生，像商纣王一样搞了很多酷刑，如炮烙、沸水、铁床等，用来调治治下的众生，在一般人看来他就是个魔王。善财童子来到他的国土，看到很多人抱着铜柱呼天抢地，很多人在沸腾的水锅中翻滚，还有很多人在铁床上哭爹喊娘，一开始也怀疑他是魔王，还怪前面的菩萨介绍他来此地参访。不过，善财童子很有福报，在他犹豫不决时，很多天神告诉他：莫生疑惑，若起疑心，难有成就。善财童子听完，打消疑惑，奋不顾身前往参访，结果当然是增上了他的智慧。这个故事告诉所有佛教信众，若真选定了一位师父，便须将自己的全部身心都交付于他。有人说，我担心自己会被骗。这当然很有可能，我不能为你打保票，因为骗子就是要借没有开慧眼的人来增加名闻利养，有的甚至会骗色，而且骗子是跨行业的，他们甚至会装成出家人。怎么办呢？这个问题，除了涉及法律的问题需要法律解决，恐怕要这样看：从佛教的人生观来讲，只能看当事人自己的福报，你吃什么样的饭，遇到什么样的朋友，见到什么样的老师，都是由你过去世积累的福报决定的。这就是为何有些人总是遇到良师益友，而另一些人总是遇到邪师恶友。当然，这福报不是固定不变的。具体的皈依仪式，因为时间问题，现在没法讲。至于皈依的意义，一个人如果能够皈依佛法僧三宝，则意味着他决定走上破无明、开智慧之路，其意义是不言而喻的。

问：如何相信自己是佛呢？相信自己是佛就真的是佛了吗？

答：虽然众生皆有佛性，众生自性是佛，但是要对这个事实产生信心，确实需要非常大的因缘，这既与一个人的信根有关，也与他的家庭、师友、教育有关。信根就是信仰佛法僧三宝的根器。佛教认为，好行善者，他积累的善德多，信根相对较深厚，相应地也能出生在贞良的家庭、结交善良的朋友、遇到仁厚的老师、受到良好的教育，他信仰三宝的机缘就比较好；反之，不好行善甚至喜好行恶者，他积累的善德少，信根相对较差，相应地只能生到不良的家庭、结交不良的朋友、遇到不好的老师、受到不好的教育，他信仰三宝的机缘就比较差。纵然信仰了三宝，要相信自己是佛，还必须相信"教外别传"的禅宗，如果不相信禅宗一门，也不能具足这样的信仰。最后还要知道，相信自己是佛，只是建立起了成佛的见地，并不意味着自己已经是佛，只有通过参禅明心见性之后才是佛。

第八讲　禅宗如何说菩提心

这一讲是禅宗如何说菩提心。之所以讲这个问题，是因为有人对禅宗这方面有意见，认为禅宗不讲菩提心，名为大乘实则是小乘。他们这种质疑到底有没有依据呢？我相信，我们讲完这一讲，结论会完全不一样。

在讲禅宗的菩提心之前，我们得知道菩提心是什么，佛教经论或其他佛教宗派如何讲菩提心，这样我们才能凸显禅宗说菩提心的特点。菩提心的全名是阿耨多罗三藐三菩提心，本为梵文 Anuttara-samyak-sambodhi citta 的音译，略称阿耨三菩提、阿耨菩提，意译作无上正等正觉心或无上菩提心，所谓发菩提心就是发无上菩提心。因此，要讲清楚发菩提心的内容，首先还得搞清楚什么叫无上菩提。

菩提是梵文 Boddhi 的音译，意思是智慧。智慧是跟"识"相对而说的，也就是相对于"识"来说才有智慧这个概念。什么是"识"？简单地说，凡是在主客体二元对立的基础上，通过理性运作来观察与分析（别的）主体、认知活动及其见解都是"识"，所以佛教说"分别是识"。相对于识的这个特点，"智"则具有无分别的特点，所以佛教说"无分别是智"。

无分别是不是等于什么都不知道呢？在一般人看来，一问三不知的傻瓜无分别，植物人也无分别，那么他们到底有没有智慧呢？没有。佛教讲的无分别，不是说像白纸一张什么都没有，而是指既清清楚楚地知道世界各种现象的性质、特点和规律，又不对任何现象进行真假、美丑、善恶等二元对立的分别，因为分别必然产生执著。譬如，如果从分别心分别真善美、假恶丑，就会执著真善美、讨厌假恶丑，讨厌也是一种执著。佛家虽然随顺世间，从凡夫执著的真善美起修，但并不执著这样的真善美，因为这也是人类分别心强加给尘境的分别见，只有破掉这些分别见，才有可能断除执著心。换句话说，智慧是了了常知而毫不执著的能力，了了常知指完全彻底地了解缘起世界的人事物，毫不执著指不对任何人事物进行分别执著。

佛教为什么如此看重这样的智慧呢？佛教认为，宇宙人生的根本性质是毕竟不可得的空性，其真相是毕竟不可得的空相，看到了宇宙人生的这个本来面目，我们的精神生命就能进入没有任何烦恼的宁静状态；分别识无法洞察这个真相，只有智慧才能现证这个真相，因此佛教强调一切众生都应该转识成智。

智慧有深浅的不同，有圆满与否的差别。大家对《金刚经》比较熟悉，《金刚经》上说"一切贤圣皆以无为法而有差别"，就是要表达这个意思。依据《大般涅槃经》，佛教所说有四个层次的智慧：一是声闻菩提，二是缘觉菩提，三是菩萨菩提，四是佛菩提。声闻、缘觉菩提是罗汉道修行者得到的智慧，有人说两者在断与证上有深浅的差异，是两个层面的智慧；有人说两者只是同一智慧的不同表现形式，前者是通过皈依三宝、听闻佛法、法随法行得来，后者是通过独自观十二因缘法或缘起之理得来。不管怎样，两者的前提是共同的，追求这种智慧的人，根本见地还是空有对待的偏空见，发起的都是离苦求乐的出离心；其智慧也有一个共同特点，即成就偏于"自度"的声闻果，所以此道又被称为小乘。这种智慧虽然不圆满，但它是很多菩萨道修行者进一步获得佛菩萨智慧的必经阶段，可以为鼓励他们而称之为智慧。真正的智慧是佛菩萨菩提，佛菩萨菩提是菩萨道修行者得到的智慧，菩萨菩提又叫差别智或道种智，佛菩提又叫佛智或一切种智。菩萨智慧与佛智慧是智慧的两个阶位，前者是趋向后者的过程，后者是前者的结果，实际上只是一种智慧。这种智慧与小乘智慧的区别，在见地、发心与结果上都不相同，菩萨道修行者在见地上是空有不二、智如不二、轮涅不二、凡圣不二的中道见，在发心上发的是上求下化的菩提心，在果德上是最终成就自度度他、觉行圆满的佛，所以此道又被称为大乘。

从前面的介绍可知，只有佛智慧是无上菩提，所谓发菩提心就是发无上菩提心。那么无上菩提心是什么呢？它的具体内容都包含在《金刚经》如下经文之中："所有一切众生之类，若卵生，若胎生，若湿生，若化生，若有色若无色，若有想若无想，若非有想非无想，我皆令入无余涅槃而灭度之。如是灭度无量无数无边众生，实无众生得灭度者。"卵生指禽鸟等从蛋卵而生的众生，胎生指人畜等从胎胞而生的众生，湿生指蛆虫等依润湿而生的众生，化生指依变化而生的众生。这里的"无余涅槃"不是罗汉道修行者灰身灭智的境界，而是菩萨道修行者在中道见与慈悲心的基础上，通过长期修行得到的如来境界，由于这种境界没有任何思想上的偏邪和情感上的混乱，同时也没有其他任何境界超出于它，所以叫"无余涅槃"。"无余涅槃"还有一个名称叫"无住涅槃"，得到这种境界的菩萨道修行者，深知生死烦恼本空，没有真实的生死烦恼要断，故不像凡夫住于生死烦恼；同时深知菩提涅槃本空，不像罗汉道修行者住于菩提涅槃。简单地说，发菩提心就是发令一切众生成佛而不起能度所度之念的智慧心。

菩提心的内容包括两个方面，第一个是自求无上智慧，第二个是普度无量众生，这两个方面必须同时进行。它的仪式性的表达，就是佛教徒皈依三宝时发的"四弘誓愿"，所谓"众生无边誓愿度，烦恼无尽誓愿断，法门无量誓愿学，佛道无上誓愿成"。这四句话我们可从两面来理解它："烦恼无尽誓愿断，法门无量誓愿学，佛道无上誓愿成"，重在发心断一切烦恼、学八万四千法门、成无上佛道，这三句侧重于自觉；"众生无边誓愿度"，是发誓度尽无量无边的众生，这一句侧重于觉他。

《大乘起信论》将菩提心分成三个方面，它认为只有具足这样的菩提心才算是真正信仰了大乘佛教。哪三种心呢？第一个是直心。直心有两层含义：一是从体性和果德说，直心是众生心的本来面目，它与佛心一样，没有任何扭曲和偏颇，像直线一样平直，故《维摩诘经》说"直心是道场"；二是从修行说，只有成佛之心才叫直心，如果你想在半途休息一下，都不叫直心。第二个是深心，深心是广学一切佛法、乐集一切善行的心，具体说是广修六度万行的心。第三个是大悲心，即度尽一切众生的心。其实，这与上面的说法并没有不同，只是将求无上智慧分成果德（直心）与修行（深心）两面罢了。

我们了解了菩提心的性质和内涵，再来看一看菩提心的重要性。佛教的菩萨道有两个根本基础：第一个是中道见，第二个是菩提心。菩提心已如上说，现在说一下中道见。中道，佛经中有真如、诸法实相、不二法门等不同称谓，宗喀巴大师在他的《菩提道次第广论》里面称为空性，就是刚才我说的空有不二、智如不二、轮涅不二、凡圣不二之义，持此慧见谓为中道见。凡夫、外道执著万法或常住不灭或虚无断灭，似乎是不二慧见，其实，这两种见地都是在主客二元对立基础上建立起的实体见，实质是颠倒的分别见；声闻依佛说法修行，看到万法无常、苦、空的性质和凡夫、外道分别见的颠倒性，断除了多分我执，但他们偏执于万法的无常、苦性，企图到万法外面寻找安身立命的性空、如如、涅槃、圣人境界，仍然未能真正建立起不二慧见；只有佛菩萨的见地才是不二慧见，他们深观万法当体即空而空有不二，了知境智如如而境智不二，现证生死即涅槃而轮涅不二，通达凡圣皆空而凡圣不二。

中道见和菩提心，好像车的两个轮子、鸟的两只翅膀，不仅缺一不可，还是一体两面：中道见是菩提心的根本体性，菩提心是中道见自然现起的作用，没有中道见就不可能有菩提心，没有菩提心也不可能有中道见。通俗地说，中道见是信奉菩萨道者的世界观，信奉菩萨道的人一定要坚持中道见这种世界观；菩提心是信奉菩萨道者的价值观，他的人生价值就是要求得无上菩提，没有得到无上菩提就要发起求无上菩提的心愿。有人问我："佛教讲万法皆空，什么都空了，活着还有什么意义呢？"这是把空跟虚无混为一谈了。虚无是众生执著的一种分别识境，空则是超越一切执著的智慧境，因此空是众生的终极皈依处，觉悟空是众生最大的价值，只有觉悟空才能远离生死烦恼的困扰。佛菩萨的价值，就是发愿让所有的众生都觉悟万法皆空。

菩提心是修学菩萨道的起点，如果没有发菩提心，就意味着还没有走上菩萨道。由于修习菩萨道无非是在中道见基础上发菩提心和圆满菩提心的过程，因此佛经非常强调菩提心的重要性。例如在《华严经》中，我们读到善财童子参学菩萨的经文时，他每次参学前都会向菩萨汇报："我已经发了阿耨多罗三藐三菩提心，但是不知如何修行菩萨道，不知如何圆满菩萨道，请菩萨指点我。"他向弥勒菩萨参学时，弥勒菩萨连续用118句话赞叹菩提心的功德，最后总结说："因菩提心出生一切诸菩萨行，三世如来从菩提心而出生故。"各种菩萨行都是在菩提心这块良田上生根发芽结果的，三世诸佛也都是依菩提心成就的，如果没有菩提心，就没有释迦牟尼佛、弥勒佛，也没有药师佛、燃灯佛，什么佛都没有。"是故善男子，若有发阿耨多罗三藐三菩提心者，则已出生无量功德，能摄取一切智道。"如果有人能够发无上菩提心，他已经生起了无量功德，能够普摄一切佛菩萨的智慧。寂天菩萨在《入菩提行论》里也说："欲灭三有百般苦，及除有情众不安，欲享百种快乐者，恒常莫舍菩提心。生死狱系苦有情，若生刹那菩提心，即刻得名诸佛子，世间人天应礼敬。"可见，对佛弟子来说发菩提心是何等重要！

　　发菩提心有些什么条件呢？佛陀说"佛种从缘起"，发菩提心也一样，无因有缘不成就，有因无缘也不成就，必须因缘和合才能成就。首先，发菩提心的根本条件是中道见，没有中道见，不可能有菩提心。为什么这么说呢？我们不妨举个例子。佛经里讲，有一个国王向佛陀请教："怎么样发菩提心？"佛陀回答说："大悲心，你生出大悲心就是菩提心了。"又问："如何生出大悲心呢？"佛说："要对佛法僧三宝生起清净信仰。"所谓清净信仰就是一点疑惑都没有，有一点疑惑都不叫清净信仰。这个国王又问："如何对佛法僧三宝有清净信仰呢？"佛说："若发菩提心即是发清净心。"你发起菩提心就是对三宝生起清净信仰了。国王继续问："怎么样发菩提心呢？"佛说："深心不退转，是发菩提心。"退是退步，转是转变，"深心不退转"是说不减退、不改变深心，意思是说你只要不退步、不改变深心就是发菩提心。国王又问："什么是深心不退转呢？"佛说："即是生起大悲。"你只要生起大悲心就不退转了。国王又问:"怎样才能发大悲心呢?"答:"于一切众生不生厌舍之心即是大悲。"对六道众生不生讨厌、舍弃之心就是大悲心,反之就不是大悲心了。这个国王不清楚怎么才叫不离、不弃众生,佛说:"所谓不著己乐。"你得到了智慧,不要执著这个智慧,认为这个智慧只有你可以拥有、别人都没份,应该知道一切众生都能够得到这种智慧,这样才叫作不舍弃不讨厌众生。这就进入修行维度来讨论问题了。怎样才能不执著自己修行所获得的快乐呢?佛说:"于三宝常不舍离。"要对三宝生起清净的信心。什么叫作不舍离三宝呢?"若能除去一切烦恼,即于三宝而不舍离。"(《佛说如来不思议秘密大乘经》)如果进一步问:怎样才能除去一切烦恼呢?这就要回到中道见了。只有建立了中道见,才能完全除去烦恼;如果不建立中道见,就不能完全除去烦恼。譬如声闻和缘觉也有智慧,但这智慧只是说他们不再生起新的烦恼,并不是说他们断除了烦恼种子,实际上埋藏在他们心里的烦恼种子并未断除,因此他们不是大成就者;真正的大成就者,连阿赖耶识里的烦恼种子都荡涤得干干净净,不但任何外在条件都不会让他们产生新的烦恼,他们还能进入六道众生的种种烦恼世界去随缘救度他们。只有佛菩萨才具有这样的无上智慧,而佛菩萨的这种智慧则是建立在中道见基础上的,因此中道见是发菩提心的根本因。这里我还想追问一句:中道见在众生心外吗?不。《六祖坛经》开示,众生心的本真状态就是中道。由于菩提心不是从外面得来,也不是神所赋予,而是我们的本心,因此只要具足外缘，每个众生都能发起菩提心。

发菩提心还须具备如下因缘之一：第一个缘，修行者体验到佛的不思议境界。修行者看到佛菩萨的智慧那么高妙、那么自在，体验到这种不可思议的功德，就能够发起菩提心。如果说没有这个缘分，只要听到宣讲佛菩萨的妙法，看到佛法里讲到佛菩萨的不可思议功德，生起对佛菩萨的恭敬信仰之心，由此也能发菩提心。这是第二个缘。如果既没有第一个缘，也没有第二个缘，有第三个缘也可以发心：深知佛法是解除众生烦恼、引导众生证入涅槃的良药，而这良药正处于衰亡之际，为令佛法久住世间而发起菩提心。第四个缘：修行者见到众生烦恼深重、轮回不已，为令众生免除烦恼、轮回之苦而发起菩提心。

同时，发菩提心还需要一个重要外缘——善友。善友就是善知识，即能引导修行者趣向佛道的老师。关于善知识，我们在第五讲中已经比较全面地讲过了，这里仅根据《菩萨善戒经》略加介绍，以便没听到那一讲的听众有个印象。首先，善知识要"诸根完具，具大智慧，能示善恶，不行邪道"。诸根完具指身体健康，善知识不但要身体健康，而且要身行正道，要有令修行者明辨善恶的能力。讲到这里，有人会问："刚才你不是说无分别是智慧吗？怎么又说要分善恶呢？"我们要知道，佛教讲问题有不同的层面，刚才讲无分别智是讲不执著于定性的善恶，这里讲分善恶则是要告诉修行者：善恶是安顿世间伦理的基础，只有先搞清楚某个缘起中的众生执著的善恶，才谈得上进一步不执著善恶，获得超越善恶的无分别智慧，并在智慧指导下施行没有烦恼的善。在这个过程中，要是没有善知识的指导，修行者是很难通达的。其次，善知识要"心不放逸，能破放逸，能闭恶道"。放逸指心不念道，善知识要念念在佛道上，如果稍有杂念，就堕入放逸之中；同时，他不光能自己不放逸，还能破除修行者的放逸心，令修行者关闭趣恶道之因。再次，善知识要"自能具足菩萨禁戒，转以教他"。善知识须受持菩萨戒，因为没有受菩萨戒的善知识不能教化修行者发菩提心、修菩萨道。最后，善知识还须"不以下道转他上道，不以小乘转他大乘，不以修福转他定慧"。意思是说，善知识不应以下劣法转化修学上胜法的弟子，不应以声闻道转化修学菩萨道的弟子，不应以有漏福德转化修学禅定与智慧的弟子。如果没有具德善知识，修行者要发菩提心照样很难，所以佛说善知识是众生成佛的大因缘。

发了菩提心的菩萨，有名义菩萨和真实菩萨的区别。所谓名义菩萨，即名义上的菩萨，也就是明心见性前的菩萨；所谓真实菩萨，即名副其实的菩萨，也就是明心见性后的菩萨。相应地，从发菩提心到成佛这个过程中的菩提心，也有种种不同的说法，最为人熟知的是世俗菩提心和胜义菩提心的二阶说，从初发菩提心到明心见性前的菩提心叫作世俗菩提心，此后到成佛阶段的菩提心叫作胜义菩提心。

这两种菩提心有什么区别呢？简单地说，明心见性前的菩提心是靠信仰佛陀所说菩提心教法来修学的，修行者没有现证菩提心是自性本自具足之心。这种菩提心存在退转的现象，修行者在修学过程中，会因为深感众生难度而淡化菩提心，甚至会完全改变对佛教的信仰。这种情况，在宗喀巴大师的《菩提道次第广论》中讲得特别形象，他在讲到修习菩提心的主要内容之一慈悲心时说，修行者要不断修习慈悲心才能令其现前。修行者没有开智慧前，常常感到众生很难度，常常帮忙帮不到位，甚至好心办坏事，由此时而生起退却的念头。宗喀巴大师说，每逢此时，就要不断念诸佛菩萨都是修三大阿僧祇劫才成就的，我才修这么几天就指望成佛，岂不是太便宜？还要观想众生本来就比较难度，如果很好度，还要你来学菩萨道干什么呢？还要观想众生与自己本是一体，只有度脱众生才能最终度脱自己，因此只能继续学菩萨道。

　　从菩萨初地到成佛阶段的菩提心为什么叫胜义菩提心？所谓胜义即殊胜义或第一义，修行者进入菩萨地后已明心见性，其菩提心不会退转，只要顺着心性本具的菩提心修行就能成佛了。《华严经》称刚刚明心见性的菩萨为欢喜地菩萨，因为"菩萨住如是法……以不动相应故"。修行者此前没有明心见性，总是在生灭不已的世界流转，非常苦恼；现在与自性相应了，解脱了生死烦恼，充满了法喜。打个比方来讲，好比石磨，上面的磨盘是转的，下面的磨盘是不转的，中间的轴也是不转的，地前修行者的身心像上面那个磨盘转来转去，菩萨地修行者的身心则像那如如不动的轴。从生灭世界超越出来，体悟到无生灭的自性后，回来看生灭世界，就不是以前让人烦恼困惑的样子，而是"如梦幻泡影，如露亦如电"，再也不会影响自己的心了。原来是相信佛讲的中道真实不虚，现在自己现证了真实不虚的中道，当然很欢喜。修行者进入欢喜地后，菩提心才真正在修行者的心中涌现出来，自然发起十种"上求下化"的大愿。

成佛以后的菩提心如何呢？二智圆满和慈悲圆满。二智一指觉悟诸法空性的根本智，二指觉悟诸法性相因果的差别智，佛陀圆满了这两种智慧，身口意三业无不是智慧的圆满显现，总称佛智。同时，佛不需要任何外缘，平等地给众生快乐，拔除众生痛苦，具足无缘大慈和同体大悲。

讲到这里，有一个问题需要说明一下：依偏空见、出离心获得声闻智慧的人能否转向依中道见、菩提心修行的菩萨道修行者呢？有的经典认为不能，《解深密经》安立回向菩提和趣寂两种声闻，认为回向菩提声闻可以回小向大，蒙佛接引断除所知障；趣寂声闻因为种性下劣、慈悲淡薄、怖畏众苦，虽蒙诸佛施设种种方便化导，也不能证得无上菩提。《维摩诘经》中，迦叶尊者也哀叹，声闻与大乘隔绝不通，宛如不能长成禾苗的焦芽败种。有的经典又说可以，例如《妙法莲华经》说，佛从未以小乘法化度一个众生，佛虽然对那些根器未熟者方便说了三乘教法，但三乘教法根本上也是一乘教法，因此当他们根器成熟时，跟菩萨一样，哪怕只听《妙法莲华经》一个偈颂都能成佛；《大般涅槃经》虽然对声闻大加呵斥，但却坚定地说，就像众流归海一样，一切菩萨、声闻、缘觉在未来世都会归于大般涅槃。我认为，声闻不能回小向大是佛陀或圣者鞭策罗汉道修行者的方便说，佛的真实说还是《妙法莲华经》的"会三归一"和《大般涅槃经》的"一切众生皆能成佛"说。为什么呢？根本原因是每个众生本具的佛性平等。不光是《六祖坛经》这么讲，《楞伽经》《法华经》《大般涅槃经》等都这么讲，并且事实上也如此。既然众生本具的佛性无二无别，他们的差异就不是能否成佛的问题，而只是成佛的时间和地点问题。除了这个根本的因，还有一个重要的缘，就是三千大千世界都有佛菩萨现身救度众生，例如观音菩萨和地藏菩萨；佛菩萨们普门示现，众生应以何身得度，即现何身度化他们，因此现声闻身去度脱声闻众自然是应有之义。尽管如此，《大般涅槃经》还是要说，"发心毕竟二不别，如是二心先心难，自未得度先度他，是故我礼初发心。初发已为人天师，胜出声闻及缘觉，如是发心过三界，是故得名最无上"，鼓励佛教信仰者一开始就立中道见、发菩提心，走径捷成佛的菩萨道，而不要持偏空见、发出离心，走回小向大的声闻道。

　　讲完菩提心的一般内容，就比较容易理解禅宗如何说菩提心了。禅宗讲菩提心吗？有人认为不讲。持这种看法者，既有在家人也有出家人，他们说禅宗名为大乘，实为小道，是小乘急证精神的复活。这种说法如果成立，无异将禅宗排除在大乘宗派之外了。禅门确实有人认为禅师不应该讲菩提心，例如真歇清了禅师（1089—1151）经常提持菩提心，有人就非议道："既称禅师，自有宗门本分事，只管劳攘，却如个座主相似。"

但这种偏见当时就遭到了大慧宗杲禅师的呵斥:"我且问尔,那个是本分事?苦哉!自既不能为善,返笑他人为善,这般底人我生灭嫉妒不除,自是其是。善知识既不劝人发菩提心,不可教人杀人放火去!"(《大慧普觉禅师语录》)可见,禅宗不是不讲菩提心,而是非常强调菩提心,只是讲菩提心的方式别具一格,门外汉很难摸到头脑。

禅宗说菩提心有几个显著特点:

第一,直指众生自性说菩提心。禅宗不像其他宗派一样,从事相开始讲发菩提心,而是直接从众生自性提持菩提心。例如四弘誓愿,禅宗的表达是:"自心众生无边誓愿度,自心烦恼无尽誓愿断,自性法门无量誓愿学,自性佛道无上誓愿成。"六祖以自性受遮蔽之心为众生,说要度尽自己心中的无边众生、断尽自己心中的无尽烦恼。这讲得很彻底,因为所有众生都是自己心中的众生,因此最关键是度心中的众生。其他宗派从外境到内心讲菩提心,最后还是要到此处来归结,六祖直接把众生收归自心,正彻底打消了次第修行者易生的心外真有众生可度的幻觉。这些众生是什么呢?是自心生起的嫉妒、嗔恨、贪爱、愚痴等烦恼。断烦恼也不是断别人带给自己的烦恼,而是断自己给自己带来的烦恼。自性是自心的本来面目,断除了烦恼心则自性自然显现。法门不仅仅是佛陀开示的种种法门,根本上是自性本来具足的法门,因为自性具足八万四千法门。自性无上佛道誓愿成,就是指依般若观照法明心见性。六祖无不紧扣众生心性说四弘誓愿,从不向心性外摘叶寻枝。

不过我们要注意，六祖说的自心、自性不是实体意义上的心性，而是真空妙有意义上的心性，如果我们将其理解为实体意义上的心性，则不免堕入凡夫的断常见。正是如此，六祖在开示四弘誓愿时才能说："心中众生，所谓邪迷心、诳妄心、不善心、嫉妒心、恶毒心。如是等心，尽是众生，各须自性自度，是名真度。"众生要把那些不符合佛道的心度掉。如何度呢？"即自心邪见、烦恼、愚痴众生，将正见度。既有正见，使般若智打破愚痴迷妄众生，各各自度。邪来正度，迷来悟度，愚来智度，恶来善度，如是度者，名为真度……烦恼无边誓愿断，将自性般若智除却虚妄思想心是也。"众生所以有烦恼，要害是没有智慧，所以要用智慧除掉这些虚妄心。智慧为众生本具，只是不得现前，为了令其现前，要亲近善友、听闻佛法，向"先得我心之所同然者"学习。但"法门无尽誓愿学，须自见性，常行正法，是名真学"，即学习佛法要万法归心，进而见到自己的自性，从自性中现起种种正法，这才是真学佛法。"无上佛道誓愿成，既常能下心行于真正，离迷离觉，常生般若，除真除妄。"大家注意，当体回归自性，一切现成，一切圆满，既要除妄，也要除真，因为跟妄相对的真也是分别见。除掉这种真，"即见佛性，即言下佛道成"。

第二，依胜义菩提心来说菩提心。从修行维度看，禅宗讲的菩提心已经超越了世俗菩提心，是登地菩萨的胜义菩提心。据《黄檗断际禅师宛陵录》记载，有人问黄檗希运禅师（765—850）："如何是菩提？"师云："菩提无是处，佛亦不得菩提，众生亦不失菩提。不可以身得，不可以心求，一切众生即菩提相。"为什么说佛不得菩提？《金刚经》说："实无有法如来得阿耨多罗三藐三菩提。"菩提若有所得，则菩提是有为法，虽得还失。为什么说众生不失菩提？众生若不具智慧，则智慧有所不遍，亦是有为法，故不失菩提。这跟《华严经》大地众生皆有如来智慧的开示等同一味。为什么菩提不可以身心求得？以身心求得者，还以身心失去，同样是有为法。又问："如何发菩提心？"师云："菩提无所得，尔今但发无所得心，决定不得一法，即菩提心。菩提无住处，是故无有得者。故云：'我于然灯佛所无有少法可得，佛即与我授记。'明知一切众生本是菩提，不应更得菩提。尔今闻发菩提心，谓将一个心学取佛去，唯拟作佛，任尔三祇劫修，亦只得个报化佛，与尔本源真性佛有何交涉？"黄檗禅师告诉我们，只要修行者心存求菩提之心，已与不二菩提相背离，永远见不到自性这尊如来。

大慧宗杲禅师也说："若得生死心破，更说甚么澄神定虑，更说甚么纵横放荡，更说甚么内典外典，一了一切了，一悟一切悟，一证一切证。如斩一结丝，一斩一时断，证无边法门亦然，更无次第。左右既悟狗子无佛性话，还得如此也未？若未得如此，直须到恁么田地始得；若已到恁么田地，当以此法门兴起大悲心，于逆顺境中和泥合水，不惜身命，不怕口业，拯拔一切，以报佛恩，方是大丈夫所为。若不如是，无有是处。"（《大慧普觉禅师语录·答刘宝学》）这是从佛菩萨境界说的胜义菩提心。

第三，当理当机显示菩提心。《六祖坛经》里说："心平何劳持戒，行直何用修禅？恩则孝养父母，义则上下相怜。让则尊卑和睦，忍则众恶无喧。若能钻木出火，淤泥定生红莲。"菩提心在子女这个位上就体现为孝养，在兄弟之间就体现为仁义，在处理人际关系上就体现为礼让，在处理矛盾上就体现为忍辱。这种菩提心，曹山本寂禅师称之为宗门异类菩提心。曹山本寂禅师将菩提心分为三类：一是菩萨同异类，自己久已成佛，以"若一众生未成佛，终不于此取泥洹"的大愿示现六道，尽未来际度脱众生的佛菩提心，南泉所谓"先过那边知有，却来这边行李"之类，皆属于这一类菩提心。二是沙门异类，指自己转凡成圣而不取果证，来六道中度众生的菩萨菩提心，古人所谓"头长三尺，颈短二寸"之类，属于这种菩提心。这两类是佛菩萨在教下显现菩提心的方式。三是宗门中异类，这是指禅师显现的菩提心，其特点是当机和盘托出菩提心，所谓"直须作家横身，逢木著木，逢竹著竹，须护触犯"。这是六祖上述开示的另一种表达。禅师们在日常生活或安禅接众中，更多不是像教下高僧大德一样演说菩提心的内容，而是将菩提心与生活打成一片。

佛教的菩提心要落实到度化众生的菩萨事业中，禅师以直指人心为宗旨，无论语默动静、扬眉瞬目都是方便利他手段，目的是为弟子解黏去缚、令其见性成佛。因此，可以毫不夸张地说，他们本身就是菩提心的圆满化身。

我们看他们在日常生活中如何表现菩提心吧。牛头法融禅师在牛头山隐修，所居草庵别无长物，绕庵唯有虎狼之类，如果牛头禅师不具足菩提心，能够与虎狼和谐相处吗？我们都说"天下名山僧占多"，殊不知这是因果颠倒说，实际上是"山因僧住始著名"。为何这么说？因为僧人多具"扫地恐伤蝼蚁命，爱惜飞蛾纱罩灯"的慈悲心，他们住在一个道场，这里的花草树木都会得到平等护养。

再从赵州禅师《十二时歌》的描写，看看禅师们如何度过一天："鸡鸣丑，愁见起来还漏逗。裙子褊衫个也无，袈裟形相些些有。裩无腰，袴无口，头上青灰三五斗。比望修行利济人，谁知变作不唧溜。平旦寅，荒村破院实难论。解斋粥米全无粒，空对闲窗与隙尘。唯雀噪，勿人亲，独坐时闻落叶频。谁道出家憎爱断，思量不觉泪沾巾。日出卯，清净却翻为烦恼。有为功德被尘幔，无限田地未曾扫。攒眉多，称心少，叵耐东村黑黄老。供利不曾将得来，放驴吃我堂前草。食时辰，烟火徒劳望四邻。馒头槌子前年别，今日思量空咽津。持念少，嗟叹频，一百家中无善人。来者只道觅茶吃，不得茶嚬去又嗔。禺中巳，削发谁知到如此？无端被请作村僧，屈辱饥凄受欲死。胡张三，黑李四，恭敬不曾生些子。适来忽尔到门头，唯道借茶兼借纸。日南午，茶饭轮还无定度。行却南家到北家，果至北家不推注。苦沙盐，大麦醋，蜀黍米饭蘸蕌苣。唯称供养不等闲，和尚道心须坚固。日昳未，这回不践光阴地。曾闻一饱忘百饥，今日老僧身便是。不习禅，不论义，铺个破席日里睡。想料上方兜率天，也无如此日炙背。晡时申，也有烧香礼拜人。五个老婆三个瘿，一双面子黑皴皴。油麻茶，实是珍，金刚不用苦张筋。愿我来年蚕麦熟，罗睺罗儿与一文。日入西，除却荒凉更何守？云水高流定委无，历寺沙弥镇常有。出格言，不到口，枉续牟尼子孙后。一条拄杖粗棘藜，不但登山兼打狗。黄昏戌，独坐一间空暗室。阳焰灯光永不逢，眼前纯是金州漆。钟不闻，虚度日，唯闻老鼠闹啾唧。凭何更得有心情，思量念个波罗蜜。人定亥，门前明月谁人爱？向里唯愁卧去时，勿个衣裳着甚盖。刘维那，赵五戒，口头说善甚奇怪。任你山僧囊罄空，问着都缘总不会。半夜子，心境何曾得暂止？思量天下出家人，似我住持能有几？土榻床，破芦箔，老榆木枕全无被。尊像不烧安息香，灰里唯闻牛粪气。”（《赵州和尚语录》）从中我们看到，禅人虽然有对生活清苦、烦恼难断、众生难化的感叹，但其核心还是如何明心见性和度化众生，而这正是菩提心的核心内容。

以下，我们再看看禅师如何在接引众生时展示菩提心。

辣手锻祖师。临济宗开山祖师临济义玄已在黄檗座下参学三年，但还没有向黄檗禅师问过话，黄檗的首座问他：“你有没有去请教一下方丈呢？”临济说：“没有，不知道问什么。”首座说：“何不问堂头和尚‘如何是佛法的大意？’”临济于是去问，话还没说完，黄檗就一顿棍棒打了下来。临济回去跟首座说：“我还没问完就被打了一顿，不知道和尚为什么打我。”首座说：“你再去问。”临济第二次去，又挨了一顿打。临济如是三度发问,三度被打,有点灰心,就对首座说:"承蒙你慈悲引导,我三次发问,被打了三次,看来我障碍太多,不适合参禅,我要走了。"首座说:"你要离开可以,但是要去跟方丈告假。"说完,首座先到方丈那里对黄檗禅师说:"刚才来问你那个年轻人很厉害,会长成一棵大树,你要好好培养哦。"临济去向黄檗禅师道别,黄檗禅师说:"你要走可以,但不要去别的地方,要去江西高安滩头找大愚,他会跟你说破。"临济遵从师教去找大愚,大愚问:"你从哪里来?"答:"从黄檗来。"问:"黄檗有何言句?"答:"某甲三度问佛法的大意,三度被打,不知某甲有过无过?"大愚说:"为了让你得到解脱,黄檗这么婆心切切,你还来这里问有没有过错?"临济言下大悟,大声说道:"原来黄檗佛法无多子。"(《五灯会元》)临济悟到的是什么?禅师只以本分事接引弟子,根本不跟你讲道理。临济禅师后来祖承黄檗家风,开出了电闪雷轰、迅雷不及掩耳的临济禅风。在这个过程中,没有首座、黄檗和大愚的慈悲接引,有临济宗的开山祖师诞生吗?他们这不是在活生生地展现菩提心吗?

勇猛锥运使。兜率从悦禅师(1044—1091)度张商英(1043—1121)的例子,告诉我们禅师行菩提心不畏风险。张商英在江西做漕运使时,首先去拜访东林常总禅师,得到禅师印可。他经过分宁(今江西修水),受到禅德迎接,其中有兜率从悦禅师。兜率从悦禅师是真净克文禅师的弟子,禅风高峻,不打葛藤啰嗦。张商英曾听人说兜率禅师很聪明、擅长写文章，于是就说："听说师父很聪明，很会写文章。"兜率的回答很不客气："运使瞎了一只眼了。从悦是临济九世孙，跟您论文章，正如您与我论禅。"你见到我，连我的主业是什么都不知道，只知道我文章写得好；我是临济禅师的九世孙，你夸我文章好，等于我夸你禅好，都是瞎恭维，没有抓住要点，岂不是瞎了眼？张商英不以为然，还屈着手指强逞机锋："九世？"接着又问："玉溪离此地多远？"从悦禅师说："三十里。"又问："兜率呢？"从悦禅师说："五里。"张商英当晚就到了兜率。据说，从悦禅师前一夜梦见日轮升天，被自己用手取了下来。他对首座说："日轮是运转的意思，喻指转运使张商英。听说张运使不久要经过这里，我要好好敲打他，如果他肯回头，是宗门的幸事。"首座说："现在的士大夫被人捧惯了，恐怕他生气，别生事端。"从悦禅师说："纵然他烦恼起来，最多不让我做方丈，没有其他事。"张商英再次与从悦禅师见面，谈话过程中称赏东林常总禅师。从悦禅师不同意他的说法，他遂于寺后题《拟瀑轩》诗讽刺从悦禅师，有"不向庐山寻落处，象王鼻孔谩辽天"之句。两人论及宗门之事，从悦禅师说："东林禅师既然印可你，你对佛祖言教还有没有疑惑呢？"张商英说："有。"从悦禅师问："对哪段佛言祖语有疑惑？"答："对香严《独脚颂》和德山托钵公案有疑惑。"从悦禅师说："既于此有疑，其余安得无耶？只如岩头言末后句，是有耶，是无耶？"张商英答："有。"从悦禅师大笑，随即归方丈紧闭大门。张商英一夜没睡好，五更天下床打翻了尿壶，遂大彻大悟,并作颂说:"鼓寂钟沉托钵回,岩头一拨语如雷。果然只得三年活,莫是遭他授记来。"他赶紧去告诉从悦禅师:"我已经捉到贼了。"从悦禅师问:"赃在何处?"张商英无语。从悦禅师说:"你回去,明天见。"第二天,张商英又举出前日所作偈颂求印可,从悦禅师才对他说:"参禅只为命根不断,依语生解。如是之说,公已深悟,然至极微细处,使人不觉不知,堕在区宇。"并作颂为他证明道:"等闲行处,步步皆如。虽居声色,宁滞有无?一心靡异,万法非殊。休分体用,莫择精粗。临机不碍,应物无拘。是非情尽,凡圣皆除。谁得谁失,何亲何疏?拈头作尾,指实为虚。翻身魔界,转脚邪涂。了无逆顺,不犯工夫。"(《续传灯录》)你看看,禅师们为了度人,敢将利害置之度外,这是多么慈悲呀!

菩提心即忠义心。大慧宗杲禅师,生当南宋偏安之时,当时有抗金居士成机宜请求他开示菩提心与忠义心的关系,他说:"忠义者处奸邪中,如清净摩尼宝珠置在淤泥之内,虽百千岁,不能染污。何以故?本性清净故。奸邪者处忠义中,如杂毒置于净器,虽百千岁,亦不能变改。何以故?本性浊秽故。前所云差别在人不在法,便是这个道理也。如奸邪忠义二人同读圣人之书,圣人之书是法,元无差别,而奸邪忠义读之,随类而领解,则有差别矣。《净名》云'佛以一音演说法,众生随类各得解'是也。忠义之士见义则本性发,奸邪之人见利则本性发,如磁石遇铁而火逢燥薪,虽欲禁制,不可得也。如尊丈节使,雄烈过人,唱大义于万众之中,耸动时听,亦本性忠义而见义则发，非造作非安排……菩提心则忠义心也，名异而体同，但此心与义相遇，则世出世间一网打就，无少无剩矣。"（《大慧普觉禅师语录·示成机宜》）大慧禅师明确说，在国家处于内忧外患之际，菩提心就是精忠报国的忠义心。从这里我们也可以看到，禅宗并非躲进小楼成一统，而是与齐家治国平天下打成一片。

吃肉化恶魔。破山海明禅师（1597—1666）是晚明临济宗禅师，他听说李立阳的部队在四川杀了很多人，就去军营劝他不要杀人，谁知李立阳说："和尚若吃肉，我就不杀人。"破山禅师回答说："要得和尚不吃肉，除是将军不杀人。将军不杀人，以德忠君父；和尚不吃肉，以戒报佛祖。老僧才吃数片肉，尚惹众将军生厌，众将军终日杀人，上天岂无厌耶？"（《破山禅师语录》）禅师就这样感化了嗜杀成性的李立阳将军，救下了许多人的性命，这是菩提心的精彩显现。有人会问：这分明是破戒行为，怎么能说是菩提心的显现呢？从佛教声闻戒律讲，这当然是犯戒行为。殊不知禅宗是菩萨道，禅师持守的是菩萨戒，菩萨戒的核心是慈悲救度众生，持守菩萨戒的禅师见造业者危害社会，为减少造业者的恶业，拯救众生于水火，甚至可"以怜愍心而断彼命"（《菩萨戒本》），何况吃肉呢？破山禅师为救众生而吃肉，不但没有破戒，反而有很多功德。当然，这是菩萨度化众生的异常方便，凡夫俗子不可效仿。

最后看看禅师们如何在公案里展现菩提心。僧问赵州："久向赵州石桥，到来只见掠彴。"师云："汝只见掠彴，且不见石桥。"僧问:"如何是石桥?"师云:"过来。"又有僧如前问,师亦如前答。僧问:"如何是石桥?"师曰:"度驴度马。"僧云:"如何是掠彴?"师曰:"个个度人。"(《景德传灯录》)赵州问南泉:"知有底人向什么处休歇?"南泉云:"山下作牛去。"师云:"谢指示。"南泉云:"昨夜三更月到窗。"南泉将要圆寂,首座问他:"和尚百年后向什么处去?"师云:"山下做一头水牯牛去。"首座问:"某甲随和尚去,还得也无?"南泉说:"你若随我,须衔一茎草来。"禅门中,类似这种将菩提心落实到生活中的公案不知凡几。

由于禅宗多是通过一个个公案、一句句语录,就弟子当下的角色、身份直接展现胜义菩提心,而不是在教理上演说由浅入深、由低到高次第修习的菩提心,导致很多人不明白禅宗如何说菩提心,甚至误认为禅宗不重视菩提心。这当然不是禅宗而是学人的过错,禅宗没必要为让所有人明白而一次次重复发菩提心的教理,就像爱因斯坦不会为让更多人明白相对论而一次次重复牛顿力学理论一样。

问　答

问:冯老师,刚才您说中道见可以破除烦恼,凡夫如何破除烦恼呢?

答:凡夫才要破烦恼,不是凡夫就不用破烦恼了。破烦恼有很多种方法,禅宗的方法是用智慧照破当下生起的任何烦恼念头，既不用另外一个念头去追逐这个烦恼念头，更不起另一个念头去打这个念头。禅师说"不怕念起，只怕觉迟"，就是说了任何念头都不怕，只怕你觉照迟了，觉照迟了就会表现为语言和行为，那就已经造成身口二业了。如果不断这样观照，烦恼念头出现的频率会越来越低，烦恼念头的力量也会越来越小，到最后就没有烦恼了。这个问题，我们讲禅宗的"定慧等持"法门时还会详细说。

问：冯老师，我讲一点感想，我觉得禅宗应该是佛教里面境界最高的，它看起来很简单、很生活，但其实是把中间过程全部去掉，一步到位达到佛教的最高境界，实际上是最难的。您对我的这个感悟怎么评价？

答：我从两面来说，对于没有佛教教理基础的人，禅宗的确比较难懂，甚至不知所云，不知道禅师那两三句前后往往毫无关系的话到底在讲什么；对于有教理基础又与禅法相应的人，就没有难易问题，只是跟它相应而已。其他宗派也一样，它们从理论建构上来讲非常广大，要弄懂也不容易。像唯识学，任何人要读完一百卷的《瑜伽师地论》，都要发很大的心；像天台宗或华严宗，任何人要把它们的思想体系弄通，也不是一天两天的事情。但是对与唯识宗、天台宗或华严宗相应的修行人来讲，也不存在困难的问题，因为这是他们的自觉抉择，所以这位老师的评论，我觉得很到位。从修行上来讲，任何理论对于与禅相应的人来讲都是多余的，禅宗确实是简洁明快、一步到位。

问：老师您好，我跟一个女孩子谈恋爱，可是我母亲说我们八字不配合，要我们分开，我现在很烦恼，您说我该怎么处理呢？

答：这是人生大事。你母亲说你们八字不相合，那你有没有想到解决你母亲这个困扰的方法？（答：不知道该怎么办，很烦恼。）那么首先我要问你，你是否可以接受你母亲的提议？如果可以接受，则是另外一回事；如果绝对不能接受，那我们再谈下一步。（答：不确定。）不确定？那就是你对那个女孩子还没有如胶似漆的爱。如果有的话，你的意志会很坚定，无论如何都要跟那个女孩子在一起；你不是这样，说明你还有别的选择，下面的话就不好定说，只能两说：如果你接受你母亲的建议会怎么样？你要跟那个女孩在一起又会怎么样？只能这么讲。在你看来，你站在母亲一边可能比站在女孩一边要好解决一点。我认为，八字不是死的，不相合是可以解的。你可找个师父给你算一下，然后跟你妈说解了，就可以解决问题了。

问：有人说，佛教徒在饮食问题上，一旦执著了吃荤或吃素，在心性上都是应该去除的。在佛陀时代，僧众托钵乞食，乞到什么就吃什么，也没有荤与素的分别。因此，我们不要以为吃素高人一等，同时要以慈悲心对待吃荤腥的修行人。您怎么看这种观点？

答：这种观点强调破执著，但却忽视了慈悲。荤食包括荤与腥两种食，荤指含有五种有碍道行的植物做的食物，腥则指含有有情众生肉做的食物，通称肉食。佛教禁食荤腥，有其深广的道理，这里只能略谈禁肉食问题。

首先，食肉者应知，尽管自己不执著则荤素平等，但被吃的众生却有丧身失命的苦恨。事实上，佛在《楞伽经》《涅槃经》里头，基于很多理由，完全禁断佛弟子吃众生肉，其中增长杀心、断慈悲种子是至为重要的理由。例如《楞伽经》说："有无量因缘，不应食肉……一切众生，从本已来，展转因缘，常为六亲，以亲想故，不应食肉……众生闻气，悉生恐怖，如旃陀罗（贱种）及谭婆（猎人）等，狗见憎恶、惊怖、群犬故，不应食肉。又令修行者慈心不生故，不应食肉……"《涅槃经》也说："夫食肉者，断大慈种。"佛说，此前听僧众食三净肉、五净肉或十净肉，是因为有特殊因缘，并且那些肉都是佛菩萨化现来供养的。从听闻《楞伽经》开始，不许佛弟子食任何众生肉。涅槃会上，迦叶菩萨还特意问佛："世尊，诸比丘、比丘尼、优婆塞、优婆夷因他而活，若乞食时得杂肉食，云何得食应清净法？"佛陀答道："当以水洗，令与肉别，然后乃食。若其食器为肉所污，但使无味，听用无罪；若见食中多有肉者，则不应受；一切现肉悉不应食，食者得罪。"可见，释迦佛圆寂后，除非治病必须，平常已没有所谓三净肉了。

再有，佛弟子既然要破执著，为甚么一定要吃肉呢？现在还有多少不吃肉就没法活的地方？许多佛弟子宁吃野果也不吃肉啊。当然，还有一种情况：吃肉是度被吃的众生，譬如济公吃肉。但这是佛菩萨的密行，非凡夫所可妄想，凡夫切不可以此为吃肉的借口，否则即是犯大妄语，入地狱有份在。

对于暂时不能吃斋的佛弟子，不必过分紧张；不杀生只是菩萨行的第一步，已吃素的佛弟子在他们面前自然不应自高一等，而应以慈悲心摄受他们。

问：菩提心与爱心有什么区别？

答：菩提心是无我利他之心，是度尽一切众生而不起度众生念头之心，是圆满的爱心；爱心则不一定是菩提心，而可能是有我执的偏爱心。当然，任何有我执的爱心都可以通向菩提心。

第九讲 禅宗的无相戒行

　　一个佛教信徒要成佛，便一定要修学戒定慧三学。这三学可以称作三门学问，但他们并非相互独立，而是存在着微妙关系的学问。古人说：勤修戒定慧，息灭贪嗔痴。戒定慧三学的修学方法大分有两种，即渐修顿悟与顿悟渐修。依渐修顿悟的方法修学三学，则戒定慧构成一个由浅到深的次第升进过程，即由戒生定、因定发慧、开慧成佛；依顿悟渐修的方法则未必要采取前面所说的次第，而可以从戒定慧三学中的任一学直接修学成佛，并且是顿悟成佛。为何会有这样两种修学三学的方法？它的理据在哪里？又有着怎样的可行性？两种修学方法之间有什么关系？今天我们先探讨一下其中的戒学。

　　探讨戒学，首要的当然是了解什么是戒律，以及戒律有什么作用。戒律又称戒，是梵文 Śila 的意译，音译尸罗，为三学、六波罗蜜或十波罗蜜之一，特指佛教信众持守的戒规。在佛教中，戒律是一个防非止恶、圆满善行的规范体系，防非止恶是从禁止一面说，圆满善行是从提倡实践一面说。如果要进一步区分，戒与律又各有其内涵，戒主要是指佛教信众个人持守的戒条，而律主要是指共修团体（最典型的就是出家僧团）

共守的规范，如维系僧团和谐存在与发展的六和敬法。由于出家人拥有成佛这个完全一致的最高目标，所以相对社会上的单位来说，出家僧团比较好管，不需要那么多律仪；社会上的单位中，一起工作的很多人，不仅终极目标大异其趣，甚至中级目标也各不相同，只有低级目标大同小异，所以比较难管理，集体律仪（规范）自然就比较繁琐。

佛教信众个人持守的戒律是比律仪更根本、更严格的规范，如果佛教徒不持守戒律，那是不可能有所成就的，《增一阿含经》就说："诸释迦文佛弟子之中，戒德、智慧成就者皆依戒律，于此正法中而得长养。"前面说顿悟渐修者不按渐修顿悟的次第修习三学，并非指他们可以不持守戒律，他们依然需要持守戒律，只是不按循序渐进的方式去持守而已。

戒律对于佛弟子而言具有基础地位，据《大般涅槃经》记载，佛陀圆寂前，阿难向佛陀问了两个大问题，第一个问题是在佛经前应该加什么字才能让后人生起信心，第二个问题就是戒律问题，即佛陀圆寂后众生以谁为师的问题。佛陀回答说："汝勿见我入般涅槃，便谓正法于此永绝。何以故？我昔为诸比丘制戒波罗提木叉，及余所说种种妙法，此即便是汝等大师，如我在世无有异也。"佛陀明确说，戒律如佛，是佛教信众的大师，若能奉戒修持，则与佛住世无异。《华严经》也说："戒是无上菩提本，应当具足持净戒。"于此可见，戒律对佛教徒来说何等重要。

佛教的戒律不是平面的，而是有层次的。佛陀深观众生根器有三六九等的差异，此生能达到的目标也有高低偏圆之异，不能在一个平面上对众生进行教化，因此制定了具有层次性的教法。与此相应，戒律也具有层次性，修学人天乘佛法则持守三皈五戒，修学二乘佛法则持守声闻戒，修学大乘佛法则持守菩萨戒。

佛教信众受持的基本戒律是三皈五戒。三皈依是根本戒律，五戒是三皈依基础上的戒律，若不受三皈则不可受五戒。如果要在佛教的信仰与修行中得到最起码的利益，一定要受三皈五戒。有些没有皈依三宝的人说："我一天到晚念经打坐，却没有任何利益，觉得佛法不灵验。"这就是不明了修学佛法的根本前提是受三皈五戒，而不是盲目地去打坐、开智慧。举水电为例，没有筑坝蓄水，如何装机发电呢？持守戒律便如修筑水坝。

三皈依，即皈依佛、皈依法、皈依僧，也是四不坏信里的前三种。其实，四不坏信可以被三皈依统摄，因为佛、法、僧、戒这四不坏信中的戒属于法。皈依是信仰佛教的实践活动。何为皈依？即将全副身心都交付给能够令自己远离烦恼、获得智慧的处所，不对自己所皈投的对象有所怀疑，所以受皈以后还要时常反省自己皈依是否成就。有人说，我只皈依佛，因为我觉得那些师父还不如我，不必皈依僧；有人说，我只皈依法，因为佛陀也是依法成就的，所以不必皈依佛；只皈依僧的也不少，他们往往是依人不依法，师父来了就五体投地，心里没有一个杂念，身心一下子很清净，师父离开后又变得云里

雾里。这些都是不圆满的皈依，只有同时皈依佛法僧三宝才是
具足的皈依。

为何佛法僧三宝都要皈依呢？佛是觉悟者，并且是自觉觉
他、觉行圆满的觉悟者，也就是说佛陀的生命没有任何欠缺，
我们一定要相信这一点，不相信的话就无法真正皈依佛。为何
要皈依法？佛是依法修学成就的，如果不皈依法，则不明修学
之道。此处的法有两个层次的含义，最根本层次的法是众生本
具的佛性，或《坛经》所谓"清净自性"，佛陀也是因为彻悟
这个自性成佛的；另外一个层次的法是佛陀教法，它是佛陀宣
说出来的法。这两种法都要皈依。为何要皈依僧？对一般人而
言，成佛这个目标是很好，依法修学好像也切实可行，但一开
始我们会碰到这样的问题：我们到底应该怎样去理解佛法呢？
佛法中有所谓八万四千法门，哪个是适合自己修学的法门呢？
我的程度如何，情感状态如何？这些自己都没法判断，谁能帮
我们解决这些问题呢？依法修学的僧。那么什么是僧？僧是僧
伽的缩写，有广义和狭义之分，侠义的僧指已明心见性的贤圣
僧，广义的僧指四个以上出家僧众结成的团体。佛教信众皈依
的是贤圣僧，但因为在家菩萨僧难闻难见，而住持佛法的僧伽
中必定有贤圣僧，所以佛教徒应该皈依僧伽。佛是佛教徒效法
的典范，法是佛教徒依以成佛的方法，僧是引领佛教徒成佛的
善知识，三者各有功用，不可偏废，都要皈依。

三皈依即将整个身心交给佛法僧，随他怎么裁决都没有意
见，要有这种心才叫皈依。具体说，皈依了佛就不能皈依天魔

外道，不能今天觉得佛讲得好就皈依佛，明天觉得基督讲得好就皈依基督，这不能称作皈依；皈依法就不能皈依外道典籍，不能以外道典籍作为根本的精神指南；皈依僧就不能皈依外道眷属，不能受外道眷属的种种诱惑。还有必要解释一下，所谓不皈依天魔外道、外道典籍、外道眷属，并不是说不跟外道接触、不学习和了解他们的学问，而是不依他们作为佛弟子生命的皈依处。

皈依后要受五戒：一、不杀生；二、不偷盗；三、不邪淫；四、不妄语；五、不饮酒。不杀生我们都比较清楚，就是不伤害生命，但佛教所说的生命包括六道众生，尽管在五戒这个层次主要指的是人（即不要有意杀人）。佛教的杀生，亲手杀害生命固然是杀生，给杀生者提供方便也是杀生。比如说，人家杀生需要绳子，你送上一根绳子，人家要刀子，你给一把刀子，这叫作助杀，也是杀生。同时，赞叹杀生也是杀生。何为叹杀？有人杀人了，你说："杀得好！"这便是赞叹杀生。所以，不杀生戒持守起来是比较细微的。佛教为何讲不杀生？六道众生生生世世互为亲友，杀任何生命都是杀自己的亲人，我们怎么能做这种事情呢？佛教的很多思想都是建立在戒杀上的，佛教认为一个善于或乐于杀生的人要生起慈悲心是很难的，因为他始终没有等视众生的平等心，没有平等心就很难生起慈悲心，而没有慈悲心连菩萨都成不了，如何能成佛？其次是不偷盗。佛教称偷盗为不与取，别人不给你，你就拿走，这便是偷盗。譬如朋友的东西，即使朋友在场，你没有经过他允许就拿走了，这在佛教看来也是偷盗。佛教为何这样要求佛教徒呢？因为这种做法很容易养成偷盗的习气。第三是不邪淫。不邪淫指在家信众不在合法夫妻关系外保持任何性关系。即使是夫妻，不按佛教戒律规定过夫妻生活，例如在不当的时间（女方情绪不好、处于经期或怀孕期等）、不当的地点（比如六斋日、圣贤墓地、烈士纪念塔、佛塔等地）行淫，也是犯戒之举。第四是不妄语。不妄语包括四方面的内容：一、假话；二、两舌；三、绮语；四、恶口。假话我们都很清楚，两舌即两面三刀，绮语指无义语或戏论，恶口是粗言秽语，这一切佛教信众都要禁绝。第五是不饮酒。饮酒本身不是一种严重罪过，但由于饮酒令人神志不清，容易导致前四条戒律无法持守，所以佛陀也将其定为五戒之一。其实，中国传统儒道两家也不提倡饮酒。不知道现在的中国怎么会成为这样，天南地北，到处都是"烟搭桥，酒开路"，好像没有烟酒交情就淡了一半似的，这是一个很奇怪的现象。酒的确是让人糊涂的东西，佛经说饮酒有三十六种过失，若人信仰佛教并发心修行佛法，不可不断酒，否则很难修行。五戒跟人的生命品质直接相关，佛教徒只有守住这五条戒律，才算是保住了在人道生活的底线，否则就会转生到三恶道去。三恶道指地狱、恶鬼和畜生，地狱道的众生要受五无间罪，饿鬼道的众生整天饥肠辘辘、有求不得，畜生道的众生只能依傍人类生活，其生活境况比人类苦很多。若要保持人道的生活品质，最基本的修行内容便是受持三皈五戒。

比三皈五戒高一层次的戒律是八关斋戒。为何叫八关斋戒？因为它总共有八条戒律，其中有一条是关于吃斋的戒律，所以称为八关斋戒。八关斋戒的要求在五戒的基础上有所提升。为什么呢？佛教没有世间哲学所谓"人是万物之灵"的思想，它认为人道苦乐参半，快乐时觉得活下去有意义，痛苦时则是痛不欲生。因此，佛教认为佛教徒不能满足于来世再获人身，应当提高追求的目标，而持守八戒则是走向更高目标的第一步。八戒的内容如下：一、不杀生；二、不偷盗；三、不淫（比五戒的不邪淫更严格）；四、不妄语；五、不饮酒；六、不坐卧高广大床（指容易让人产生我执的床座）；七、不著香花璎珞，不以香涂身，不歌舞妓乐，不故往观听（不参加或欣赏刺激淫欲的歌舞等活动）；八、不非时食（一天只吃早午两餐，日头偏西一筷子间隔则不能再进食）。相对五戒，八关斋戒的提升体现在两个方面，一是增加了三条戒律，二是将五戒中的不邪淫变成了不淫。八关斋戒是为在家信众制定的趋向出家的戒律，考虑到一般佛教徒从在家到出家有一个过程，所以佛陀规定每次持守八关斋戒的时间是一天一夜。从佛教信众的构成来看，现在的在家信众不断增多，而且已经占了多数，所以持守八关斋戒的佛教信众将越来越多。

接下来就是出家人的戒律，首先是沙弥和沙弥尼的十种戒律。何谓沙弥、沙弥尼？沙弥是未受比丘戒的出家男众，沙弥尼是未受比丘尼戒的出家女众，两类出家众持守的戒律相同。成为出家人首先也要受三皈依："我某甲皈依佛、皈依法、皈依僧，随如来出家，某甲为和尚，如来、至真、等正觉是我世尊。如是第二第三说：我某甲皈依佛、皈依法、皈依僧，随如来出家，某甲为和尚，如来、至真、等正觉是我世尊。"说完三皈依后，就开始受沙弥戒或沙弥尼戒。此戒有十条，内容与八关斋戒大同小异：一、尽形寿不杀生；二、尽形寿不盗；三、尽形寿不淫；四、尽形寿不妄语；五、尽形寿不饮酒；六、尽形寿不得著花鬘、香涂身；七、尽形寿不得歌舞倡伎及往观听；八、尽形寿不得高广大床上坐；九、尽形寿不得非时食；十、尽形寿不得执持生像金银宝物。我们看到，沙弥、沙弥尼戒的要求比八关斋戒更高，这主要体现在两方面：一是持守戒律的时间是一生（尽形寿），而不是持守一天一夜；二是"不得执持生像金银宝物"一条为八关斋戒所无。"不得执持生像金银宝物"即不能随身携带黄金、白银和宝物之类，这叫金钱戒。斯里兰卡、泰国、缅甸等国的僧人，直到现在仍然保持这种生活方式，他们靠托钵乞食为生，随身不带任何钱财。他们身边有一个居士，这个居士被称作"净人"，生活中实在需要钱财交易时，就由"净人"来完成。在中国，要做到这一点很难。为什么呢？中国自古以来受儒家影响太深太广，儒家主张"身体发肤，受之父母，不敢毁伤"，不能融通儒释的人认为出家是不孝，将出家人归到三教九流之外，很看不起出家人。在这样的环境下，僧人要保持托钵乞食的生活方式非常困难，所以佛教传入中国汉地后，僧团大部分都是自力更生。这是因缘导致的改变，不能理解为不遵佛制。

按照佛教规定，一般人出家后，要持守一段时间的沙弥或沙弥尼戒，年满二十岁才受具足戒。何为具足戒？具足是具备满足的意思，即相对沙弥、沙弥尼戒来说，比丘、比丘尼戒是具足戒品的戒律，受了具足戒则成为比丘或比丘尼。具足戒有比丘戒和比丘尼戒两种，汉传佛教比丘戒有 250 条，比丘尼戒有 348 条，较比丘戒多了将近 100 条。

具足戒从重到轻有很多种类，宛如一部法律，其中最重者有四波罗夷。波罗夷就是断头的意思，犯此四戒等同断绝出家寿命，是从性质上讲就应持守的戒律，所以叫作性戒。这四重戒是淫、盗、杀、妄，不过这里的妄语特指大妄语，即未得道谎称得道、未证果谎称证果这类妄语。这里分别给大家举一个出家人持守盗戒和犯大妄语戒的例子：我们出版一套佛源禅师的著作，并寄给了全国各地的寺院。不久，我接到甘肃拉卜楞寺一个师父打来电话，说我们那套书寄过去时没有写明收件人，他们不能收，如果收下就犯戒了。我就说，我是这套书的经手人，只要我同意了，就不算犯戒，请您将书送你们寺院图书馆吧。他说："有你这句话就可以收下了。"这是严持盗戒的典型。佛说过去世有五个叫扇提罗的沙弥（扇提罗指不具生殖功能者），他们本来没有觉悟，却想增加钱财供养，于是每天装模作样打坐念经，搞得很庄严，还派其中一人到处去宣传另外四个已经得道，说得天花乱坠。人们听说后，纷纷来皈依供养，钱财源源不断。当时，国王夫人也是他们的大护法，经常供养他们，并向他们求法，结果可想而知。王后与五人往生投胎后再次相遇，他们的果报就来了：其中四个人天天为王后抬轿子，另一个则给她扫厕所。王后去问释迦牟尼佛，想知道他们这几个人的因缘如何？佛告诉王后说，他们以前都是你的师父，而且是出家师父。王后对三宝非常虔诚，听后就觉得这样不好，觉得不应该让自己前世的师父做这种事情。释迦牟尼佛告诉王后，你但受无妨，这是他们前世业因带来的果报，他们前世骗了你，今生应当还这笔债。这是破大妄语戒的案例。从这些例子可见，佛门之所以严持戒律，其依据是因果报应，其目的则是不昧因果。

除了四重戒，余下的是遮戒。何为遮戒？遮，防护之义，指对轻罪的防护，是相对于性戒而说的戒律。遮戒的内容非常多，涉及生活中的方方面面，从重到轻分为僧残（犯此类戒者如命被残）、舍堕（犯此类戒者堕入寒热地狱）、波罗提提舍尼（犯此类戒者须向其他比丘忏悔）、突吉罗（恶作）四类，如果将突吉罗开分为二不定、众学、灭诤三类，与性戒一起就构成戒律的"五篇七聚"。因为犯了这类戒会受世人讥嫌，又称为息世讥嫌戒，僧人都会持守这类戒律。但这类戒律很微细，非常难持守。例如僧残中的不能手淫、不能心存欲念与女人身体接触等戒，都相当严格。这说明一个具德出家人是非常不容易成就的。那么，我们是不是应依这些戒律要求出家人呢？我认为不应该这样，理由如下：第一，出家出离生死、求证菩提世间罕有，不管任何出家人，他在走向最高目标的过程中，有所反复或起伏都是很正常的，他能以戒律来要求自己已很难得，这点对任何一个人来讲都不容易；第二，从更高层面的无相戒来讲，如《金刚经》所说，"凡所有相，皆是虚妄，若见诸相非相，即见如来"，若是我们偏执戒律外相，反而会被戒相所迷，看到的可能是假相。佛教虽然要借助戒律来修行，但其目的是开智慧，只有开智慧后才能真持好戒，如果将持戒视为目的，那就将佛法等同于一般善法了。

到目前为止，我们讲的都是有相戒。什么是有相戒？就是前述种种有戒律行相的戒。佛教规定，犯了戒必须忏悔，只有通过忏悔才能除罪。犯了有相戒要进行相应的有相忏悔，即在一定的时间、地点，通过一定的仪式和方法来忏悔。但有一点需要注意，如果佛教徒修习的是声闻乘以下的佛法，犯了根本戒是不能忏悔的。

与有相戒相对的戒是无相戒。何谓无相戒？法本无相，以无相妙心受持的戒法便是无相戒，即"若佛在世，若不在世，一切时有"的"禅无漏戒"（《大方便佛报恩经》），这实际上指菩萨戒。所谓菩萨戒，指修习菩萨道者持守的戒律，是成就菩萨与佛的戒律。汉传佛教中主要有三个菩萨戒本，一个是《梵网经菩萨戒本》，一个是《优婆塞戒经》，一个是《瑜伽菩萨戒本》，汉传佛教授菩萨戒就依这三个戒本，前一个是出家众所依本，后两个是在家众所依戒本。我们看《梵网经菩萨戒本》如何描述菩萨的根本戒："（释迦牟尼）复从天王宫，下至阎浮提菩提树下，为此地上一切众生，凡夫痴暗之人，说我本卢舍那佛心地中初发心中常所诵一戒——光明金刚宝戒，是一切佛本源，一切菩萨本源，佛性种子。一切众生皆有佛性，一切意识色心，是情是心，皆入佛性戒中。"这里很清楚明白地告诉我们，菩萨与佛所受持的戒律是佛性戒，即以佛性本身为戒。何谓佛性？佛性是一切众生心的根本性质，即六祖所谓自性。也就是说，修习菩萨道者要以自性为戒，只要起了遮蔽这个自性的念头便是犯戒。这里的自性又是什么呢？众生心本具的灵明觉照性，它虽然看不见摸不着，但随时都在发挥作用，从戒律角度可称之为无相戒，从禅定角度可称之为无念定，从智慧角度可称之为无住心，六祖的"心地无非自性戒，心地无痴自性慧，心地无乱自性定"就是在这个意义上说的。这种无相戒其他佛经也曾讲到，如《佛说观佛三昧海经》就说："善男子！汝系念故，见诸佛光。诸佛光中，说无相施，说无相戒，说无相忍，说无相精进，说无相定，说无相慧。"经中不仅说无相戒，甚至完全从无相实相中建立起六波罗蜜。

无相戒与有相戒之间是什么关系呢？一方面，无相戒是有相戒之体，有相戒是无相戒之相与用。自性具足一切戒，一切有相戒皆由自性随缘开出，体现为比丘戒是 250 戒，体现为比丘尼戒是 348 戒，体现为沙弥、沙弥尼戒是十戒，体现为在家众的戒律是八关斋戒或三皈五戒。反过来，一切有相戒都归本于自性。另一方面，持有相戒必归于无相戒，持无相戒必圆满有相戒。无论持守哪个层面的有相戒，最后一定要归到无相戒才算圆满持戒；若真正圆满地持守了无相戒，必然圆满所有有相戒。

　　讲清楚有相戒与无相戒的关系，我们就比较容易明白六祖在《坛经》中提持的禅宗戒律了。无相戒虽然是六祖为在家信徒授的戒律，但从禅宗的宗旨来看，说该宗信众持守的戒律是无相戒，其有相戒也是受无相戒统摄的有相戒，应该是没有问题的。北宋契嵩禅师在赞叹禅宗的无相戒时说，"'无相为体'者，尊大戒也"，这大戒就是无相戒。我们具体看看《坛经》如何说无相戒吧。禅宗的无相戒，是六祖一次向弟子授三皈依时说出来的，《坛经》说："善知识！今发四弘愿了，更与善知识授无相三皈依戒。善知识，皈依觉，两足尊；皈依正，离欲尊；皈依净，众中尊。从今日起，称觉为师，更不皈依邪魔外道，以自性三宝常自证明。劝善知识皈依自性三宝：佛者，觉也；法者，正也；僧者，净也。自心皈依觉，邪迷不生，少欲知足，能离财色，名两足尊；自心皈依正，念念无邪见，以无邪见故，即无人我、贡高、贪爱、执著，名离欲尊；自心皈依净，一切尘劳爱欲境界，自性皆不染著，名众中尊。"六祖把三宝都收归每个众生的自性中了：佛宝是众生自性本具的觉悟性，"佛者，觉也"讲得很清楚，只要我们皈依自性的觉悟性，就"邪迷不生，少欲知足，能离财色"，就是"两足尊"；法是众生自性本具的中道性，"法者，正也"讲得很清楚，只要我们皈依自性的中道性，就"念念无邪见""无人我、贡高、贪爱、执著"，就是"离欲尊"；僧是众生自性本具的清净性，只要我们皈依自性的清净性，则"一切尘劳爱欲境界，自性皆不染著"，就是"众中尊"。可见，六祖从自性中点出佛法僧三宝，这样的戒确实是无相戒。

禅宗既然为弟子授的是无相戒，弟子犯了戒自然主要也是依无相忏悔法来忏罪。关于这个问题，《六祖坛经》明确说："云何名忏？云何名悔？忏者忏其前愆，从前所有恶业、愚迷、憍诳、嫉妒等罪，悉皆尽忏，永不复起，是名为忏。悔者悔其后过，从今已后，所有恶业、愚迷、憍诳、嫉妒等罪，今已觉悟，悉皆永断，更不复作，是名为悔。故称忏悔。凡夫愚迷，只知忏其前愆，不知悔其后过。以不悔故，前愆不灭，后过又生。前愆既不灭，后过复又生，何名忏悔？"什么是"前愆"呢？愆义为罪愆、过失，指从前犯的罪过。什么叫作"悔"呢？悔就是指今后不再犯这样的罪过了。简单说，忏悔即悔过自新。

具体忏悔法，《坛经》明文说："今与汝等授无相忏悔，灭三世罪，令得三业清净。善知识，各随我语，一时道：弟子等，从前念今念及后念，念念不被愚迷染，从前所有恶业愚迷等罪，悉皆忏悔，愿一时销灭，永不复起；弟子等，从前念今念及后念，念念不被憍诳染，从前所有恶业憍诳等罪，悉皆忏悔，愿一时销灭，永不复起；弟子等，从前念今念及后念，念念不被嫉妒染，从前所有恶业嫉妒等罪，悉皆忏悔，愿一时销灭，永不复起。"这是说禅宗信徒需要通过般若观照，将"愚迷""憍诳""嫉妒"等恶念恶行忏除，令其以后不再生起，这是典型的无相忏悔。

这种忏法并不只有《六祖坛经》才讲，还有好几部经典都开示过同样的忏法。《佛说观普贤菩萨行法经》说:"一切业障海,皆从妄想生,若欲忏悔者,端坐念实相,众罪如霜露,慧日能消除。是故应至心,忏悔六情根!""端坐念实相"即令心回到无相实相,通过观照妄想、罪业本空,信众所犯的一切罪恶就会像太阳照耀下的霜露一样消解殆尽。《大方广佛华严经·普贤行愿品》也说:"言忏除业障者,菩萨自念:我于过去无始劫中,由贪嗔痴,发身口意,作诸恶业,无量无边,若此恶业有体相者,尽虚空界不能容受。我今悉以清净三业,遍于法界极微尘刹一切诸佛菩萨众前诚心忏悔,后不复造,恒住净戒一切功德。如是虚空界尽,众生界尽,众生业尽,众生烦恼尽,我忏乃尽。而虚空界,乃至众生烦恼不可尽故,我此忏悔无有穷尽,念念相续,无有间断,身语意业,无有疲厌。"这是普贤菩萨第四大行愿"忏除业障"的内容。凡夫没有明心见性前,在无量劫的生命历程中造就了无量无边的罪业,《地藏菩萨本愿经》甚至说"阎浮提众生,举心动念,无不是罪,无不是业",如果这罪业实在的话,岂不是尽虚空遍法界都装不下? 实际上不过是凡夫没有看见贪嗔痴三毒心的空性,才造了这么多恶业,受了这么多痛苦。既然如此,忏除业障的核心就不是忏悔一个个罪业,而是深观"恶业"和造恶业的三毒心本来空寂,才称得上彻底忏悔,才不会再造业受苦。这也是侧重无相忏悔。

　　禅宗提倡的无相忏悔,最重要的一点是依般若观照所犯诸罪本性皆空。若能观所犯诸罪本性皆空,当下即见清净自性，这确实比有相忏悔的效果更为彻底和清净，现实效果也更为强大。从佛教的空观而言，众生造作恶业都是因为执幻相为"真实"，且想要永久占有这种"真实"，结果造成种种罪业。若能观自心所执种种相空不可得，便不会再有执取的念头了。这种忏悔比有相忏悔能更深刻彻底地断除罪业，因为有相忏悔是据身口二业设戒，对未犯者不作规定，较难忏除心业层次的罪业。无相忏悔因在观空的意义上见到了自性，所以是一断一切断，非常彻底。如果我们了解有相戒律，就会发现，要为犯戒的信徒忏悔出罪，需要时间、地点、场合等等因素具足才能实现，有时甚至很久都找不到具足的条件，这对虔诚的佛教徒来说心理压力是很大的。相比之下，如果能够通过无相忏悔来出罪，当下就可以把心理压力缓解下来，甚至消解殆尽。我觉得，这对从事心理咨询、精神治疗工作的老师来说也是一个很有实际意义的法门。向心理咨询师或精神治疗师求助的人，心理肯定是有问题的，而他之所以有心理问题，根本是他的攀援心和执著心太重了，总是执著于其贪爱或嗔恨的对象不可自拔。如果咨询师或治疗师掌握了无相忏悔法门，找准机会告诉他，他所贪著的东西如梦幻泡影，毕竟了不可得，他便能较快走出执著、解消压力，说不定还可因此觉悟呢。

其次，要做到六祖所说的念念不被"愚迷""憍诳"和"嫉妒"污染。愚迷、憍狂和嫉妒是贪嗔痴三毒心的代表，实际上只要起了任何贪嗔痴三毒心念，都要以般若观照来忏悔。

禅师形象地将这过程称为"牧牛"。石巩慧藏禅师一天在厨房干活，马祖问他："干什么？"石巩禅师回答："牧牛。"马祖问："作么生牧？"石巩禅师答："一回入草去，便把鼻孔拽来。"马祖赞叹说："子真牧牛。"（《马祖道一禅师广录》）这则公案可以从无相忏悔来理解：牛譬喻众生自性，草譬喻此心攀缘、执著的种种外境，牛钻到草里指起了攀缘外境的三毒心念，将牛拽回来指用般若空掉三毒心念；只要一起三毒心念，就用般若将它观空，如此不断修习，攀缘心就会越来越少，练到水到渠成，连三毒心都没有了，就进入了六祖所谓"心地无非自性戒"的圣境，此时修行者虽然没有持戒的念头，但举心动念无不在戒律中。

禅宗提倡的无相戒并不废弃有相戒，若将有相戒视为妙有，无相戒就是真空，"真空即妙有，妙有即真空"，如何能够分得开呢？那么，为何有的参禅者最后走到了忽视戒律（慢戒）的地步，有的日本参禅者甚至认为持无相戒就是不必持守任何戒？我认为，撇开其他因素不说，这是没有真正领会无相戒与有相戒不一不二关系的结果，其过错在人而不在禅。

问　答

问：既然忏悔是工具，如果我老是忏悔还是没有悟到自性，有没有什么经验性的方法可以参考？

答：刚才我们讲忏悔有两种方法：一种是有相忏悔，即持守有相戒的人犯了戒，要按佛教规定的方法一步步完成忏悔的程序，这些程序都有明确的要求。譬如，按净土宗集大成者善导大师的要求，佛教徒犯了戒可通过拜佛来忏悔，其成就分为上中下三品，上品忏悔要求拜到全身充血，中品忏悔要求拜到七窍充血，下品忏悔要求拜到全身出汗。另一种是无相忏悔，即在自己起心动念处做功夫，这是禅宗的法门。我们刚才讲过，这种法门就像放牛一样，这头牛要吃庄稼，表示自己起了犯戒的念头。每逢此时，参禅者就要用般若看住这个念头，把这个念头收回来，就像拉着绳子把牛拽回来一样。不过，这种功夫要得力有一个过程，初修者慧力微弱，而犯戒的念头则像野牛般强壮，往往拽都拽不回头。但我们不能停下来，必须坚持继续用这种方法来忏悔，因为这是禅宗的根本忏悔法，也是佛教的根本忏悔法，只有将妄念的野牛杀掉，自性这头白牛才能得活；如果只是保护牛要吃的庄稼，这种做法不究竟，不是禅宗提持的忏悔方法。我的建议是：参禅者忏悔时，不能把自己观照的力量看得太高，最好是将有相忏悔和无相忏悔结合在一起，一方面在心念上做无相忏悔的功夫，另一方面以有相忏悔来辅助，这样效果会更好。

问：我觉得您所讲的无相戒是以明了自性清净心为前提的，只有明了自性清净心的人才能真正持守无相戒。自性清净心虽然是每个人都具有的，但它并不是自动呈现出来的，如果人的自性清净心受到了蒙蔽，我们如何知道自己所持的无相戒是否符合这个自性清净心呢？

答：这个问题问得很好。要解决这个问题，唯有亲近善友、听闻佛法、如理思惟、依教奉行。从禅宗教法来讲，我们要亲近能够令我们"先立乎其大者"的大善知识，以确立起对自性的正确见地。同时，也只有佛法和大善知识才能让我们知道哪些念头是犯戒的念头。依《维摩诘经》《六祖坛经》以及马祖、百丈等禅师的开示，我们知道一切二元对立的念头都是犯戒的念头，例如主客、美丑、善恶、真假、长短、宽窄、染净、凡圣等等念头，莫非犯戒的心念。因此，参禅者只要起了这类念头，就应知道自己的自性清净心已被蒙蔽，当下就要将这个念头观空。如果能够亲近到具德善知识最好，他可以和我们同吃同住同劳动，可以和我们交流，可以随时提撕我们；如果没有这种福报，学习禅宗史上那些大成就者的经验之谈也不失为很好的入手处，比如大珠慧海禅师的《顿悟入道要门论》就是一篇很好的禅法开示，还有马祖、赵州、临济、云门等禅师的语录等。

问：您上课时提到智慧心就是无分别心，但是有智慧的人不是石头，他还是要分别事项、识别万事万物，请问这里的两个"分别"有什么分别？

答：智慧心现前后所具有的明辨一切事物性相的能力，佛经有时也叫"分别",比如《维摩诘经》就有"能善分别诸法相,于第一义而不动"的开示。但是,这个"分别"不是分别心意义上的"分别",而是明了、明辨、洞察或《心经》所谓"照见"的意思,这其实是佛菩萨的差别智;凡夫的分别心是始终在主客对立的世界中分别、执著、造业、受苦之心,两者根本就是性质不同的两种心。为了形象地表达我的意思,我举一个亲身经历的例子来说明吧。有一天,我正在弹古琴,一个师父对我说:"弹得好听,但你听到过一刀斩断七条弦后的琴声吗?"我当时脑袋一震,随即恍然大悟:师父用绷紧的弦譬喻凡夫紧紧执著外境的分别心,而斩断琴弦则象征破除分别心,只有破除此心才能显现无分别的智慧心。

问:您能不能说说《六祖坛经》里的"无"与道家的"无"?

答:你看可能不一样,我看没什么不同。

问:能不能讲得具体一点?

答:两个"无",无非就是假名而已,所以是一样的。从性质来讲,无非是空性,所以也是一样的。六祖所说的"无",从修行过程来看是动词,意思是空掉妄念;从修行达到的目标来看是名词,指自心的本性。道家的"无",虽然没有像六祖那样明确讲无相或者说空性,但这不等于说依道家法门修行的人不能现证空性。张良是西汉人,那时佛法还未传到中国来,他是通过修习《周易》觉悟的,而我们知道《周易》在理论上不如佛法讲得透彻。因此，理论上是否很透彻，跟依此理论修行是否能觉悟，并不是严格一一对应的关系，具体情况非常复杂。不过，我们反过来说一句：如果我们慧力不够，福报资粮不够，还是依讲得更加透彻圆满的法门来修行比较稳妥，从佛法进入修行之门无疑是非常好的选择。

第十讲　禅宗的定慧等持法门

　　我们今天讲禅宗的定慧等持法门。首先，我要感谢大家一路与我共同学习中国佛教大圣惠能的这样一部经典。在我成长的过程中，这部经典确实给我的生命品质带来了质的变化，如果说我以前像头野牛一样横冲直闯、左冲右突的话，自从修学了《六祖坛经》以后，我感觉自己确实有脱胎换骨的变化。我相信，只要我们能够与经典同行、与圣人为友，一定会见到自己的清净本性。

　　定慧等持是禅宗特别提持的法门。一般来说，定与慧是成就结果时的名相，在修学过程中分别叫止和观，属于戒定慧三学中的定慧二学。止是梵文 Śamatha 的意译，音译奢摩他，指通过注心一境达到心无杂念的寂静状态；观是梵文 Vipaśyana 的意译，音译毗钵舍那，指以智慧观察某一特定的道理或事物。止观在佛教的修学体系中是非常重要的，释迦牟尼佛在《阿含经》中就开示道："非止不观，非观不止。"在《阿含经》中，还有人问阿难："尊者，修止成就什么？"阿难说是成就观。又问："修观成就什么？"阿难回答成就止。这说明止与观在修学过程中是交替进行、互相成就的，修止时应有慧观的力量，否则就不是佛教意义上的止；修观时应有寂止的功夫，否则就不是佛教意义上的观。明白止与观相互成就，两者在佛教里既可以合在一起讲，也可以分开来讲。

为了更好地领会禅宗的定慧等持法门，我们有必要先讲清两个问题：一、止观可以分成哪些类别？二、佛教的止观又有些什么区分？

现在先讲第一个问题。从佛教来看，大体可以将止观分为两大类：一类是世间止观，一类是出世间止观。所谓世间止观，我们可以给它下一个定义，即在一定分别见指导下集中注意力和观察力的实践，注意力的集中是止，观察力的明了是观。比如，有的人认为，万般皆下品，唯有读书高，一定要读好书。他在这样的思想指导下，只要一读上书，就能够心无旁骛、专心致志，这种专注读书之心就是止，在这过程中培养起来的理解力就是观。当然，这种世间止观是比较浅的，比较深的世间止观，是佛经里经常提到的四禅八定，这是佛陀时代印度许多外道普遍修习的止观，佛陀成道以前也修习过这样的止观。与世间止观相对者是佛教的出世间止观。如何区分世间止观与出世间止观呢？看它能否以断除我执为基本目的，以此为基本目的的止观是出世间止观，反之属于世间止观。如果用更加切近修学的词汇来讲，能断除我执以及由我执所生种种烦恼的止观是出世间止观，反之则是世间止观。

典型的世间止观，就是佛教所说色界四禅与无色界四定。色界是比人生活的欲界境界高些的众生世界，以美妙色身为主要表征，所以叫色界；无色界是比色界境界更高的众生世界，以不同层次的心识境界为主要表征，所以叫无色界。色界四禅首先是初禅，指达到"离欲、恶不善法，有寻有伺，离生喜乐"(《大般若经》)的境界，谓已舍离欲、恶不善法，感受到脱离欲界的欢喜和快乐，但仍有寻伺的心理活动。什么叫作欲呢？欲指色、声、香、味、触五种欲乐境界，称为五欲；恶不善法指贪、嗔、痴、慢、疑五种障道心理，又叫五盖。欲、恶不善法是最严重的障道因缘，一般人得不到最起码的轻松自在，就是因贪著欲、恶不善法；如果修习止观达到初禅境界，就远离了对欲、恶不善法的粗重执著，并由此生起了喜乐。虽然如此，它不能超越心理的寻伺活动。寻是粗糙的观察活动，伺是较为微细的观察活动，指的都是分别活动，初禅不能超越这两种分别活动。其次是二禅，指"寻伺寂静，内等净心一趣性，无寻无伺，定生喜乐"(《大般若经》)的境界。修习止观达到二禅境界，喜乐的感受比初禅深，初禅是因离欲、恶不善法而生起喜乐，二禅则是因定力不断提高而生起喜乐。再次是三禅，指"离喜住舍，具念正知，身受乐，圣说住舍，具念乐住"(《大般若经》)的境界。这是说三禅超越了二禅的喜乐，而进到了舍此喜乐的妙乐境界。最后是四禅，指"断乐断苦，先喜忧没，不苦不乐，舍念清净"(《大般若经》)的境界，即超越三禅妙乐境，进入舍弃第六意识任何觉受的清净境界，比前面诸禅定力都高。这个时候唯念修养功德而称念清净，由此得到非苦非乐的感受。

接下来是无色界四定。首先是空无边处定。空无边处定又翻译成空处定，这个境界超越了色界四禅障碍禅定的一切想心，安住于虚空无边的境界。比如，哲学中的"空间无限"说，就属于空无边处定的境界。这种经验不少人经历过，学佛法的人更不用说了。比空无边处定深一层的定叫识无边处定，又作识处定。这个境界的修行者知道，所谓"虚空无边"并不是说意识外有个无限的虚空，而是意识的观察活动无限扩展时显现出来的一个相，虚空无边的实质是意识无边，安住于这种境界就是识无边处定。第三是无所有处定。无所有处定又叫少处定，它超越识无边处定，思维观察到识没有实体，来无所从去无所终，进入识无所有处而安住其中，就是无所有处定。从无所有处定深入观察下去，就进入非想非非想处定：第六意识层面没有杂念，这是非想；末那识和阿赖耶识层面还有心念流注，这是非非想。

从初禅到四禅偏于定，禅定力越来越强，观察力相对偏弱；从空无边处定到非想非非想处定偏于观，观察力越来越强，禅定力相对偏弱，都不能达到定慧等持。不管四禅还是四定，尽管其境界属于比欲界高的色、无色两界，它们都有一个共同特点，即都是在二元对立思维模式中修习的止观，有能止能观的主体与所止所观的对象，不出生、住、异、灭的有为法范围，不能出离生死烦恼，这是它们不能达到定慧等持的根本原因，也是它们属于世间止观的根本原因。

与世间止观相对的出世间止观，依《楞伽》《涅槃》等佛

陀圣典分判，有出世间止观与出世间上上止观的区别。出世间
止观是以断除我执为目的的止观，其见地是非中道的偏空见，
认为当下的世界是生死界，此外还有跟它对立的涅槃界，由此
将生死与涅槃对立了起来。从离生死来说，由于他们执著有生
死可离，陷入了断见；从求涅槃来说，由于他们执著有涅槃可
得，又陷入了常见。二乘这种见地严格说起来也是二元对立思
维模式的体现，依此见地修习止观，同样不能达到定慧等持。
既然如此，佛陀为什么还称它为出世间止观呢？因为成就这种
止观能够断除我执，能够出离生死烦恼，能够转入出世间上上
止观，并且许多修习佛法的众生暂时只能成就这种止观，譬如
声闻和缘觉乘的修行者。但是，由于这种止观只能断除我执，
不能断除法执，还必须修习出世间上上止观。出世间上上止观
是佛菩萨修习的止观，这种止观是以断除我法二执为目的的止
观，而它之所以能跟出世间止观区别开来，根本上是因为中道
这个见地，其根本主张是空有不二、烦恼即菩提、生死即涅槃。

　　出世间上上止观中，又有如来禅与祖师禅的区别。禅门中
较早用"如来禅"与"祖师禅"两个概念者是香严智闲，其目
的是勘验仰山到底是由教下的次第禅法还是宗门的顿悟禅法明
心见性，我们借用这对概念只是为了便于称呼，称由渐修法门
成佛者为如来禅，由顿悟法门成佛者为祖师禅，并没有在两种
禅之间强分高下，因为它们都属于出世间上上止观。

　　如来禅又有两门，一是三乘共十地禅，二是大乘不共十
地禅。三乘共十地禅是指从声闻乘、缘觉乘到菩萨乘次第修习

止观的禅，佛陀在《摩诃般若波罗蜜经》里对此有明确开示："菩萨摩诃萨具足干慧地、性地、八人地、见地、薄地、离欲地、已作地、辟支佛地、菩萨地、佛地，具足是地，得阿耨多罗三藐三菩提。"这种修法的主要内容，龙树菩萨在疏解该经的《大智度论》里面做了很好的阐述，我们可依他的开示略加了解。

干慧地。干慧的干，繁体字是乾坤的"乾"，但此处要念干，因为它指没有定水滋润的观慧。"干慧地有二种，一者声闻，二者菩萨。声闻人独为涅槃故，勤精进、持戒，心清净，堪任受道；或习观佛三昧，或不净观，或行慈悲、无常等观，分别集诸善法，舍不善法。虽有智慧，不得禅定水，则不能得道，故名干慧地。于菩萨，则初发心乃至未得顺忍。"干慧指已舍弃不善法、积累善法，开始修习念佛、慈心、无常等止观，而没有得到法理和禅定水润泽的观慧，在声闻道属于暖法前的修行阶段。这里的"初发心"是十信位的初发心（非《华严经》十住位的初发心）、顺忍是信顺法性安忍种种障碍（亦非大乘五忍中的顺忍），天台宗判属通教菩萨外凡十信位。

性地。"性地者，声闻人，从暖法乃至世间第一法；于菩萨，得顺忍，爱著诸法实相，亦不生邪见，得禅定水。"在声闻道，暖、顶、忍、世第一法是四加行位，此位修行者在观察欲、色、无色三界苦集灭道四谛理的止观修习中，开始得到定慧利益为暖法，不断增长这种利益为顶法，一分心证入定慧为忍法，心心无间证入定慧为世第一法，成圣人性；从菩萨道来说，此位修行者坚定信仰佛法，依佛法修行，得到禅定，但还有对诸法实相的贪爱心，属于天台宗所判通教菩萨十住、十行和十回向的内凡位。

八人地。"八人地者，从苦法忍乃至道比智忍，是十五心；于菩萨，则是无生法忍，入菩萨位。"声闻道修行者通过忍可四谛法来断除烦恼，现观欲、色、无色三界四谛，现观欲界四谛所得八智称为法智，现观上两界四谛所得八智称为类智，法智与类智各有忍与智之分，合称八忍八智。前者处于忍可四谛法阶段，属于无间道；后者已了知四谛法，属于解脱道。所谓十五心，指道类智之前的十五心，属于声闻道见道位的因位，即须陀洹向位。从菩萨道来说，龙树菩萨以初地为无生法忍位，与《仁王经》以七地为无生法忍位不同，相当于天台宗所判通教菩萨初欢喜地。

见地。"见地者，初得圣果，所谓须陀洹果；于菩萨，则是阿鞞跋致地。"见地即见道，因此是见道后的境界。须陀洹是声闻初果，阿鞞跋致义为不退转，此处指菩萨初地。从声闻道来讲，见地是证得第十六心道比智的须陀洹境界；从菩萨道来讲，天台宗判属通教菩萨初欢喜地境界。

薄地。"薄地者，或须陀洹，或斯陀含，欲界九种烦恼分断故；于菩萨，过阿鞞跋致地乃至未成佛，断诸烦恼，余气亦薄。"佛教说，众生有贪、嗔、慢、无明四种修惑（须修行断除的迷惑），欲界众生四惑具备，色、无色两界众生无嗔惑而有其余三惑。色界众生有四禅，无色界众生有四定，加上欲界众生，共有九地众生（九有），每地众生的修惑都有上中下三品，共有八十一品修惑。所谓"欲界九种烦恼分断"，在声闻道指部分断除了欲界烦恼的薄地，属于须陀洹和斯陀含阶位；在菩萨道，天台宗判属通教二三两地阶位。

离欲地。"离欲地者，离欲界等贪欲诸烦恼，是名阿那含；于菩萨，离欲因缘故，得五神通。"佛教认为，有成就的修行者渐次有神足、他心、宿命、天眼、天耳、漏尽六通，五神通即指前五通。离欲地指远离欲界贪欲等烦恼的境界，属于声闻道的阿那含果位；从菩萨道来讲，此时能远离种种爱佛之心，佛土清净，神变自在，知众生心，如应说法，得五种神通，属于天台宗所判通教菩萨四五两地的范畴。

已作地。"已作地者，声闻人得尽智、无生智，得阿罗汉；于菩萨，成就佛地。""已作地"是什么意思？修声闻止观的人已经得到了尽智、无生智，也就是得了声闻的四果阿罗汉果。尽智指灭尽见思二惑的智慧，无生智指不再生起见思二惑的智慧，在声闻道指获得心慧俱解脱的阿罗汉果位；于菩萨道，属于天台宗所判通教六七两地阶位。

辟支佛地。"辟支佛地者，先世种辟支佛道因缘，今世得少因缘出家，亦观深因缘法成道，名辟支佛。"辟支佛，有人说这种修行者生于无佛之世，靠自己观察有为法生、住、异、灭而觉悟到无常的真理，应叫作独觉；有人说他生于有佛之世，虽没机会听闻佛陀开示十二因缘法，但还是通过观察佛陀传出的十二因缘法觉悟无常的真理，应该叫缘觉。在菩萨道，辟支佛属于天台宗所判通教第八地阶位。

菩萨地。"菩萨地者，从干慧地乃至离欲地，如上说。复次，菩萨地，从欢喜地乃至法云地皆名菩萨地。有人言：从一发心来，乃至金刚三昧，名菩萨地。"菩萨地有两种入法：一种入法是从干慧地到离欲地，再过渡到菩萨地，此为回小向大之路。在这种修学系统中，菩萨地属于天台宗所判通教菩萨第九地。还有一种入法，是从发心开始到金刚三昧都修菩萨道，不用从离欲地以前的小乘诸位修来，这是直入大乘之路，即我们下面将讲到的大乘不共十地禅。

佛地。"佛地者，一切种智等诸佛法，菩萨于自地中行具足，于他地中观具足，二事具故名具足。"三乘共十地中的佛地，天台宗判属通教佛地。

大乘不共十地禅是由《华严》《般若》《解深密》《菩萨璎珞本业》等经开示的如来禅修行体系，从十信位开始，中经十住、十行、十回向、十地、等觉、妙觉而成佛，共有五十二个阶位。

十信，全称十信心，为菩萨道修行者最初修习的十种信心。据《菩萨璎珞本业经》，十信内容是信心、进心、念心、定心、慧心、戒心、回向心、护法心、舍心、愿心。信心，一心决定，乐欲成就佛法；精进心，听闻大乘法，精进修行善业；念心，常修念佛、念法、念僧、念施、念戒、念天的六念法；定心，一心安住佛法事理，远离一切虚伪、轻躁、意想分别；慧心，思量观察大乘法，知诸法无我，自性空寂；戒心，受持菩萨净戒，三业清净，不犯律仪，犯则痛悔；回向心，所修一切善根，回向众生、菩提、实际，不求三界，不为自己，不著名相；护法心，防护自心，不起烦恼，更修默护、念护、智护、息心护和他护五种护法行；舍心，不惜身财，凡有所得，皆能舍施；愿心，时常修习种种清净愿。

十信心满则进入十住位。据《华严经》，十住内容如下：一、初发心住，上进分善根人，以真方便发起十信心，信奉三宝，常住八万四千般若，受习一切行、一切法门，常起信心，不作邪见、十重、五逆、八倒，不生难处，常值佛法，广闻多慧，多求方便，始入空界，住于空性之位，并以空理智心修习佛法，于心生出一切功德；二、治地住，常随空心，净八万四千法门，其心明净，犹如琉璃内现精金；三、修行住，智慧明了，游履十方，无有障碍；四、生贵住，冥契妙理，将生佛家，为法王子，即行与佛同，受佛气分，如中阴身，自求父母，阴信冥通，入如来种；五、方便具足住，习无量善根，自利利他，方便具足，相貌无缺；六、正心住，成就般若，非仅相貌，心亦与佛同；七、不退住，既入无生毕竟空界，心常行空、无相、无愿，身心和合，日日增长；八、童真住，自发心起，始终不退，不起破菩提之心，佛的十身灵相至此一时具足；九、法王子住，自初发心住至第四生贵住称为入圣胎，自第五方便具足住至第八童真住称为长养圣胎，而法王子住则相形具足，出胎绍隆佛位；十、灌顶住，菩萨既为佛子，堪行佛事，故佛以智水为其灌顶。

十住心满则进入十行位。据《华严经》，十行内容是：一、欢喜行，菩萨以无量如来妙德随顺十方；二、饶益行，善能利益一切众生；三、无嗔恨行，修忍辱，离嗔怒，谦卑恭敬，不害自他，能忍怨怼；四、无尽行（或无屈挠行），菩萨行大精进，发心度一切众生，令至大涅槃，无有懈怠；五、离痴乱行，常住正念，心不散乱，于一切法无痴乱；六、善现行，虽知无有法，三业寂灭，无缚无著，而不舍教化众生；七、无著行，历诸尘刹，供佛求法，心无厌足，而以寂灭观诸法，于一切无所著；八、尊重行，尊重善根、智慧等法悉皆成就，由此更增修二利行；九、善法行，得四无碍陀罗尼门等法，成就种种化他善法，以守护正法，令佛种不绝；十、真实行，成就第一义谛语，如说能行，如行能说，言行相应，色心皆顺。

十行心满则进入十回向位。据《华严经》，其内容是：一、救护一切众生离众生相回向，行六度四摄，救护一切众生，怨亲平等；二、不坏回向，于三宝所得不坏信，将此善根回向众生，令其获得善利；三、等一切佛回向，等同三世佛所作回向，不著生死、不离菩提而修菩萨行；四、至一切处回向，以由回向力所修善根，遍至一切三宝乃至众生之处，普作供养利益；五、无尽功德藏回向，随喜一切无尽善根，回向而作佛事，以得无尽功德善根；六、随顺平等善根回向，回向所修善根，为佛所守护，能成一切坚固善根；七、等随顺一切众生回向，增长一切善根，回向利益一切众生；八、真如相回向，顺真如相而回向所成善根；九、无缚无著解脱回向，于一切法无取执缚著，得解脱心，以善法回向，行普贤行，具一切种德；十、法界无量回向，修习一切无尽善根，以此回向，愿求法界无量功德。

十住、十行、十回向是三贤位，处于此位的菩萨称为地前菩萨；三贤位圆满，则登上菩萨初地，生起无漏智慧、护育一切众生，成为地上菩萨。地上菩萨共有十个阶位，据《华严经》，其内容如下：欢喜地，成就无上自利利他菩萨行，初证圣果，多生欢喜；离垢地，远离过失犯戒等烦恼垢，净戒具足；发光地，得他上地证光明相，得禅定光明照明，随闻思修照法显现；焰慧地，菩萨智慧火能烧虚妄烦恼薪，依证智体所起圣教的作用如殊胜光焰；难胜地，菩萨得决定智，能度难度，难以胜过；现前地，菩萨般若现前；远行地，菩萨善修无相行，功用究竟，能过世间、二乘出世间道；不动地，菩萨报行纯熟，无相无间；善慧地，菩萨得无碍力说法，成就利他行；法云地，菩萨得大法身，具足自在。十地圆满，进入第五十一位，即等觉位。所谓等觉，义为与佛相等的觉悟，而实际上稍逊一筹，即普贤等菩萨的阶位。过此等觉，即入最后一位妙觉位，也就是佛位。

与此类似的如来禅，还有唯识宗依资粮、加行、通达、修习、究竟五位组织起来的系统，这种如来禅与三乘共十地如来禅的最大区别，是它不像后者从干慧等声闻诸地修起，中间经回小向大的转变才进入菩萨地的修习，而是直接依菩萨道修学成佛。造成这种差异的根本原因，是众生根器有别，前一类为根器下劣的众生，他们一开始只能依偏空见和出离心为基础修学佛法；后一类则是根器较利的众生，他们初发心就能依中道见和菩提心修学佛法。

大乘不共十地如来禅中，还有应上根器开出的几种禅，它们直接从空三昧开始起修，最典型的是天台与华严两宗的禅法。我们首先介绍天台止观。天台宗是中国佛教教观非常完善的系统。天台宗将成佛所观境安立为圆融三谛，即假谛、空谛和中谛（中道第一义谛）三即一、一即三的三谛：假谛不是凡夫执取的俗谛，而是即空即中的妙有谛；空谛不是偏空者执取的真谛，而是即假即中的真空谛；中谛不是但中者执取的但中谛，而是即假即空的圆中谛。其能观智是般若。为了现证圆融三谛，天台宗开出了三种止观，分别是渐次、不定和圆顿止观，其中前两种止观都属于如来禅，我们在此只介绍渐次止观。

关于渐次止观，智者大师在《摩诃止观》里说："止有三种：一、体真止；二、方便随缘止；三、息二边分别止。"什么是体真止？他说："体真止者，诸法从缘生，因缘空无主，息心达本源，故号为沙门。知因缘假合，幻化性虚，故名为体。攀缘妄想，得空即息，空即是真，故言体真止。"体真止实际上是告诉我们，修次第止观者一开始不知缘起事法真相（假谛），往往会滞著缘起事法本身，因此要把念头定到空性、安住在空性上。由于空是缘起事法的体性，所以这种止叫体真止。什么是方便随缘止？"方便随缘止者……菩萨入假，正应行用。知空非空，故言方便；分别药病，故言随缘；心安俗谛，故名为止。"修习次第止观者定于空性，不知空性的真相（空谛），若不从空性中出来，就不能随缘得定，因此要从空入假，将念头止于现前所历事法上。讲得通俗点就是，我们做任何一件事时，就将心念止在这件事情上，不要起其他杂念，这叫方便随缘止。第三是息二边分别止："息二边分别止者，生死流动，涅槃保证，皆是偏行偏用，不会中道。今知俗非俗，俗边寂然，亦不得非俗，空边寂然，名息二边止。"修习次第止观者，如只修前面两种止，容易产生偏滞，要么滞于空性、涅槃，要么滞于事法、生死，空性、涅槃是一边，事法、生死是另一边，都是偏行偏用，不会中道，息二边分别止的功夫，就是要让修行者既不滞于空性、涅槃，也不滞于事法、生死，从而远离空有二边而会于中道（中谛）。息二边分别止其实是依中谛安立的止，与中道第一义观名异而实同，这一点只要跟下面的观行配合起来看就一目了然。

与三止相应的是三观，《摩诃止观》说："从假入空，名二谛观；从空入假，名平等观；二观为方便道，得入中道，双照二谛，心心寂灭，自然流入萨婆若海，名中道第一义谛观。"与修止同理，修观者一开始要将观察力从缘起事法转入对诸法空性的观察，以超越对缘起事法实有的偏执，进入到对空性的体悟之中。由于这是从俗谛到真谛的观修，所以称为二谛观。由俗到真、从假入空的观修固然有利于超越对事法的执著，但可能因此偏执真谛或空性，导致不能体会空性是即事法的空性，因此要由真到俗、从空出假，远离对空性的偏执，达到空有平等，这就是平等观。无论二谛观还是平等观，都是为了最终现证空、假、中圆融三谛，因此必须有中道第一义谛观。所谓中道第一义谛观，即指依二谛观和平等观为方法进入的中道观；进入此观后，能够双超对空性和事法的偏执，双照空假两谛的真相，现证即假即空即中的圆融三谛。到这里，止就是观，观就是止，定慧等持，止观成就。这里的"萨婆若"是梵文 Sarvajña 的音译，意思是一切智，即佛智慧，"萨婆若海"就是佛智慧大海，即止观成就成佛。

华严宗的法界观也是从空三昧起观的如来禅，它始创于华严宗初祖杜顺（557—640），由三祖法藏（643—712）作了完整阐述。华严宗安立的所观境是一真法界，能观智也是般若。为了便于修习观察，华严宗将一真法界方便开为理（空）事（有）两个法界，并依止观次第形成了真空、理事无碍和周遍圆融三个层次的观法，最终目的是现证重重无尽的一真法界。下面我们依法藏的《华严发菩提心章》对此观法略加介绍。真空观分成四句：一、会色归空观，观色即是空；二、明空即色观，观空即是色；三、空色无碍观，观色不异空、空不异色，色即是空、空即是色，色空一味；四、泯绝无寄观，"谓此所观真空，不可言即色不即色，亦不可言即空不即空，一切法皆不可，不可亦不可，此语亦不受，迥绝无寄，非言所及，非解所到，是谓行境。何以故？以生心动念，即乖法体、失正念故"。泯绝无寄观要遣尽一切二法，归于不二的自性清净心，这是真空观的目的。

　　真空观成就后，不能住于自性清净心，要继续修习理事无碍观，否则就不能发起智慧妙用。理事无碍观更加细密，总共有十门：一、理遍于事门，观真空之理尽虚空遍法界，法界一一事法皆摄无边真理，无不圆足。二、事遍于理门，观一一事法本无实体，完全同于不可分之理，所以一尘不坏而周遍法界。三、依理成事门，观事法无别自性，皆依真空之理才能成立，犹如波依水成动。四、事能显理门，观事法真理实，事法中的真理朗然显现。五、以理夺事门，观事既依理成，则事相无不尽，唯一真理平等显现。六、事能隐理门，观真理随缘成就事法，如果事法与理相违，则事法显而真理隐。七、真理即事门，观真理是事法的真理，必不在事外；事法必须依真理而成就，真理以全体事法为真理。八、事法即理门，观缘起事法无自性，所以全体即真理。九、真理非事门，观真理是所依，事法是能依，即事法的真理不等于事法。十、事法非理门，观事法是能依，真理是所依，全体即真理的事法永远不等于真理。通过上述十门观修，就达到这样的境界："同一缘起，约理望事，则有成有坏，有即有离；事望于理，有显有隐，有一有异。逆顺自在，无障无碍，同时顿起。"即现证一真法界（同一缘起）中理对事有隐显一异，事对理有成坏即离，理事逆顺自在、同时显现、无障无碍的理事无碍境界。

　　周遍含容观是现证一真法界的最后一观，同样有十门：一、理如事门，观事无别事，即全理为事，但事不即理。二、事如理门，观诸事法与理不异，事随理而圆遍，所以一尘普遍法界;法界全体遍诸法时,此一微尘亦如理性,全在一切法中,如一微尘,一切事法也一样。三、事含理事无碍门,观诸事法与理非一,故存其本事而能广容,表现为四种相:一中含一,一切中含一,一中含一切,一切中含一切。四、通局无碍门,观事法与理非一即非异,此事法不离一处即全遍十方一切尘内;非异即非一,全遍十方而不动一位,即远即近即遍即住,无障无碍。五、广狭无碍门,观诸事法与理非一即非异,不坏一尘而能广容十方刹海;非异即非一,广容十方法界而微尘不大,因此一一事法即广即狭即大即小,无障无碍。六、遍容无碍门,从一事法观一切事法,因普遍即是广容,此事法遍在一切中时,即复还摄彼一切事法全住自一中;因广容即是普遍,此一事法还即遍在自内一切差别法中,所以此一事法自遍他时即他遍自,能容能入,同时遍摄无碍。七、摄入无碍门,从一切事法观一事法,因入他即是摄他,一切事法全入一事法中时,即令彼一事法还在自己一切事法内,同时无碍;因摄他即是入他,一事法全在一切事法中时,还令一切事法总在一事法内,同时无碍。八、交涉无碍门,从一事法观一切事法,表现为四种相摄相入之相:一事法摄一切事法,一事法入一切事法;一切事法摄一事法,一切事法入一事法;一事法摄一事法,一事法入一事法;一切事法摄一切事法,一切事法入一切事法,同时交参无碍。九、相在无碍门,从一切事法观一事法有四种相入相摄之相:摄一事法入一事法,摄一切事法入一事法,摄一事法入一切事法,摄一切事法入一切事法,同时交参，无障无碍。十、普融无碍门，从一切事法及一事法普遍同时彼此互观，一一具足前面两观八种相，普融无碍。至此，周遍圆融观成就，事事无碍的一真法界现前。

华严宗的一真法界即事事无碍法界，它指的到底是什么境界呢？为了既通俗易懂又不失原味，我们用贤首国师法藏的譬喻来显示吧。当年则天皇帝邀请法藏入宫为她讲授事事无碍的一真法界境界，一开始武则天根本听不懂，法藏通过生动形象的演示才让她有所领会。贤首国师令人在说法的宫殿中间摆一张桌子，在桌台摆上一支蜡烛，同时还命人在宫殿中的四方四角各摆一面镜子。准备停当，他将蜡烛点燃，顿时光光交错、重重无尽、圆融无碍。他对武则天说："这就是我所说的事事无碍法界。"武则天顿时恍然大悟。她悟了什么？悟了华严宗最后呈现出的法界缘起之境，这个世界中的一切法都是佛性显现出来的妙法，相互之间相即相入、不即不离、非一非异、和谐共存。

讲完如来禅，我们就比较容易理解祖师禅了。相对由渐修乃至回小向大而成就的如来禅来说，六祖提持的顿悟禅是祖师禅。我们先总括祖师禅的三个要素，即所观境、能观智和观行法。祖师禅的所观境是当下一念心，这当下一念心是真心、妄心，还是非真非妄之心？从所空说，是妄心；从所显说，既是真心，也是非真非妄心。《六祖坛经》中的恶毒心、攀缘心、邪迷心、不善心、贡高心、诳妄心等，都是当以般若照破的分别妄心；而本心、真心、直心、智慧心、真如心等，都是在破妄同时显现的不二真心或非真非妄心。祖师禅的能观智是般若波罗蜜，可以毫不夸张地说，真正掌握了般若，就窥破了禅宗修行的秘密。有人会问：大乘佛教的能观智都是般若，宗门与教下有什么差异？差异有二：一、教下皆须依教起观，同时也须从外到内层层破除执境，直到最后才破除自心妄念而见性，属于渐修法门；禅宗无须依教起观，也无须层层递进破执，唯依般若观破自心妄念，顿悟自性本性，属于顿悟法门。二、教下皆有具体修行法门，如四念处、八正道、三十七道品、次第六波罗蜜等；禅宗以"无门为法门"，没有教下那种具体的修行法门。祖师禅的观行法是顿悟成佛法，如六祖所说："若起正真般若观照，一刹那间妄念俱灭，若识自性，一悟即至佛地……自性心地，以智慧观照，内外明澈，识自本心。"参禅者但起般若观照，觉知自心照而常寂、寂而常照的本性，当下即破妄显真，顿悟本来面目而成佛，真是透顶透底、立竿见影的观法。禅宗此后开出的种种法门，都是此法的随缘运用。此法虽然念念唯观自心，但依明心见性相对分，则有前后两段功夫：明心见性前，参禅者依信解为基础，运用佛祖开示的观行般若法门观照，只要心起妄念，当下即便观空，直至明心见性；明心见性后，参禅者依自性具足的实相般若法门观照，凡有残余习气，当下即便荡涤，终归大般涅槃。可见，禅宗的观法因直显心性而称顿悟法门。

从教证看，《心经》的"照见五蕴皆空"、《金刚经》的"应无所住而生其心"等教示都是此法渊源；从法脉看，不仅佛陀在灵山会上通过拈花开启了这一脉，马鸣菩萨开示的"真如三昧"、智者大师开示的"圆顿止观"等也都是这种禅。

六祖如何说定慧等持呢？他说："善知识！我此法门，以定慧为本。大众勿迷，言定慧别，定慧一体不是二，定是慧体，慧是定用，即慧之时定在慧，即定之时慧在定。若识此义，即是定慧等学。诸学道人，莫言先定发慧、先慧发定各别。作此见者，法有二相，口说善语，心中不善，空有定慧，定慧不等。""先定发慧"是如来禅的修学次第，六祖为了凸显定慧等持法门的殊胜性，用先定发慧的如来禅来参照，但我们不能说他在贬斥如来禅。六祖所说的定慧等学，核心是"即慧之时定在慧，即定之时慧在定"，意思是定与慧一体两面，定是如如不动的自性心体，慧是自性心体发起的妙用，没有定就没有慧，没有慧也没有定，而不可以先有定再有慧。为了让听众更容易明白，六祖还举了一个譬喻：好比灯与光，灯是定是体，光是慧是用，离开灯没有光，离开光也没有灯。这无疑是在体性或果位上说定慧，两者当然是一而二、二而一的关系。

自性心体虽然一体不二，但参禅者要觉悟这心体，还是可以从依此心体方便开出的定或慧两个方面入手起修。修戒定慧，灭贪嗔痴，成菩萨道，是佛教信众修证的必由之路，六祖创立的禅宗当然不例外。六祖说："我此法门，从上以来，先立无念为宗、无相为体、无住为本。"契嵩禅师认为这说的正是戒定慧三学："'无相为体'者，尊大戒也；'无念为宗'者，尊大定也；'无住为本'者，尊大慧也。夫戒定慧者，三乘之达道也。"(《法宝坛经赞》)"无相为体"的无相戒我们已经讲过，这里想依《六祖坛经》具体谈谈"无念为宗"和"无住为本"的定慧等持法门。

"无念为宗"是即定而慧的定门修持法，其具体内容我们可依《坛经》开示分述如下：

"无念"是建立在真实了知自性基础上的修行法门。六祖说："云何立无念为宗？只缘口说见性，迷人于境上有念，念上便起邪见，一切尘劳妄想从此而生。自性本无一法可得，若有所得，妄说祸福，即是尘劳邪见，故此法门立无念为宗。""迷人"既指那些未皈依三宝而将学佛参禅视为知识的凡夫，也指那些已皈依三宝而见地不正的偏见者或未得谓得的增上慢人，他们口头上常说明心见性，但或不知何为自性，或从来没有下手修行，根境相对时念念都在真假、得失、祸福、凡圣等妄心之中，甚至将"本来无一物"的自性妄认为有所得的实体，久系尘劳不得解脱。这实际上是说，"无念"法门是普适一切众生的修行法门。

"无念"不是百物不思。六祖说："若只百物不思，念尽除却，一念绝即死，别处受生，是为大错。学道者思之，若不识法意，自错犹可，更误他人，自迷不见，又谤佛经，所以立无念为宗。"为什么不能"百物不思"？很简单，这种人不知无念的目的是除去虚妄念头，而试图除掉所有念头；除掉所有念头，即用妄想的无念境界来对治所有念头，无异于将无念执着成一个念，这样不仅不能现证自性，反而会堵塞自性本具的智慧，堕入无想深坑，长劫轮回生死。由于这种人表面上看很有定力，很容易误导别人，所以六祖特别指出其自误误他的后果。当时有个法号叫卧轮的禅师就堕入这样的状态而不自知，反而自鸣得意地说："卧轮有伎俩，能断百思想；对境心不起，菩提日日长。"意思是我卧轮很有本事，能断除种种念头，根境相对时一个念头都不起，菩提智慧天天都在增长。这正是将不生不灭的智慧颠倒成有为法（"菩提日日长"），而用一个分别识执著的空境（"伎俩"）对治其余一切念头（"百思想"）的世间禅。六祖洞察到他这种"百物不思"的禅法误人不浅，就针锋相对地说了另一个偈颂加以对治："惠能无伎俩，不断百思想；对境心数起，菩提作么长？"六祖的偈颂句句与卧轮禅师相反，告诉人们参禅的目的是要成为"不废见闻觉知而不染万境"的大自在人。

"无念"不是"起心看净"。六祖说："此门坐禅，元不著心，亦不著净，亦不是不动。若言著心，心元是妄，知心如幻故，无所著也。若言著净，人性本净，由妄念故，盖覆真如，但无妄想，性自清净；起心著净，却生净妄。妄无处所，著者是妄。净无形相，却立净相，言是工夫，作此见者，障自本性，却被净缚。"有些人不知自性本来清净，参禅者只要起了妄念，用般若照破妄念即得；若无妄念，则无须横生一个清净念头，因为此念一起，如眼里金屑、空中浮云，足以障蔽自性，令参禅者堕入妄心之中。后来的禅宗大德说，参禅者应"但尽凡情，莫求圣解"，正是六祖这一开示的注脚。

"无念"是"于念而无念"。六祖说:"无者无何事?念者念何物?无者无二相、无诸尘劳之心,念者念真如本性。"这里的"念真如本性"一会儿再讲,我们先说说无念。此处"无念"的"无"是动词,意思是空,"无念"要空的"念"是"二相、诸尘劳之心",即产生种种二元对立之相的分别心。具体说来,"无念"就是要"于自念上常离诸境,不于境上生心",只要发现自己在根境相对之际生起了任何二元对立的念头,就用般若将其观空。譬如,我们渴了自然知道喝水,饿了自然知道吃饭,这是智慧之念;我们知道自己喝的是什么水,吃的是什么饭菜,这也是智慧之念。如果生起了这两种心,就该知道这是智慧之心,不应该灭除,若灭除此心,人就成了废物。但是,如果我们喝水吃饭时欣甘厌淡、挑肥拣瘦,这就是二相、尘劳之心;吃饱喝足后还贪得无厌,或未吃饱喝足便郁郁不乐,这也是二相、尘劳之心。如果生起了这两种心,就该知道自己处于有念状态,就应依般若将其观空。六祖正是在这种见地上理解坐禅的:"善知识!何名坐禅?此法门中,无障无碍,外于一切善恶境界心念不起名为坐,内见自性不动名为禅。善知识!何名禅定?外离相为禅,内不乱为定。外若著相,内心即乱;外若离相,心即不乱。本性自净自定,只为见境思境即乱;若见诸境心不乱者,是真定也。善知识!外离相即禅,内不乱即定。外禅内定,是为禅定。"六祖以不起妄念为坐、现证不动自性为禅的微妙开示,不知唤醒了多少偏邪的参禅者!

参禅者依此法门不断用功，成就后就能证入一行三昧。什么是一行三昧？六祖说："一行三昧者，于一切处，行住坐卧常行一直心是也。《净名》云：'直心是道场，直心是净土。'"《净名》就是《维摩诘经》，"直心"是无念的自性心体，不过此时是全体显现了的自性心体，因此也是真实的道场和净土。这相当于教下证得法身的境界。参禅者到得此境后不能执著，否则这三昧本身又会成为障碍："但行直心，于一切法勿有执著。迷人著法相，执一行三昧，直言常坐不动，妄不起心，即是一行三昧。作此解者，即同无情，却是障道因缘。"彻底放下行一行三昧的念头，从法身的执著中走出来，就成为"能善分别诸法相，于第一义而不动"（《维摩诘所说经》）的佛了。

"无住为本"是即慧而定的慧门，它也有其具体的内容。"无住为本"的本，在宗门有两层意思：从体性上说，指众生本觉智慧的根本性质是无住，六祖所谓"心法不住，道即通流"即指此而言；从修法上说，指以无住的慧观为根本修法。

无住法门具体如何修呢？六祖说："无住者，人之本性。于世间善恶好丑，乃至冤之与亲，言语触刺欺争之时，并将为空，不思酬害，念念之中不思前境。若前念今念后念，念念相续不断，名为系缚；于诸法上念念不住，即无缚也。"首先要清楚，我们的自性就像一尘不染的镜子，物来便照，物去不留，本来无住。如果不知道这个真相，误以为杂念纷飞或百物不思的心是本心，要么被念念相续的妄念所束缚，要么被无为深坑所淹杀，都不能走上正道。其次要深知真假、善恶、美丑、冤亲、敌友等等是众生执取的虚妄相，没有任何实在性可得，利衰、毁誉、称讥、苦乐八风吹来要能当体观空，不起攀缘、执著的念头。

建立起这个正见，就要用般若打破攀缘、执著之心，将自己心中的种种烦恼众生度化过来，在行住坐卧、待人接物、洒扫应对中，不管觉察到自己住于任何境界，都及时将此攀缘、执著之心观空。如此不断观照，日久功深，就能达到"内外不住，去来自由……通达无碍"的境界——般若三昧。般若三昧有什么风光呢？与无念达到的一行三昧无二无别。六祖说："若得解脱，即是般若三昧，即是无念。何名无念？若见一切法，心不染著，是为无念。用即遍一切处，亦不著一切处。但净本心，使六识出六门，于六尘中无染无杂，来去自由，通用无滞，即是般若三昧、自在解脱，名无念行。"

由上述介绍我们知道，"无念"法门侧重观破妄念，"无住"法门侧重照破对境界的执著，它们两者既可独立修习，也可相互为用。"无念"与"无住"法门的实质，无非是《金刚经》般若观照法门的具体运用，所以六祖特提该经与此法门的殊胜性："摩诃般若波罗蜜，最尊最上最第一，无住无往亦无来，三世诸佛从中出。""善知识！若欲入甚深法界及般若三昧者，须修般若行，持诵《金刚般若经》，即得见性。当知此经功德无量无边，经中分明赞叹，莫能具说。"由于这种法门不假外求，并且念念直指自性，一念回光一念是佛，念念回光念念是佛，所以叫作定慧等持法门或顿悟成佛法门，禅宗的其他法门，入手方便虽然各有不同，但无不以此为宗旨。

　　成就定慧等持，即是明心见性境界。此境界宗门中人很少透露，教门中人则多有论断，或说相当于菩萨初地，或说类似于圆教名字即佛，甚至或说只及大乘十信满心，如此种种，不一而足。其实，禅宗的开悟境界根本难以言说，即便为令后学生信而作方便说，也应从六祖对心性关系的论述入手。六祖曾说："心是地，性是王，王居心地上，性在王在，性去王无，性在身心存，性去身心坏。佛向性中作，莫向身外求。自性迷即是众生，自性觉即是佛。"此处心是参禅者所观境，性是心的本性即空性，明心见性指依般若观照明了自心的本性。据教下修行阶位，现证空性属于菩萨见道位，可知明心见性起码属于菩萨初地；考虑到参禅者根器各有差异，实际上明心见性者从初地到佛地都有。后来的禅宗三关说，也宜照此来把握。尽管如此，禅师们还是侧重就低处强调，明心见性只是真修起点，要想究竟成佛，必须生生不退地行持下去。

问　答

　　问：您说二乘不能达到定慧等持，为什么佛陀印可他们证得涅槃呢？

　　答：的确，佛陀在不少圣典里印可二乘证得了涅槃，但佛陀也在不少圣典里开示说他们并没有证得涅槃，例如《维摩》《楞伽》《法华》《涅槃》等经。这些圣典说二乘人不能断除法执,实际上说他们的我执也没有彻底断除,因为我执和法执是共生的关系。因此,我以为,佛陀是为了鼓励二乘人而方便印可他们证得涅槃,就如老师夸奖班里表现中等的同学,但这并不意味着他已经圆满了;二乘人应该进一步修习出世间上上止观,就像中等学生应该向上等同学学习一样。

问:请问什么叫烦恼习气?

答:菩萨道修行者进入初地以后,他的各种现行烦恼都没有了,但根本无明种子尚未荡尽,这根本无明种子就是烦恼习气,它会障碍佛智慧。比如,一个有抽烟习惯的人,在刚戒烟的一段时间内,虽然已没有烟瘾,但阿赖耶识中抽烟的种子尚未清净,因此他还会不时表现出夹烟或打火等手势,这些动作就是烦恼习气的表现。不过,这种习气要发挥作用,需要有一定的外缘,如果外缘不具足,它也不能发挥作用。菩萨道修行者修到这个程度,应当说很难遇到烦恼习气爆发的外缘,即使遇到也不会明显发作了。

问:通过这几次讲座,我感觉如果我们要修行的话,似乎要建立两个"我"才能慢慢从中分别,今天听您的意思是要我们放弃这样的看法。这里要去除,那边又越来越敏感,所以我对此十分困惑。

答：我知道你的问题所在。刚才我讲过有两种修法，一种是渐修顿悟法，此法通过假想的智慧"我"对治充满烦恼的心识"我"不断进步。但用这种修法的人从一开始就要很清楚，我们假名安立的智慧"我"也是虚幻不实的；如果没有这种见地，我们在除烦恼的心识"我"时，往往会住于假想的智慧"我"。住于智慧"我"也不是真正的觉悟，因为只要执著有个智慧"我"，这个"我"当下就异化成了心识"我"，只不过在它没有显现出来之前我们看不见而已。这是渐修顿悟的方法可能带来的问题。再打个比喻，智慧"我"和心识"我"就像两头牛，两头牛打架的时候，我们用智慧牛去打烦恼牛，目的是阻止烦恼牛继续撒野，如果我们把智慧牛当真了，同时意味着我们根本没有止住烦恼牛。另一种是顿悟渐修法，此法是依般若安住在自性清净心，虽安住而没有安住之念。当然，我们一开始还是会有安住自性清净心的念头，甚至会有偏离自性清净心的念头，但我们最多需要破这两种念头，而不必像前一种修法那样需要一路破上来。

问：我们还是要去分别真心与妄心吗？您刚才讲的内容是否就是教我们怎么去分辨？我们一下子做不到怎么办？

答：不光是你一个人，所有的人都是这样嘛！佛陀说法，大多也是先通过分别来展开教理系统，最后收摄到心中来，因为所有的教理系统都是佛菩萨从自性清净心中流布出来的。永嘉大师说,"但得本,莫愁末",我觉得禅宗的修法确实抓住了佛法修行的根本。当然,得益于《周易》、老庄等奠定的文化基础,中国人多有大乘根器,比较适合修禅宗的般若观照法。

问:我是初学者,今天听得很受触动。一个修行者要成就离不开禅修,那么我想问什么叫禅修呢?禅修有什么作用呢?

答:如果讲禅修的话,可分为如来禅和祖师禅这两种禅修方式。如来禅可以从世间的四禅八定慢慢修起,这也是很多人比较喜欢的法门,因为这种法门的入手处比较接近常人的生活,而且这个过程中有很多风光,修行者每修到一个阶段都会见到一些"异常"的境界。祖师禅的禅法则是依般若观照从自性清净心起修,大珠慧海禅师称之为"根本修";由于自性清净心无形无相、不增不减,大珠慧海禅师又称这种修法为"无修之修"。你说能把心中的某一部分修掉,那这颗心肯定不是自性清净心。其实,并不是自性清净心外还有一颗妄心,是凡夫把自性清净心当成实体,才将它异化成了妄心;如果当下看空这颗妄心,此心就是自性清净心。修禅宗需要建立这个见地,只有建立了这样的见地才能从自性起修,才是祖师禅的修法。

问:除了刚才冯老师所讲的如来禅和祖师禅,还有其他的方法吗?

答：这是大的分类，其他的方法都可以统摄在其中。

问：请问冯老师，您自己是用什么方法来修的呢?

答：我一点都没修哦！非常抱歉！

问：通过禅修最终获得的真谛是什么呢?

答：就是饥来吃饭困来眠喽！

问：禅宗所说的如来禅与祖师禅的区别是什么?

答：所谓如来禅与祖师禅的区别，源于宗门一则公案：香岩智闲聪明伶俐，问一答十，问十答百，丛林罕有其匹。一日，沩山灵祐禅师要他就"父母未生前"答一句来，他搜索枯肠，无法应答，于是求沩山说破，而沩山抵死不说。香岩很失望，烧掉了从前的参学笔记，准备做一个粥饭僧。他到慧忠国师住持过的地方住下来，靠农作度日。一天，他除草碰到石头，捡起来顺手一丢，击竹发声，顿时打破疑团，悟到了自己的本来面目。他恭恭敬敬地面对沩山焚香礼敬，感恩沩山禅师当年不向他说破，并说了一个表达其境界的偈颂："一击忘所知，更不假修时。动容扬古路，不堕悄然机。处处无踪迹，声色外威仪。诸方达道者，咸言上上机。"沩山禅师说香岩已大彻大悟，而仰山禅师心有疑惑，遂前往对他进行勘验。香岩向仰山重述前颂，仰山禅师不许，香岩又述一颂："去年贫，未是贫；今年贫，始是贫。去年贫，犹有卓锥之地；今年贫，锥也无。"仰山听后答道："如来禅许师弟会，祖师禅未梦见在。"香严更说一颂："我有一机，瞬目视伊，若人不会，别唤沙弥。"仰山听后很满意，向沩山汇报说："且喜闲师弟会祖师禅也。"此公案一出，丛林开始谈论如来禅与祖师禅的区别，于今不绝于耳。

如来禅与祖师禅有没有区别？从果位上讲，如来禅与祖师禅无二无别，如《大乘理趣六波罗蜜多经》说："无动无静是如来禅，游戏神通，深入实际，不住生死，不入涅槃，不尽有为，不住无为。虽观无相，不舍大悲；虽住三界，而恒出离；知真无染，而不修证；离于戏论，常乐宣说。"《楞伽阿跋多罗宝经》也说："云何如来禅？谓入如来地，得自觉圣智相三种乐住（按：安住禅定、菩提与涅槃三种乐），成办众生不思议事（按：当机度化众生），是名如来禅。"这都是以定慧等持、动静不住、解脱自在、悲智双运的如来大定为如来禅。香岩以"瞬目视伊"展示的无非是从如来大定中任运发出智慧作用的境界。

显然，仰山不是从果位而是从修行方法上说如来禅与祖师禅的差别的。从修行方法上看，如来禅与祖师禅确有区别，这表现在两个方面：其一是如来禅需要"借教悟宗"，即要借助经教来建立知见的邪正、印证修行的浅深，传统佛教派别固不必说，禅宗中土初祖菩提达摩也说，"我观汉地，唯有此经（按：指《楞伽经》），仁者依行，可得度世"。祖师禅则主张自性是佛，六祖惠能大师明确说："菩提自性，本来清净，但用此心，直了成佛。"洪州宗开山祖师、沩山禅师的师公马祖道一禅师也说："汝等诸人各信自心是佛，此心即佛……心外无别佛，佛外无别心……若了此意，乃可随时着衣吃饭，长养圣胎，任运过时，更有何事？"云门文偃禅师示众时更说："任尔横说竖说，未是宗门苗裔，若据宗门苗裔，是甚热椀鸣？三乘十二分教说梦，达磨西来说梦，若有老宿开堂为人说法，将利刀杀却百千万个，有什么过？"那么祖师禅的见地从哪里来？从大善知识（具眼禅师）来。对此，六祖也有明确开示："菩提般若之智，世人本自有之，只缘心迷，不能自悟，须假大善知识示导见性。"这一区别，上述公案没怎么涉及。

上述公案涉及的主要是如来禅与祖师禅的另一个区别，即如来禅需要借助因果、阶位、功夫，祖师禅则不安立这一切。教下三贤十圣的修行次第与功夫，是为如来禅的典型；神秀禅师所谓"身是菩提树，心如明镜台，时时勤拂拭，勿使惹尘埃"，从行门上说也属于如来禅。祖师禅扫荡一切因果、阶位、功夫，提倡一超直入如来地，如六祖说："若起正真般若观照，一刹那间妄念俱灭，若识自性，一悟即至佛地。"永嘉玄觉禅师说："顿觉了，如来禅（按：此处如来禅与祖师禅同义），六度万行体中圆。梦里明明有六趣，觉后空空无大千。"马祖道一禅师也说:"若能一念返照,全体圣心。"黄檗希运禅师更说迷悟都属多余:"据我禅宗中,前念且不是凡,后念且不是圣,前念不是佛,后念不是众生,所以一切色是佛色,一切声是佛声,举着一理,一切理皆然。"香岩前两个颂有"声色外威仪""咸言上上机""有卓锥之地""锥也无"等语,易令人误会其堕入对待之境,仰山为免他人误会,故只许他会得如来禅。

因此可以说,如来禅与祖师禅的区别,体现在禅教与性修的关系上:就禅教关系说,如来禅是由教入禅,祖师禅是当体即禅;从性修关系看,如来禅是由修证性,祖师禅是称性起修。但是,对参禅者来说,两种禅各有其优点与难点:若修如来禅,有功夫稳当的优点,而存在空却因果、阶级、功夫的难点;若参祖师禅,有方便快捷的优点,但存在难遇大善知识的难点。因此在实践中,参禅者常常是两种禅合参:一方面依祖师禅,以般若觉照自心,念念与自性相契,因为只有这样修才是祖师禅的根本修法;一方面依经教确立知见、印证悟境,因为禅是佛心、教是佛语,佛心佛语必不相违。

第十一讲　禅净两宗的异同

　　两汉之际，佛教从印度传来中国，经过几百年的吸收消化，终于开展出了非常适合中国人日常修行的两大宗派，即禅宗和净土宗。这两宗的法门都简便易行，净土宗单提一句名号，无论士大夫还是愚夫愚妇都可当下起修。禅宗的"三无"法门无形无相，下手处看起来比净土法门高，但因为属于教外别传、直指人心的法门，只要知道了门径，也是无论智愚贵贱贫富都可以当下起修的法门。因此，这两个宗派自产生后，就在中国佛教界并驾齐驱，如春兰秋菊各擅胜场，两宗的信奉者都非常多。我们不免要问：禅宗与净土宗在见地、根器、行持、果位等方面的主张有些什么异同之处？它们能相互作为对方的助力吗？

　　要讲清这几个问题，我们有必要先简单介绍一下佛教的净土思想。净土是佛居住的世界，是佛陀果德的依报部分，南北朝时期的净影慧远（523—592）在《大乘义章》中曾下了一个比较全面的定义："言净土者，经中或时名佛刹，或称佛界，或云佛国，或云佛土，或复说为净刹、净界、净国、净土……约佛辨处，故云佛刹……约佛辨界，名佛世界。言佛国者，摄人之所，目之为国，约佛辨国，故名佛国。言佛土者，安身之处，号之为土，约佛辨土，名为佛土……此无杂秽，故悉名净。净刹、性海、莲花、须弥，诸如是等，宽狭别称。"依此说，因从佛陀果境来说佛所生活的世界，故称之为佛刹；只有佛才能够圆满显现这个世界，故称之为佛世界；这是佛居住的国家，故称之为佛国；这是佛居住的土地，故叫作佛土……不管有多少种叫法，它都有一个根本的性质，就是清清净净、一尘不染。正是在这个意义上，又可以称之为净刹、性海、莲花、须弥、净土等等。

既然净土是佛居住的世界，而佛在教化众生的过程中显现为法报化三身。法身是法性、实相或自性身；报身是酬答菩萨道修行者的果报身，从此身是法身显现为成就者自己的功德身而言叫作自受用身，从此身显现为菩萨地到成佛这个阶段的菩萨道修行者所见相好身而言叫作他受用身；化身是法身显现到六道中教化众生之身。相应地，与法身佛相应的净土叫作常寂光净土，与报身佛相应的净土叫作实报庄严净土，与化身佛相应的净土叫作凡圣同居净土。常寂光净土的根本特点是"寂而常照，照而常寂"，即清净无染、光明普照，实报庄严土的特点是万德庄严、相好难伦，凡圣同居土的特点是应缘显现、差别万端。三身实即一个法身的体、相、用，三身皆归为法身，因此可将三身视为一身三身、三身一身的关系；与佛三身相应的净土，也是一土三土、三土一土的关系。

论禅宗与净土宗的异同，首先可看其净土的异同。禅宗所说的净土，是实报庄严土和常寂光土，这在《坛经》里有非常集中的阐述。有一次，韶州刺史韦璩带着一些官员去宝林寺请六祖说法，六祖说完后，韦璩对通常讲的净土心存疑惑，又请六祖开示。六祖说："世人自色身是城，眼、耳、鼻、舌是门，外有五门，内有意门。心是地，性是王。王居心地上，性在王在，性去王无。性在身心存，性去身心坏。佛向性中作，莫向身外求。自性迷即是众生，自性觉即是佛。慈悲即是观音，喜舍名为势至，能净即释迦，平直即弥陀。"自性是心的清净体性，没有这个体性，修行者的正报和依报都不可能有，所以说"性是王"；依自性显现的自性清净心是净土，所以说"心是地"。这个世界依正二报庄严，慈悲心是观音菩萨，喜舍心是大势至菩萨，能净（自净净他）是释迦牟尼佛，平直心是阿弥陀佛，这是正报；四大构成的身体是城郭，眼、耳、鼻、舌、身、意六根是城门，这是依报。这样的依报显然是从自性现起的实报庄严土与常寂光土，是与正报如如不二的净土。禅宗为什么能够从自性里面建立净土呢？因为自性具足法报化三种佛身。既然如此，自性当然也具足常寂光、实报庄严和凡圣同居三种净土，只不过禅宗不像净土宗开为三种净土，而是仅从自性开显净土，也就是实报庄严土和常寂光土。

净土宗所说的常寂光土与禅宗没有区别，但该宗以释迦牟尼佛应化的凡圣同居土为秽土，而称阿弥陀佛应化的佛土为弥陀净土。净土宗追求的净土究竟说来也是常寂光土，但该宗认为末法时代的众生根器下劣，不能依靠自力现证常寂光土，应先仰仗阿弥陀佛无量慈悲和愿力往生其摄化的弥陀净土，在那里成佛证入常寂光土后，再到娑婆世界来度化六道众生，因此他们宗奉的是弥陀净土。

弥陀净土属于什么净土呢？南北朝的净影慧远等人认为是凡圣同居净土。按照他们的判位，即使往生到弥陀净土，还会有退转。净土宗的善导大师认为他们的理解有问题，没有认清阿弥陀佛的身相。他通过抉择，认为弥陀净土是实报庄严土："问曰：'弥陀净国为当是报是化也？'答曰：'是报非化。云何得知？如《大乘同性经》说，西方安乐阿弥陀佛是报佛报土。又《无量寿经》云，法藏比丘在世饶王佛所行菩萨道时，发四十八愿，一一愿言：若我得佛，十方众生称我名号，愿生我国，下至十念，若不生者，不取正觉。今既成佛，即是酬因之身也。又《观经》中上辈三人临命终时，皆言阿弥陀佛及与化佛来迎此人。然报身兼化共来授手，故名为"与"。以此文证，故知是报。然报应二身者，眼目之异名，前翻报作应，后翻应作报。凡言报者，因行不虚，定招来果，以果应因，故名为报。又三大僧祇所修万行必定应得菩提，今既道成，即是应身。斯乃过现诸佛辨立三身，除斯已外，更无别体。纵使无穷八相，名号尘沙，克体而论，众归化摄，今彼弥陀现是报也。'"（《观无量寿佛经疏》）因为阿弥陀佛是报身佛，净土为阿弥陀佛居住、摄化的世界，当然也是实报庄严土。

这表明两宗安立净土的角度有差异。禅宗侧重从众生自性或佛果位的实相安立净土，因此没有三种净土之分，即便从自性本具的法报化三身分立三种净土，三种净土也是依自性同时显现出来，自然只有名相差异，而没有净秽之别。净土宗侧重从菩萨道修行者证入境界的深浅安立净土，所以不仅名相有别，土的净秽、深浅也有异。娑婆世界是秽土，极乐世界是净土，这是净秽之别；极乐世界是实报庄严土，常寂光是清净法性土，这是浅深之别。当然，从根本上说，无论净土宗厌离的娑婆秽土，还是他们欣求往生的实报庄严土，都是自性净土在众生不同行位显现的相，他们往生实报庄严土的最终目的是现证常寂光土，这又是其与禅宗的异中之同。

　　其次是所被根器的异同。所谓根器，是由佛教所说信、进、念、定、慧五根构成的众生的身心状况，类似我们说的素质，具体指信受奉行成就佛果的某个法门的能力。众生根器千差万别，可方便分为上、中、下三等，这是佛陀设教的前提，佛正是应众生这种种根器施行教化的。那么，佛有没有说过一种适合所有根器的众生修习的法门呢？净土宗的祖师们认为有，并且肯定地说就是净土法门。例如道绰法师（562—645）说："《大集月藏经》云：'我末法时中，亿亿众生起行修道，未有一人得者。'当今末法，现是五浊恶世，唯有净土一门，可通入路。"（《安乐集》）净土宗第九代祖师蕅益智旭大师（1599—1655）说："佛法之入震旦也，大小并陈，权实双著，求三根普被、摄机最广、义门最圆顿者，莫若净土。"（《灵峰宗论》）净土宗第十三代祖师印光大师（1861—1940）也说："一切众生具有如来智慧德相，但由迷真逐妄，背觉合尘，全体转为烦恼恶业。因兹久经长劫，轮回生死。如来愍之，为说诸法……众生根有大小，迷有浅深。各随机宜，令彼得益。所说法门，浩若恒沙。就中求其至圆至顿，最妙最玄，下手易而成功高，用力少而得效速，普被三根，统摄诸法，上圣与下凡共修，大机与小根同受者，无如净土法门之殊胜超绝也。"(《净土法门普被三根论》)净土法门有实相、观想、观相、持名四种念佛方法，实相念佛即以无能念所念的清净心来念佛，观想念佛即通过观想佛无量功德来念佛，观相念佛即通过观察佛依正二报庄严相好来念佛，持名念佛即通过执持阿弥陀佛名号来念佛，每种念佛方法都能往生西方净土，而以净土宗立为宗旨的持名念佛一法最简便易行，无论士农工商、智愚贫富、男女老少、僧俗圣凡都可随时随地修行，因此可说是三根普被。

禅宗的"三无"法门虽然同样简便易行，但要求参禅者满足两个条件：一是信自性三宝，即信自性本具的觉悟性、中道性和清净性这佛法僧三宝；二是信顿悟法门，即信通过般若观照见性成佛的顿悟法门。沩山灵祐禅师对弟子说，"只贵子眼正，不说子行履"，其中"眼正"即指信仰此知见，可见此知见对参禅者的重要性。但是，要建立此知见却很不容易，六祖就说"此是最上乘法，为大智上根人说，小根之人若闻法，心不生信"，明确表示禅宗是独被上根利智的法门。不过，我们应该知道，六祖是侧重就慧根而说根器，如果侧重从信根论根器，一个人只要信仰了禅宗，他就是"大智上根"的参禅根器。从这个意义上说，禅宗也是三根普被的宗派。

再次是信力的异同。善导大师说，净土修行者要有两个决定信仰："一者，决定深信自身现是罪恶生死凡夫，旷劫已来常没常流转，无有出离之缘；二者，决定深信彼阿弥陀佛四十八愿摄受众生，无疑无虑，乘彼愿力，定得往生。"（《观无量寿佛经疏》）第一是深信自己是罪业深重的薄地凡夫，决定不能凭借一己之力出离轮回苦海；第二是深信阿弥陀佛具有无量愿力，决定能将自己接引到西方净土。对自己无力与阿弥陀佛有力的信仰，和合成就了净土法门的利益，这就是人们常说的他力信仰。

由上述禅宗信仰内容看，可知与净土宗不同，禅宗信仰的主要是自力。六祖说："我心自有佛，自佛是真佛，自若无佛心，何处求真佛？汝等自心是佛，更莫狐疑。"马祖说："汝等诸人，各信自心是佛，此心即佛。"（《马祖道一禅师广录》）六祖又说，"万法尽在自心，何不从自心中顿见真如本性"，"三世诸佛、十二部经在人性中本自具有，不能自悟，须求善知识指示方见；若自悟者，不假外求。若一向执，谓须他善知识方得解脱者，无有是处。何以故？自心内有善知识自悟"。在这些开示里，根本强调的都是参禅者自悟的能力，靠善知识或佛力加持甚至"无有是处"，佛菩萨只是指示或引导参禅者的助缘，地位远不如在净土宗中重要，这就是人们常说的自力信仰。当然，我们应该看到，净土宗的他力并不是排斥自力的他力，净土法门的信仰、佛名的持诵都需要信仰者自力的投入；禅宗的自力也不是无须他力的自力，善知识指示参禅法门、督促参禅者用功等等都是他力。

第四是用功方法的异同。净土宗依持名念佛来修行。《佛说阿弥陀经》说:"若有善男子、善女人闻说阿弥陀佛,执持名号,若一日、若二日、若三日、若四日、若五日、若六日、若七日,一心不乱,其人临命终时,阿弥陀佛与诸圣众现在其前。是人终时,心不颠倒,即得往生阿弥陀佛极乐国土。"《观无量寿佛经》更说,造五逆十恶者只要"如是至心,令声不绝,具足十念,称南无阿弥陀佛。称佛名故,于念念中,除八十亿劫生死之罪,命终时见金莲花,犹如日轮住其人前,如一念顷,即得往生极乐世界",经二十小劫亦得花开见佛。善导大师依据佛陀教示,从四种念佛法门中将持名念佛法门抉择为净土宗的根本修持法,所谓"望佛愿,意者唯劝正念称名往生义疾,不同杂散之业"(《观无量寿佛经疏》),"极乐无为涅槃界,随缘杂善恐难生,故使如来选要法,教念弥陀专复专"(《转经行道愿往生净土法事赞》)。禅宗的根本修法是般若观照法,它对上根参禅者来说,是大珠慧海禅师所谓"顿除烦恼,悟无所得"的"无修无证"法门;对中下根来说,也是依般若观空分别妄念的根本对治法门。可见,禅宗的般若观照法门与净土宗的持名念佛法门有同有异:相对说来,持名念佛一开始是有功用行法门,般若观照法门从一开始就是无功用行法门,是为其异;另一方面,持名念佛法门修到理一心不乱时,则与般若观照法门无二无别,是为其同。

第五是所证果位的异同。净土宗修行者,最低成就是下品下生，最高成就是证得念佛三昧成佛。关于这一法义，蕅益大师在他的《阿弥陀经要解》中作过明确开示："往生有四土，各得论九品，今且略明得生四土之相：若执持名号，未断见思者，随其或散或定，自于同居土中分三辈九品；若执持名号，至于事一心不乱，见思任运先落者，则生方便有余净土；若执持名号，至于理一心不乱，豁破无明一品乃至四十一品，则生实报庄严净土，亦名分证常寂光土；若无明断尽，则是上上实报，亦是究竟寂光也。"蕅益大师依天台思想论述净土，其中有些名相需要稍加解释："凡圣同居土"和"方便有余土"是天台宗安立的净土用语，这两种净土相当于净土宗所说带业往生而未能花开见佛的弥陀净土。"随其或散或定"，指以散心念佛或定心念佛；"事一心不乱"指一心念佛、念念无间的念佛境界；"理一心不乱"指没有能所、念而无念的念佛境界。"见惑"、"思惑"和"无明惑"是天台宗对众生迷惑的分类，"见惑"指所知障，"思惑"指烦恼障，"无明惑"指根本智障。"未断见思"，指以散定二心念佛，但是未断除所知烦恼二障阶段；"见思任运先落"，指念到事一心不乱，并且已断除所知烦恼二障阶段；"破无明一品乃至四十一品"，指念到理一心不乱，直至除根本智障阶段。这告诉我们，念佛一门，决定往生净土，直至最终成佛。蕅益大师还告诉们，"不论至心散心，有心无心，或解或不解，但令弥陀名号一历耳根，或六方佛名、或此经名字一经于耳，假使千万劫后，毕竟因斯度脱，如闻涂毒鼓，远近皆丧；又如食少金刚，决定不消也"，即决定没有退转。

参禅者的果位是直入自性净土，相当于净土宗花开见佛的弥陀净土和常寂光净土。六祖所谓"自心地上觉性如来放大光明，外照六门清净，能破六欲诸天；自性内照，三毒即除，地狱等罪一时销灭，内外明彻，不异西方"，"若起正真般若观照，一刹那间妄念俱灭，若识自性，一悟即至佛地"等教示中，"西方"、"佛地"等概念指的都是明心见性的境界，属于净土宗的实报庄严与常寂光两种净土的范围。《大方广如来不思议境界经》开示，"菩萨若能了知诸佛及一切法皆唯心量，得随顺忍，或入初地，舍身速生妙喜世界，或生极乐净佛土中，常见如来，亲承供养"，禅宗的明心见性起码属于菩萨初地境界，其所入净土起码也是实报庄严土。禅宗没有净土宗的散定二心和事一心不乱念佛往生的净土，这是其异；究竟而言，净土宗依"是心作佛，是心是佛"（《观无量寿佛经》）为归趣，因此该宗行人最终往生的实报庄严、常寂光净土实即禅宗的自性净土，此是其同。

禅净两门可以兼修吗？实践中多见禅师兼修净土，例如明教契嵩（1007—1072）、死心悟新（1044—1115）、真歇清了（1097—1152）、天衣义怀（981—1053）、慧林宗本（1006—1087）、慈受怀深（1077—1132）等禅门宗匠，都不约而同地修持净业、发扬净土之旨；长芦宗赜禅师曾设立名为"莲华胜会"的念佛结社，每天规定念阿弥陀佛千声或万声的日课；四祖道信禅师（580—651）还开出了念佛禅法门，尽管这种法门本质上与禅观并无二致，但毕竟也属于净土修行法门。

　　净土宗祖师的观点，表面看起来比较复杂，既有提倡容纳参禅者，也有反对参禅者，还有主张净不借禅、禅须兼净者，三种主张都有代表人物。容纳参禅者，代表是净土宗第八代祖师莲池大师（1535—1615）。莲池大师一生"旋转万流，直指西方彼岸"，撰写了大量弘扬净土的著作。因从参禅见性，他对参禅一法颇为倾心，不但辑录禅宗古德公案为《禅关策进》策励修行者，刊刻《高峰原妙禅师语录》弘扬禅宗祖德，更在净土行人中提倡"参究念佛"法门。"参究念佛"法门始创于智彻禅师，到莲池大师时已相当盛行，在庄广还辑、莲池大师本人校正的《净土资粮全集》中还专门收录了此法，其内容大致如下：念佛人先念"南无阿弥陀佛"三五声，即回光返照：佛即是心，心是什么？心既不是有，也不是无，举佛名号者一念从何处生起？看破这一念。进一步看破这看破的是谁。如此参究一番，又举南无阿弥陀佛，又如此看如此参，清清楚楚、念念不断地做功夫，无论行住坐卧，功夫都不间断。忽然之间，在闻声见色时、行住坐卧处豁然大悟，则亲见自性弥陀，内外身心一时透脱，尽乾坤大地是个西方，万象森罗无非自己。这实际上是用参话头的方法来念佛。有人对此做法很有非议，认为参究念佛以见性为主，持名念佛以往生为要，佛陀圣教也只有持名而没有参究念佛，因此应该废弃参究念佛法门。莲池大师回答道："古尊宿云：'如人涉远，以到为期，不取途中强分难易。'诸仁者！方便门多，归元路一，愿勿以狐疑玩惕岁时，便应直往疾趋，为到家计。既到家已，千丈岩、七宝池，有智主人二俱不受。"他以法法皆为成佛的观点破斥了这种偏执之见。

反对杂修者，代表是蕅益大师。蕅益大师教宗天台，行在净土，既是著作等身的佛学大师，也是净土宗的第九代祖师。有参禅者用"参究念佛"一法请教蕅益大师，以为修习此法，即使今生不悟，也可保临终往生西方，他明确说："众生颠倒，转说转疑，吾今彻底道破，亦令当来诸有志者毋泣歧路。既一门深入，何须迭床架屋，更涉参究？但观莲宗诸祖，便知净不须禅。"他认为这是杂用功，非念佛者所当为，其理由是：一、净土本身就是无上微妙禅，根本不必要参究："因净土乃深妙禅，不必参究：虽复教网万殊，无非醒九界长梦，令复还元觉，了三土幻翳，令冥契寂光耳。然了义中最了义，圆顿中极圆顿，方便中第一方便，无如净土一门。何以言之？'随其心净，则佛土净'，见思净超同居，尘沙净超方便，无明净超实报，故曰唯佛一人居净土。尚何不了之义？众生心念佛时，'是心作佛，是心是佛'，以一念顿入佛海，故曰'一称南无佛，皆已成佛道'。若人专念弥陀佛，是名无上深妙禅，岂不至圆至顿？"既然净土本身是无上深妙禅，还有什么必要做屋上叠屋的参究功夫？二、净土仰仗弥陀愿力往生净土，禅专赖行者自力自悟，"参究念佛"从自悟来说虽有大利益，但对净土行人往生有大害："既涉参究，便单恃己灵，不求佛力，但欲现世发明，不复愿往，或因疑生障，谓不能生，甚则废置万行，弃舍经典。古人本意，原欲摄禅归净，于禅宗开此权机。今人错会，多至舍净从禅，于净宗翻成破法，全乖净业正因，安冀往生彼国？"既然古人开许"参究念佛"法门是为了摄禅归净，现在的净土行者反摄净归禅，实际上有禅无净，当然足以破坏净土法门。蕅益大师最后说："若为大事因缘，有疑未破，欲罢不能，而行参究，正应殷勤回向西方。"（《灵峰宗论》）哪怕净土行者非参究念佛不可，也应该将功德回向往生西方净土，否则还是以一心念佛为妥帖。

表面看来，两位净土宗祖师一个主张"参究念佛"，一个反对"参究念佛"，似乎相互矛盾，实际上根本没有差别：莲池大师提倡"参究念佛"，强调这个法门虽然借用了参话头的方便，但在归到自性弥陀、唯心净土这个目的地上与持名念佛法门没有任何不同；蕅益大师反对净土行人修习"参究念佛"法门，既是为了保持禅净两宗各自的宗风，更是为了鞭策净土行人一门精进、早日成就。

主张净不借禅、禅须兼净者，代表是永明延寿禅师（905—975）。永明大师是禅宗法眼宗的祖师，他的《宗镜录》一书是依禅心统摄佛法的禅门巨著；他同时又是净土宗第六代祖师，被视为阿弥陀佛化身，中国佛教节日中的弥陀诞实际上是他的诞辰。在这个问题上，他表达看法的著作就是著名的《禅净四料简》。有人说这四首偈颂不是永明大师的作品，但并没有确凿证据，依我所见，这四首偈颂与永明大师思想一致，可以视为代表其思想的作品，我们可借之对其观点略加论述。

第一种是有禅无净土者："有禅无净土，十人九错路。阴境若现前，瞥尔随他去。"这是指只参禅不念佛的人，如果不以明心见性为目的，以为得些清净境界就到了家，那么十有九个会走错路，现世容易被种种阴魔所迷惑，临终多随业力大的阴境轮回六道。佛陀在《楞严经》中开示，众生超越轮回，必须冲出色、受、想、行、识种种阴魔的控制，否则难出魔掌。又，众生生命在三世中持续存在，只是其生命品质有智愚之分，佛菩萨等智者的生命是不断依智慧、自在与慈悲应现的生命，六道凡夫等愚者的生命则是不断顺无明、困扰与痛苦轮回的生命。凡夫轮回到哪个世界、变成哪种众生，由临终时力量最大的业境决定。比如说，为什么有的人生在中国，有的人却生在美国？依照佛教的生命观，这是本于他们过去世所造的业，最贪著中国这个地方的众生就来到了中国，最贪著美国那块土地的众生就去到了美国，这是不由自主的行为。永明大师言下之意，如果参禅者不以念佛为助行，又不以明心见性为目的，临终时自然无弥陀净土可生，只能随业转生到种种秽土之中。第二种是无禅有净土者："无禅有净土，万修万人去。但得见弥陀，何愁不开悟？"这是指不参禅只念佛的人，只要具足深信切愿，万人修万人都能往生弥陀净土；只要花开见佛，还愁不能成佛吗？净土宗说，净土行人只要往生到弥陀净土，就不会再退转到五浊恶世来；极乐世界中，诸上善人聚会一处，还有很多是一生补处菩萨，净土行人往生此土后，很容易亲近善知识、听闻佛法、修行成佛，因此不愁开悟。第三种是有禅有净土者："有禅有净土，犹如带角虎。现世为人师，当来作佛祖。"这是指既参禅明心见性而兼念佛的人，既依般若观照法门自悟本性，又依念佛法门感得佛力加持，在菩萨道上如虎添翼，现世就能作善知识，来生必然成佛作祖。第四种是无禅无净土者："无禅无净土，铁床并铜柱，万劫与千生，没个人依怙。"这是指还没有建立佛法信仰的人，现世整天受到身心苦痛的煎熬而不求解脱，来生必然继续在生死大海中轮回，找不到生命的皈依处。

事实上是不是这样呢？当然是。其中的道理，云门宗第十三代祖师佛源妙心禅师（1923—2009）早已彻底讲透："禅宗门下，历来参禅者多，开悟者少。即使开悟，也只是找到了个'安心'的处所，解决了信解的问题，并非究竟成佛了脱生死，尚有烦恼习气须渐修以断除。唐沩山灵祐禅师说：'可中顿悟正因，便是出尘阶渐，生生若能不退，佛阶决定可期。'强调顿悟自性者尚须渐除旷劫烦恼习气。若烦恼习气有丝毫未尽，便不得即生解脱，还须向六道中受生，难保出胎不迷、生生不退。欲图即生解脱，尽快成佛，尚须兼修念佛，求生净土。"（《佛源妙心禅师禅要》）禅师所谓"信解"是具足闻思二慧，指参禅者开悟后才进入了修慧阶段，此后还要灭除无量劫以来的烦恼习气才能成佛，因此应该兼修净土。参禅者兼修净土法门，无论在悟前和悟后都很有帮助：悟前兼修念佛，感得佛力加持，有助于忏悔业障，净心参究；悟后兼修念佛，感得佛力加持，有助于断除习气，圆满成佛。

问　答

问:"诸行无常,诸法无我",那佛土的本性是什么? 是无常还是常? 如果佛土是常,那佛土就永远不变了吗?

答: 顾名思义,佛土是佛所居国土,也就是佛的依报世界,通常称为净土。禅宗认为这个世界的本性就是自性,叫作自性净土,自然具有不生不灭的特点。当然,自性净土的这个特点,只有灭尽分别心的圣者才能得见。灭尽分别心则言语道断、心行处灭,说佛土常无常、变不变都是两头话。

同一不可思议清净佛土,在未现证自性者心中却显现为被妄想烦恼污染的秽土,因此对尚有我法二执的众生而言,有一个将秽土变为净土的过程,且这个过程要直到成佛方才圆满。当然,佛法认为外境唯心所现,所谓变秽土为净土实际上不是改变心外的世界,而是改变心的性质,即将被妄想颠倒污染的心恢复其本来面目——智慧、自在和慈悲的清净心,故《维摩诘经》云:"若菩萨欲得净土,当净其心,随其心净,则佛土净。"

◇　◇　◇

问: 禅宗怎么修行? 达到什么境界? 修禅的人在衣食住行方面怎么做?

答: 我觉得,最适合现代人修学的佛教法门有三个,第一个是净土,第二个是禅,第三个是持咒。为什么? 因为我们的时代竞争激烈，人们余闲很少，很难专门挤出时间修行，而这三个法门对外在条件没太多要求，可以随时随地起修。譬如禅法，它根本是在心上做工夫，方法是依般若观照法门把自己的心调到与实相相应，如果起了执著的念头就把它拉回来。古人称这个修法叫"牧牛"。譬如一头牛，如果管不好，它就会吃别人的庄稼，好的牧童会在牛踏入庄稼地前把它拽回来。禅的修法也一样，无论行住坐卧、语默动静，只要我们的心生起了贪婪、嗔恨、傲慢、冷漠、嫉妒等念头，就应在此念头尚未表现为语言和行为之前，以般若观照法门将它照破，令它无所遁形。般若就像洪炉，种种杂念宛如白雪，所谓"洪炉点雪"，岂有不化之理？待到工夫成熟，就达到永嘉禅师所谓"行亦禅，坐亦禅，语默动静体安然"的境界，乃至吃饭穿衣、拉屎放尿都是禅了。

　　如果说禅是没有妄想的生活，那么参禅就是要在生活中做到念念没有妄想。我借禅宗的一个著名公案来显示此义吧。有人问大珠慧海禅师："和尚修道还用功否？"师曰："用功。"曰："如何用功？"师曰："饥来吃饭，困来即眠。"曰："一切人总如是，同师用功否？"师曰："不同。"曰："何故不同？"师曰："他吃饭时不肯吃饭，百种须索；睡时不肯睡，千般计较，所以不同也。"（《景德传灯录》）

　　问：冯老师，我们在座听众想要继续学习或者研习禅宗，您有什么寄语或者建议?

答:我曾经开列出一个修学禅宗的基本书目,这个书目分成经、论、语录、灯录、概论、禅要、龟镜和禅史八大类:

1. 经类:《维摩诘经》《金刚经》《圆觉经》《楞伽经》《楞严经》《华严经》《大般涅槃经》《坛经》;

2. 论类:《二入四行论》《信心铭》《最上乘论》《参同契》《永嘉证道歌》《顿悟入道要门论》《宗镜录》;

3. 语录类:《马祖道一禅师语录》《百丈怀海禅师语录》《南泉普愿禅师语录》《赵州从谂禅师语录》《黄檗断际禅师传心法要》《黄檗断际禅师宛陵录》《沩山灵祐禅师语录》《临济慧照禅师语录》《洞山悟本禅师语录》《曹山本寂禅师语录》《雪峰义存禅师语录》《玄沙师备禅师语录》《云门匡真禅师广录》《金陵清凉院文益禅师语录》《黄龙慧南禅师语录》《杨岐方会禅师语录、后录》《大慧普觉禅师语录》《宏智正觉禅师语录》《佛果圆悟禅师碧岩录》《禅海塔灯》;

4. 灯录类:《祖堂集》《景德传灯录》《五灯会元》;

5. 概论类:《禅源诸诠集都序》《人天眼目》《正法眼藏》《禅宗决疑集》《五家宗旨纂要》《五宗原》《宗范》《万法归心录》《禅海蠡测》;

6. 禅要类:《坐禅仪》《圆悟心要》《大慧书》《高峰原妙禅师语录》《博山参禅警语》《天目明本禅师杂录》《虚云老和尚禅要》《佛源妙心禅师禅要》;

7. 龟镜类:《沩山警策》《宗门十规论》《禅林宝训》《禅门

锻炼说》《禅苑清规》《敕修百丈清规》《慨古录》；

8. 禅史类：《楞伽师资记》《中华传心地禅门师资承袭图》《传法正宗记》《禅宗宗派源流》《唐五代禅宗史》《宋元禅宗史》。

上述著作有几十本，如果我们想了解禅宗的基本内容，每类选一两本来看就可以达到目的；如果要深入堂奥，最好能够精读这里开列的所有著作，并依止一位善知识，在日常生活中以般若观照法门做工夫。如此行到一定程度，说不定哪天看到一缕阳光，或喝下一口茶，就开悟啦！

问：禅宗的念佛禅与净土的念佛法门有什么区别？

答：念佛禅是由禅宗四祖道信禅师依据《文殊般若经》开出的修持法门，其心要有三：一、明确知道"离心无别有佛，离佛无别有心，念佛即是念心，求心即是求佛"；二、不以贪著、攀缘、觉观之心念佛，而以无所念能念之心念佛；三、"心心相续，忽然澄寂，更无所缘念"，获得念佛三昧。（《楞伽师资记》）这种念佛法门属于净土法门中的实相念佛，成就后则证入实报庄严乃至常寂光净土。

问：能不能请您再介绍一下四种念佛法门？

答：第一种是实相念佛，即以诸法实相身来念佛。龙树菩萨在《十住毗婆沙论》中对此法门开示说："应以法身念佛，心转深入，得上势力。应以实相念佛，而不贪著，不染著色身，法身亦不著。"从修行方法说，就是念念与实相相应，能所双忘，既没有能念实相者，也没有所念的实相。这类似于禅宗的无念法门，无须渐修，当下即是。第二种是观想念佛，即通过观想阿弥陀佛的依正二报庄严与功德来念佛。关于此法门的具体修法，《观无量寿经》里有详细开示，古人说这部经就是以"一心观想念佛为宗"的净土经典。第三种是观相念佛，即通过观佛相好念佛。这个法门，《观无量寿经》中也有详细开示。第四种是持名念佛，即通过执持阿弥陀佛名号来念佛，其心要是"都摄六根，净念相继"（《楞严经》）。四种念佛法门中，前三种都比较难上手，只有持名念佛最容易修习，称得上是"三根普被，利顿全收"的法门。

问：现在是末法时代吗？请指教。

答：将佛法分为正、像、末三个时代，的确是许多佛经的开示。那么佛法的三时法运说是什么意思？应该如何理解佛陀这一开示？正法时代指正法流布的时代，其主要特点是解脱坚固（此时有信、有解、有修、有证），其持续时间为五百年；像法时代指相似佛法流布的时代，其主要特点是塔寺坚固（此时有信、有解、有修而无证），其持续时间为一千年；末法时代指佛法凋零的时代，其主要特点是诤论坚固（此时有信、有解而无修、无证），其持续时间为一万年。末法过后，则是根本没有佛法的时代，那时就连信解佛法也不可能，要等弥勒下生阎浮提成佛，这个世界才能再次听闻佛法。依此开示，我们所处的时代正是末法时代。

对如上开示，我们应从释迦佛摄化众生的对治、为人和第一义三种悉檀（法施）来认识：从对治悉檀看，佛深知这个时代的众生根性下劣、习气深厚，很难发起真修实证的愿行，故揭示这一事实，令其警醒；从为人悉檀看，佛作此说，正是为了让众生看到自己的真实面目，深生惭愧，发坚固愿，奋力修行，续佛慧命；从第一义悉檀看，万法唯识，三界唯心，佛说末法，则非末法，是名末法。因此，法运的正、像、末三时，根本上完全决定于佛教信众的愿行：信众如果发末法愿行则末法时代现前，发像法愿行则像法时代现前，发正法愿行则正法时代现前。

问：佛法的时间是可以变的吗？随着众生的愿望更改吗？

答：佛法的时间可分为四种：一是随世俗境界安立的时间，二是随凡夫心安立的时间，三是随圣人心安立的时间，四是随佛心安立的时间。随世俗境界安立的时间，指众生界约定的世俗时间，包括人类的格林威治时间，以及其他生物约定的种种时间。这种时间因定时标准不同而有相对性，如佛经说，地球上的一年，只相当于三十三天（忉利天）上的一天一夜（《中阿含经》）。随凡夫心安立的时间，指凡夫的心理时间。

例如，对于未修行者来说，当生活忙碌、心情愉快时，会觉得光阴似箭，日月如梭；反之，他会感到一日三秋，甚至度日如年。对未登菩萨地的修行者来说，当烦恼粗重、业障现前时，他会觉得时间漫长；而当善根开发、身心轻安时，他会感到时间很短。这都是因为此位凡夫没有参破约定俗成的时间的虚幻性，从而生起了内外时间的差别相。随圣人心安立的时间，指初地到十地菩萨的空幻时间。对菩萨来说，由于已看透约定俗成的时间的虚幻性，他不再感受到前面两种时间差带来的冲击。虽然如此，但他还不能任运进出不同的时间。随佛心安立的时间，指约佛位而有的随缘时间。对佛而言，由于佛圆满现证了"无边刹海，自他不隔于毫端；十世古今，始终不移于当念"（《华严经合论》）的境界，所以一方面前后际断，不执著任何时间；另一方面能任运进出任何时间。依《华严经》，大菩萨已能"于无量劫，遍一切处，示现受生，自在解脱"，何况佛呢？

第十二讲 禅宗的价值与影响

　　每个民族都有些星辰一样的人物，他们在这个民族的天空中永远闪闪发光，这些人物就是智慧的发现、践行与传播者，中国的伏羲、周公、孔子（前551—前479）、孟子（约前372—约前289）、老子（约前571—约前471）、庄子（约前369—约前286或275）等就是这样的人物，六祖更是其中的佼佼者，他与孔子、老子一起被西方人誉为"东方三圣"。

　　两千多年前的一个夜晚，释迦牟尼佛在菩提树下示现成佛：他通过顺观十二因缘，看到众生轮回的真相；又通过逆观十二因缘，发现众生轮回的根本原因是无明，从而打破无明获得智慧，现证诸法实相，这实相就是禅。作为诸法的真相，不管释迦牟尼佛出不出现、说不说法，禅永远如是如是，不增不减。佛陀为令一切众生现证同样的实相，获得同样的智慧，不光是做出了这样的示现，还起而行化世间，传出了以智慧和慈悲为宗旨的佛教。佛陀依四种成就众生的方法说法，依世界悉檀说因果法，依对治悉檀说除恶法，依为人悉檀说生善法，依第一义悉檀显示实相。因为众生习气各不相同，佛陀说法的方式相应也就多种多样；因为众生根器有利钝之分，佛陀所说的教法相应也有深浅差异，由此形成了人、天、声闻、缘觉、菩萨等不同层次的教法。但是，佛陀无论以什么方式说法，或无论说多么浅显的法，最后都是为令众生证入尽虚空遍法界的实相或禅。

禅宗之前，佛教各派信众要现证禅，必须渐次超越种种二元对立境界的束缚，包括超越体现为二元对立结构的佛陀教法的困扰。为什么大多数佛陀教法要体现为二元对立结构的教化系统呢？原因有两个，一是众生无量劫以来就处于二元对立世界和思维模式中，最熟悉这种思维方法及其所知世界，如果佛陀不用这种结构说法，大量众生甚至无法听懂佛陀说什么，更不用说依教奉行、转凡成圣了，所以必须"先以欲勾牵，后令入佛智"（《维摩诘所说经》）；二是佛陀是智慧与慈悲具足的大觉悟者，有能力从不可思议的禅境现起智慧妙用，用众生喜闻乐见的任何方式（包括二元对立方式）说法。这样，对于追求佛智慧者来说，佛陀圣典就像一把两面刃，一方面是他们济度苦海的宝筏，另一方面又可能成为他们执著的对象。这在禅宗兴起前的南北朝佛教中表现得很明显，梁朝甚至出现了竞相讲经说法、"定学摄心未闻于俗"（《续高僧传》）的情境。禅宗从佛陀灵山拈花的示现中，传承了佛陀"直指人心，见性成佛"的说法方式，超越教法系统，直接将禅指示出来。

相对传统教派来说，禅宗在见地的建立、行门的实践、果地的趣入三个方面都实现了革新：从见地上看，佛教认为宇宙万法本性空寂、法法平等，无奈众生无量劫来为无明障蔽，妄见万法实有、法有高下，佛陀为对治众生重重妄念，依二谛说法接引，令众生冲出重重牢笼，打破无明卵壳，现证诸法实相，功莫大焉。禅宗发现，佛陀千言万语，无非旨在显示众生本具的佛性，传佛心印者应该直截了当地将佛性指示出来，于是他们开出了直显心性的禅宗，从此，以前需要借助经教层层开显的佛性，现在有了"教外别传"的宗门。从行门上看，教下各家无不是通过从有念修行到无念修行的过程来达到证果的目的，即从层层二元对立的对治法门起修，最后超越所有二元对立成圣成佛。比如观四念处，要先观身不净，中经观受是苦、观心无常，最后再观法无我，只有修到观法无我才能成就，即使到了"观心无常"阶段也不能成就。为什么呢？"观身不净"是执著身体为净者的对治法门，"观受是苦"是执著觉受为乐者的对治法门，"观心无常"是执著心念为常者的对治法门，修行者停留在其中任何一个阶段都无法现证诸法无我的实相，只有到了"观法无我"才能真正现证实相；即使修到这里，最后如果不能破掉对"无我"的执著，依旧不能成佛，譬如声闻行者就是如此。禅宗不取这种修法，而主张直接依"诸法无我"起修，当下体悟身体非净非秽、感受非苦非乐、心念非常非断、诸法非有非无，当下与空、无相、无愿三解脱门相应，所以六祖说"惟论见性，不论禅定解脱"；马祖说"声闻不知圣心本无地位、因果、阶级、心量，妄想修因证果，住于空定八万劫二万劫，虽即已悟，悟已却迷，诸菩萨观如地狱苦，沉空滞寂，不见佛性；若是上根众生，忽尔遇善知识指示，言下领会，更不历于阶级地位，顿悟本性"。其奥妙在于禅宗的根本法门不是二元对治法，而是般若观照法，当然没有那么多曲折。同时，参禅者只要掌握了这个法门，不拘在家出家、男女老少、学士文盲，也不拘行住坐卧、吃饭穿衣、迎宾待客，在任何一念都能回光返照，领受法益。从果位上看，因为禅宗的能观智是般若，所以只要"起正真般若观照，一刹那间妄念俱灭"，"一悟即至佛地"，一念观照一念是佛，念念观照念念是佛，尽管这佛可能只是法性佛，但不必像教下一样"缘理断九"、次第转依，自有其殊胜处。这种革新的最大价值是，人类从此有了一种非常方便快捷地获得智慧的方式，是对佛陀本怀的当体回归。正因为如此，六祖创立的禅宗虽然一开始也经历过曲折，但很快就畅行无阻，到柳宗元（773—819）时代已经是天下"凡言禅皆本曹溪"（《曹溪第六祖赐谥大鉴禅师碑》）的景象了。

由于禅宗宗教色彩很淡，可说是非宗教性的快捷获取智慧法。因此它出现后，不仅很快大盛于中国，而且随即走出国门，首先东传海东与扶桑，继而西渐欧洲和美洲，受到世界各地越来越多求道者的青睐。禅宗这种快捷获取智慧法带给人类的利益，在人类文明中堪称稀有，无论怎么褒扬都不过分。

除此之外，禅宗很快越出佛教界，还对此后中国的思想文化产生了巨大影响。近代佛教大德太虚大师（1890—1947）就对禅宗的这种价值与影响给予了高度礼赞："最雄奇的是从中国第一流人士自尊独创的民族特性，以达摩西来的启发，前不见古人后不见来者，而直证释迦未开口说法前的觉源心海，打开了自心彻天彻地的大光明藏，佛心自心印合无间。与佛一般无二的圆明了体现了法界诸法实相，即身便成了与佛陀一般无二的真觉者。然后应用一切方土的俗言雅语，乃至全宇宙的事事物物，活泼泼地以表现指示其悟境于世人，使世人各各直证佛陀的心境。此为佛学之核心，亦为中国佛学之骨髓。唯中国佛学握得此佛学之核心，故释迦以来真正之佛学，现今唯在于中国。而中国唐宋以来一般老庄派的孔孟派的第一流学者，亦无不投入此禅宗佛学中，然后再回到其道家及儒家的本位上，以另创其性命双修学及宋明理学。故此为中国佛学最特色的禅宗，实成了中国唐宋以来民族思想全部的根本精神。"（《佛学源流及其新运动》）当代国学大师钱穆先生（1895—1990）也褒扬道："在后代中国学术思想史上有两大伟人，对中国文化有其极大之影响，一为唐代禅宗六祖惠能，一为南宋儒家朱熹……惠能实际上可说是唐代禅宗的开山祖师，朱子则是宋代理学之集大成者。一儒一释，开出此下中国学术思想种种门路，亦可谓此下中国学术思想莫不由此两人导源。"（《六祖坛经大义》）不过，如果要详细充实两位大师的判断，恐怕需要很大篇幅和时间，我们这里只能从儒学、道教与诗歌等几个方面进行简单勾勒。

先看看禅宗对儒家思想的影响。儒家是孔子在《易经》等传统思想基础上创立的内圣外王之学，其学要旨大致如下：本体是天，天有好生之德；天道是阴阳，阴阳交通化生万物，万物禀性于天;人禀有上天之德性,但因习气不同而偏离天道,因此须从仁、义、礼、智、信五伦开始内修心性、外行仁道,最终达到天人合一之境。子思、孟子继承孔子衣钵,强调天人合一的根本是正心,认为只要尽心、尽性就能知天,所谓"尽其心者知其性也,知其性则知天矣"(《孟子·尽心》),由此开出心学一支。汉代以后,儒学成为王道政治的根据,再次凸显天的根本地位。我们看到,子思、孟子虽然强调心在内圣外王之学中的作用,但心本身由天所生,还是以天为本。

到了唐代,李翱(772—844)将天指归人性,提出性善情恶说,认为人的本性是动静皆离、视听昭昭、感而遂通、自然合道的体性,人的情感则是虚妄不实、遮蔽善性的邪情或恶情,要转凡成圣,必须灭情复性。他所说的人性实为受禅宗自性思想影响的结果,其说性与情的关系、复性的方法,与六祖所谓"世人性本清净……如天常清,日月常明,为浮云盖覆,上明下暗。忽遇风吹云散,上下俱明,万象皆现"之说也如出一辙。这一微妙关系,宋赞宁早就指呈出来:李翱"著《复性书》上下二篇,大抵谓本性明白,为六情玷污,迷而不返,今牵复之,犹地雷之复见天地心矣,即内教之返本还源也。其书露而且隐,盖而又彰;其文则象系《中庸》,隐而不援释教;其理则从真舍妄,彰而乃显自心,弗事言陈,唯萌意许也。"(《宋高僧传·药山惟俨传》)宋代以降,陆象山(1139—1193)和王阳明(1472—1529)为代表的宋明心学,从本心说本性,以本性指天理,与李翱走的是同一条路子。陆象山说:"四方上下曰宇，往古来今曰宙，便是吾心。吾心即是宇宙，千万世之前有圣人出焉，同此心同此理也；千万世之后有圣人出焉，同此心同此理也；东南西北海有圣人出焉，同此心同此理也。"（《陆象山集》卷二十二）王阳明说："人的良知就是草木瓦石的良知，若草木瓦石无人的良知，不可以为草木瓦石矣。岂惟草木瓦石为然？天地无人的良知，亦不可为天地矣。盖天地万物与人原是一体，其发窍之最精处是人心一点灵明。"（《王阳明全集》卷三）无论陆象山将天、天理收归人心之说，还是王阳明从"无善无恶"、具足智慧的良知本体生一切法之说，都为先秦汉唐儒家所未道，但都能在禅师们的开示中找到渊源，例如马祖道一禅师的"一切法皆是心法，一切名皆是心名，万法皆从心生，心为万法之根本"（《马祖道一禅师广录》）之说，可以说就是他们二人思想的蓝本。至于他们所谓"发明本心""致良知"的修养方法，则几乎是禅宗顿悟说的翻版。朱熹说李翱"只是从佛中来"（《朱子语类》卷一百三十七）、"陆子静所学分明是禅"（《朱子语类》卷一百一十六），冯从吾（1556—1627）说王阳明"'无善无恶心之体'一句，即告子无善无不善、佛氏无净无垢之旨"（《少墟集》卷十五《答黄武皋侍御》），并非无根的臆断。

当然，这并不意味着李翱、陆象山、王阳明等人的儒学就是佛学，根本原因倒不在于他们属于儒家思想系统，而是他们的"本性""本心""良知"等所依体不是禅宗所谓真空妙有之体，而是实实在在之体，如朱熹所说，"佛说万理俱空，吾儒说万理俱实"。可惜的是，包括朱熹在内的宋明儒几乎都将佛教的空性误解为拨无因果的虚无，以至他们常常对佛教进行无的放矢的批判。

再看看禅宗对道教的影响。道教是中国本土产生的宗教，以长生久视为归宿。隋唐以前，道士主要通过外丹学来达成这个目的。外丹，即通过化学方法（道教称为"黄白术"），炼出一种化学名称叫"硫化汞"的红色丹药，古人称之为"金丹"。金丹被认为是天地精华的凝结，保存时间很长，一旦炼到纯而又纯的程度，是不会坏的，于是有所谓"金丹不坏"之说。道教认为，求道之士吃下这种金丹，可以长生不老，与天地同久，因此许多人趋之若鹜。但事与愿违，因为硫化汞里有很多毒，金丹不但没能让人长生不老，反而令人早夭短寿，汉魏晋南北朝许多沉迷于外丹的人，都因吃金丹中毒早死了。道教徒坚信人可以"长生久视"，外丹的路走不通，就转而走向了炼内丹之路。所谓"内丹"，即将精气神炼到与道凝然为一的状态。依我看，这内丹根本就是六祖所说的自性，都是以心灵解脱为归趣，只不过道教把它叫作丹罢了。内丹学虽然可以远溯老子，近推魏伯阳，但真正流行起来是在五代北宋之际。内丹学有南北两派，其中南派的开创者是宋代张伯端（983—1082），他的《悟真篇》虽然很短，却是内丹学的根本经典之一。他的炼丹方法有四个步骤：第一步筑基，就是打基础；第二步炼精化炁，即把人体中的精炼化为天地一元真炁；第三步炼炁化神，即把一元之炁炼化为神；最后是炼神还虚、炼虚合道，即把神炼化到与太虚、大道合为一体。不完成这最后一步，不能炼成大丹，而完成这最后一步，则必然走向禅宗的"见性成佛"。这一点，张伯端在《悟真篇》卷五《禅宗歌颂》前言中曾明确说："此《悟真篇》中，先以神仙命诱其修炼，次以诸佛妙用广其神通，终以真如觉性遣其幻妄，而归于究竟空寂之本源矣。"他从哪里得知这真如觉性？张伯端《悟真篇自序》说来自禅门："及乎编集既成之后，又觉其中惟谈养命固形之术，而于本源真觉之性有所未究，遂玩佛书及《传灯录》，至于祖师有击竹而悟者，乃形于歌、颂、诗、曲、杂言三十二首，今附之卷末，庶几达本明性之道尽于此矣。"

事实上也是如此。《悟真篇》分前后两篇，前篇阐明修命的内容、层次和方法等，后篇则以禅宗六祖所示自性及其妙用为宗旨，完成以性统命的内丹学。如其《即心即佛颂》说："佛即心兮心即佛，心佛从来皆妄物。若知无佛复无心，始是真如法身佛。法身佛，没模样，一颗圆光含万象。无体之体即真体，无相之相即实相。非色非空非不空，不动不静不来往。无异无同无有无，难取难舍难听望。内外圆通到处通，一佛国在一沙中。一粒沙含大千界，一个身心万个同。"这岂非马祖道一禅师"即心即佛""非心非佛"法义的铺陈？其《戒定慧解》又说："心境两忘、一念不动曰戒，觉性圆明、内外莹彻曰定，随缘应物、妙用无穷曰慧。此三者相须而成，互为体用：或戒之为体者，则定慧为其用；定之为体者，则戒慧为其用；慧之为体者，则戒定为其用，三者未尝斯须相离也。犹如日假光而能照，光假照以能明，非光则不能照，非照则不能明。原其戒定慧者，本乎一性，光照明者，本乎一日，一尚非一，三复何三？三一俱忘，湛然清净。"张伯端依自性一念不动为戒、觉性圆明为定、妙用无穷为慧，与六祖以自性无相为戒、无念为定、无住为慧的戒定慧三即一、一即三的思想，除了名相有所差异，内容与意趣都完全一致，有如心心相印。由于他归心禅宗，参禅有得的圆明居士雍正皇帝（1678—1735）干脆将他视为禅宗大德，说他"真证了彻，直指妙圆，即禅门古德中，如此自利利他，不可思议者，犹为希有"，并将他的著作采入其编纂的《御选语录》之中。这意味着道教在禅宗的影响下，终于从外丹的迷执中解脱了出来，走向了以性为本、性命双修的内丹学，实际上从追求肉身不死的妄见转向了追求明心见性的慧见。至于他们转化得彻底与否，自不能笼统而论。

禅宗还为中国文学艺术开启了一大灵府。灵府即心灵府藏或灵源。徐复观先生在其大作《中国艺术精神》一书中说：中国的美学家都从体悟道体的大全而创作艺术作品，并且都是为人生而艺术，但因他们崇奉的儒家与道家所得道体各有不同，他们由此开出的艺术旨趣也相互各异：儒家发现四端之心是道德精神主体，所以崇奉儒家的艺术家创作的作品重点落在带有实践性的文学方面——"文以载道"之文；道家特别是庄子发现虚静之心是艺术精神的主体，所以崇奉道家的艺术家创作的作品重点落在描绘自然世界的山水诗与山水画。徐先生从道的高度来认识古代中国艺术具有独特神韵的根源，确实是高见。

的确，中国的儒道佛三家之学，都是往圣先贤通过智慧观照方式（有偏圆的差别），对宇宙人生有一整体觉悟（也有偏圆的不同）后开出的生命的学问，由此学问统率的艺术也都是其觉悟境界在艺术中的形象化体现。不过窃以为，尽管做了一定保留，但他将道德精神主体、实践性的文学划归儒家，艺术精神主体、朴素性的山水诗画划归道家的做法，显得不够合理；他没有注意到佛教、特别是禅宗对中国文学艺术的推动作用，更是一大缺憾。

如果从禅的角度切入，我们可以开出一种能更好地观察和统摄中国文学艺术的生命境界观。关于参禅的几重境界，宋代青原惟信禅师上堂时曾有一段诗意的描述："老僧三十年前未参禅时，见山是山，见水是水；及至后来，亲见知识，有个入处，见山不是山，见水不是水；而今得个休歇处，依前见山只是山，见水只是水。"（《五灯会元》）"未参禅时"的"参禅"者是具缚凡夫，他从分别心看世界，观察力虽然有粗糙与微细的差异，但见山是实实在在之山，水是实实在在之水，都只能见到诸法虚妄性相，属于肉眼和天眼境界；"有个入处"的参禅者是初破分别识、开启根本智（无分别智）的圣者，能洞见诸法真实空性，所见山非实在之山而是空性之山，水非实在之水而是空性之水，属于慧眼境界；"得个休歇处"的参禅者是渐满差别智（后得智）的菩萨和圆满此智的佛，不但能如实洞见诸法空性，且能如实了知诸法相状与因果，属于法眼和佛眼境界。

这五种境界中，肉眼和天眼所见是我执境，可称之为"诸法实有"境；慧眼所见是无我境，可称之为"法性空寂"境；法眼和佛眼所见是真我境，可以称之为"法界圆融"境。表现在生命品质上，不管他们隶属儒家、道家、佛家还是其他什么家，尽管他们的形象有所不同，表达思想的概念甚或角度也有差异，但都有一个共同点：处于"诸法实有"境者，受困于贪嗔痴三心，身心皆不自在；进入"法性空寂"境者，虽已从三心束缚中解脱出来，但不能自在入世；达成"法界圆融"境者，不但能做到"随所住处恒安乐"（《维摩诘经》），而且能自在游化十方。反映到文学艺术中，不管他们从事文学、诗词、书法、音乐、绘画还是其他艺术门类的创作，一般来说，处于"诸法实有"境者创作的作品属于能品，进入"法性空寂"境者创作的作品属于妙品，圆满"法界圆融"境者创作的作品属于神品。我们只要细心了解一下中国艺术史，就不难知道，大凡能创作出妙品以上艺术作品的艺术家，其生命境界都达到了"法性空寂"以上的境界，两者之间的确存在明显的对应关系。当然，这里有必要说明两点：一、由于"法界圆融境"是人的本来面目，即便处于"诸法实有境"的凡夫有时也会灵光一现，于某一刹那间神会"法性空寂境"乃至"法界圆融境"，创作出妙品甚至神品来，这就是再平庸的艺术家也有神来之作的根本原因；二、"法性空寂境"与"法界圆融境"虽有偏圆之别而无性质之异，加上"法界圆融境"可通过遮诠真空或表诠妙有两个角度来表达，因此在创作或欣赏艺术作品时，不能胶柱鼓瑟地以此处的境界理论加以框套，也不能简单地借此理论评价作品的高低。

如果说禅是智慧这个共法，不能以此证明禅宗对文学艺术有什么具体影响，下面我们将会从禅宗与诗歌的关系来说明，是禅宗"不说破"这一说禅的独特方式，更使得禅这个共法成为神品、妙品艺术的灵府。

我们首先看禅境与诗境的关系。禅与诗都以人对宇宙人生真谛的妙悟为本，禅境与诗境的高下都取决于悟境的浅深。也就是说，一个人有没有悟得禅，悟得彻底与否，这个境界是否阔大，是否圆满，是有差别的。写诗最重要的一关是建立诗意，有诗意才有诗境，如果立不起诗意，就不可能有好诗境；没有好诗境，就不可能有好意象；没有好意象，纵然善于章法、句法、字法和格律，也不可能写出好诗来。南宋著名诗论家严羽就说："大抵禅道惟在妙悟，诗道亦在妙悟，且孟襄阳学力下韩退之远甚，而其诗独出退之之上者，一味妙悟而已。惟悟乃为当行，乃为本色。然悟有浅深、有分限，有透彻之悟，有但得一知半解之悟。"（《沧浪诗话》）这段话就告诉我们，一个人要写出妙品以上的诗歌，必须对诗境有透彻的领悟，也只有这样才能用人们喜闻乐见的方式将诗境表达出来。否则的话，既写不好，也很难顺利地表达，因为诗歌不是讲道理，它必须用一个个意象连缀起来。一首诗实际上就是一幅用文字描摹出来的画图。这就跟禅关联在一起了。禅本身不可说，一说就变成了二法。禅境的妙悟直通诗境的建立，由此可见两者的深度契合性。

再看参禅与学诗。禅法与诗法都是活法，而不是死法。圆悟克勤禅师说："参活句，不参死句。活句下荐得，永劫不忘；死句下荐得，自救不了。"（《圆悟佛果禅师语录》卷十四）一个人参禅时，参究祖师公案可以，参究其他法门也可以，但都要参活句，不能参死句。所谓参死句，就是在文字上揣度祖师意；所谓参活句，即参文字未生起前的本地风光，要说自己的话。学诗也如此，刘克庄说："紫微（吕本中）公作《夏均父集序》云：'学诗当识活法。所谓活法者，规矩备具而能出于规矩之外，变化不测而亦不背于规矩也。是道也，盖有定法而无定法，无定法而有定法，如是者则可以与语活法矣。'"（《后村集》）有定法而无定法，无定法而有定法，这实际上是告诫人们不要按照某家、某路去学诗歌，任何一家都只能供你参考，一定要知道就路还家。譬如，如果你按照王维（699—761或701—761）的诗法、属辞去写，最多成为王维第二，不会有自己的特点，更谈不上有独特风格。

最后看禅语与诗语。禅境是言语道断、心行处灭的境界，若要显示此境，只能以拟人、隐喻、象征等手法委曲和含蕴地显示。圆悟克勤说："大凡颂古，只是绕路说禅、拈古大纲、据款结案而已。"（《佛果圆悟禅师碧岩录》）颂古就是用诗的方式将古人公案的精髓点化出来，既要直指公案心髓，又不能直接讲道理，如说这里在讲截断众流、那里在讲涵盖乾坤等等，这样就把古人的公案讲死了，必须要绕着弯儿说，用一个个意象将公案蕴含的禅意烘托出来。例如下面这个公案："沩山、五峰、云岩侍立次。师（百丈怀海）问沩山：'并却咽喉唇吻，作么生道？'山曰：'却请和尚道。'师曰：'不辞向汝道，恐已后丧我儿孙。'又问五峰，峰曰：'和尚也须并却。'师曰：'无人处斫额望汝。'又问云岩，岩曰：'和尚有也未？'师曰：'丧我儿孙！'"（《五灯会元》）雪窦重显禅师（981—1053）颂道："却请和尚道，虎头生角出荒草。十洲春尽花凋残，珊瑚树林日杲杲。"圆悟克勤禅师对公案与颂都大加称赏，说百丈"以荆棘林验人"，雪窦禅师"语带风措，宛转盘礴"，并点评道："衲僧家须是句里呈机，言中辨的。若是担板汉，多向句中死却，便道'并却咽喉唇吻，更无下口处'；若是变通底人，有逆水之波，只向问头上有一条路，不伤锋犯手。"（《佛果圆悟禅师碧岩录》）这就是禅师要求的"羚羊挂角"的表达方式，与诗歌对语言的要求是完全一致的。托名晚唐诗论家司空图（837—908）所作《诗品》说，诗语贵含蓄，真正的好诗要"不着一字，尽得风流"（《诗品·含蓄》）；严羽更详细阐述道："夫诗有别材，非关书也；诗有别趣，非关理也。然非多读书、多穷理，则不能极其至，所谓不涉理路、不落言筌者，上也。诗者，吟咏情性也。盛唐诸人，惟在兴趣，羚羊挂角，无迹可求。故其妙处透彻玲珑，不可凑泊，如空中之音、相中之色、水中之月、镜中之象，言有尽而意无穷。"（《沧浪诗话》）

由于禅宗与艺术有如此多维度的相通性，尽管禅宗的目的不是为了艺术，但禅门中的高僧大德偶然游戏笔墨，都能留下神来之笔；参禅有所体悟的艺术家，无论诗词歌赋、翰墨丹青，皆能跻身艺术中的妙品乃至神品之列。

禅宗对人类的价值如此高，对中国宗教、思想、文化、艺术影响如此广，它有没有可能带来什么问题？当然。不过这不是禅宗本身的问题，而是参禅者不善修习禅宗带来的问题。首先是确立正确见地的问题。修习禅宗，最为重要的是确立正确知见。参禅者确立见地有两个渠道，一是听闻佛法，二是依止禅师。这两个条件在唐宋时代相对比较容易满足，所以那时参禅有成者人才济济。但是，今天禅师很少，参禅者更多靠听闻佛法的方式建立正确见地，因此我认为今人要参禅，应该先通教理，再依般若观照法门来观修，即走禅宗初祖菩提达摩提倡的"借教悟宗"之路，否则所谓"自性是佛""即心即佛"等语很容易流于口头禅。其次，参禅者在参禅过程中还应时时以教印心，否则就可能步入种种歧路而迷不知返。

问　答

问：据说佛教是没有偶像崇拜的，但很多寺庙都供有佛像，很多佛教徒都会对佛像顶礼膜拜，很多非佛教徒看见寺庙佛像也会叩拜，这怎么解释？佛教包括禅宗是不是有偶像呢？这个说法怎么统一呢？

答：如果是从自性讲，说佛教有偶像不对，说佛教没有偶像也不对，因为这都是从二元对立的两边取的相。但从另一个角度讲，佛教落实到世间，是要和一个个具体的众生接触的，而这一个个众生又是处于千差万别的思想和情感状态中的，其中既有超越偶像崇拜层次的佛教信众，也有需要借助偶像崇拜来提升自己的佛教信众，还有仅仅是去寺庙里通过烧香拜佛求心理安慰的普罗大众。后面这两类人去烧香拜佛，可以说属于偶像崇拜，但这并不等于佛教本身提倡偶像崇拜。佛教不会因为一个人处于偶像崇拜层次就拒绝他进入寺庙，这有违佛陀无缘大慈、同体大悲的精神。我们走进佛教寺庙时，看到的第一个殿是天王殿，天王殿里供的菩萨是弥勒菩萨，而且弥勒菩萨总是笑哈哈的，这是什么道理？这象征佛门广大，菩萨海纳百川，不管什么样的人都会被佛教接纳。

问：中国传统文化的内涵是什么？

答：从广义说，只要过去在中华大地上出现过的文化都可以说是中国文化；从狭义讲，可以将中国传统文化概括为以《易经》为根源、儒佛道三家为主体的文化。佛教作为一种外来宗教，为什么也叫作中国传统文化？原因在于佛教在思想上跟中国本土文化相通。比如，《周易》所讲的变易实际上就是佛教讲的无常，只是《周易》没有说无常的现象本性空寂，而佛教则将这一性质明确揭示了出来。第二，佛教的价值取向与儒道两家大同，根本目的都是为了安顿人的精神生命。例如，孔子说"君子忧道不忧贫"，又说"士志于道，而耻恶衣恶食者，未足与议也"，甚至说"朝闻道，夕死可矣"，这都表明他求的是道；老庄名为道家，其学问自然是道学。第三，佛教开出了丰富多样、次第清晰的修行法门，这是儒道两家都难以企及的。正因为如此，佛教传入中国后，很快就成为中国传统文化的重要组成部分；到南北朝以后，佛教开始全面影响中国人的精神与生活，以至有人说不了解佛教就无法真正了解中国传统文化。

问：如何解释成、住、坏、空？

答：成、住、坏、空是佛教随顺世间学问对宇宙的产生、稳定、变异和消失过程作出的概括。我说的随顺世间，指这是佛教的方便说法，并不是佛教的基本见地。佛教的基本见地是：从现象方面说，这个世界从来变化不已，没有所谓的安住或稳定时期，所谓安住只是人们看不到其细微变化的说法；从性质方面说，一切法的根本性质既不是实体性，也不是虚无性，而是空性。佛教的中道见地是：宇宙缘起性空、性空缘起，性空即缘起，缘起即性空。总之，佛教讲成、住、坏、空，其基本含义指世界是一个无始无终、幻生幻灭的变化过程，其间没有任何实体性可得，包括变化性也不可得。

问：今人只求不伤害别人，很难生起追求某种宗教信仰之心，这是不是意味着人类的慧根越来越低了？您怎么看这个问题？

答：这的确是以自由、平等为基本价值的大多数现代人的精神状况，但我认为这还不够，因为自由和平等不能解决人的精神漂泊问题。如果我们想改变自己，想安顿自己的精神生命，就一定要寻找一种能安顿精神生命的宗教信仰。现代世界是多元的，宗教也不是只有佛教一种，就看我们跟哪一个宗教有缘分，每个人都可以选择与自己有缘的宗教作为信仰。但有一个前提，即这个宗教一定是健康的宗教。如何判定一个宗教是否是健康的宗教呢？最起码的标准是不伤害别人，也不伤害自己。有的宗教不伤害别人，但却伤害自己，这也是有问题的。最好的宗教，不光是对人类平等，还要对一切生命平等。如今人类深受人类中心主义之害，比如生物链的断裂失衡、臭氧层的破坏等，莫不给人类带来巨大的身心伤害，这都是值得吸取的教训。

问：有人说，自《六祖坛经》开始，佛教才真正开始中国化，您如何看待佛教在中华文化中的地位及其对东亚文化的影响？

答：首先，我们不能说佛教到禅宗才开始中国化，实际上佛教一传入中国就开始了中国化的历程，天台宗、华严宗都是中国化的佛教宗派。但是，我们的确可以说禅宗是中国化色彩很浓厚的佛教宗派，由于《坛经》具有的中国化、生活化与当下化等特点，中国上到王公大臣、下至普罗百姓，深到学富五车者、浅到目不识丁者，都可以借以修炼心性，这大大拓展了佛教的受众。有必要强调的是，所谓佛教中国化，从思想上来说，我认为是指佛教的教观结构、表达方式采取了中国人喜闻乐见的形式，而不是说佛教的根本思想发生了异化。

其次，禅宗对中国文学、诗歌与书画都产生了莫大的影响。古人对艺术作品从低到高有能品、妙品、神品等品级的区分，可以说不管诗词歌赋还是琴棋书画，只要臻于妙品以上，许多作者都是参禅悟道者，比如王维、白居易、苏东坡、石涛、八大山人、董其昌等人。事实上，自六祖以后，因为禅宗的深入传播，使得中国人在艺术创造上具有了更加高妙的灵性。

从唐代开始，禅宗先后传到韩国、日本、越南，近现代又从日本传到美国、欧洲，对整个世界形成了广泛的影响。目前，当我们遇到工业文明带来的负面影响时，应该回过头去多读读《六祖坛经》，从中汲取更多解决精神问题的智慧。

初版后记

 本书各讲内容，学人曾先后讲于广州城市职业学院国学院（2009 年 12 月 9 日）、深圳国学院"深圳市民文化大讲堂"（2012 年 6 月 24 日）、云浮市新兴"六祖文化讲坛"（2013 年 4 月 24 日）、光孝禅寺（2013 年 6 月 11—12 日）、佛山市南海图书馆"有为讲坛"（2013 年 6 月—2014 年 8 月）、广东省禅宗文化研究基地"禅宗文化大讲坛"（2013 年 7 月 13 日）、南方日报"中国经典·对话中国精神"讲座（2014 年 12 月 17 日）、云门佛学院研究生班（2015 年春季学期）、广东省立中山图书馆"厚朴学堂"（2015 年 6 月 21 日）、闽南佛学院在职法师研究班（2015 年 12 月 23-24 日）。其中，在"有为讲坛"讲得最多，前后共十讲，几乎涉及本书各方面，讲完后学人还赋诗一首以作纪念："乾坤剥极正回阳，江北江南雅道彰。古郡兰台开海会，西樵山水发幽光。祖师舍担归家处，鹏鸟凌云振翅场。一卷坛经披读已，金风款送稻花香。"在此，学人首先要真诚感谢明生大和尚、明向大和尚、法成大和尚、性国教务长、静安教务长、黄达辉主席、宋婕教授、邓卿先生、任强教授、冯胜平先生、陈枫先生、李岚女士，承蒙诸位邀请学人做讲座，奠定了这部书的基础。

　　"《坛经》与禅宗"系列讲座主要围绕禅宗的各种法门如何"直指人心"展开："六祖惠能与禅宗"列叙六祖的悟道因缘，阐明六祖创立禅宗的理由；"《六祖坛经》导读"介绍《坛经》不同传本及其内容的一致性，指出禅宗安立的根本见地是佛性（自性），修行的根本法门是般若观照法门；"禅宗的心印"论述禅宗所传心印（自性）与教法的非一非异关系，以及禅宗传承谱系的方便施设与真实义趣，证明禅教是一味的佛法；"禅可说吗"指出，禅究竟不可说，有因缘则可说，明心见性的禅师可作真实说，未明心见性的凡夫只能作相似说；"参禅者的善知识"从善知识的一般分类讲起，指出参禅者的根本善知识是众生本具的自性，大善知识是佛、法、菩萨、圣僧、禅师，并对凡夫善知识与伪善知识做出简别；"禅师如何说禅"讨论禅师说法的因缘、方法、特点与形式；"禅宗的皈依"依佛陀圣典开示的法报化三重三宝说，阐明禅宗的自性三皈依是依据一体三宝从法身层面开出的根本皈依；"禅宗如何说菩提心"先叙述菩提心的内容与性质，再辨明禅宗并非不重视菩提心，而是就众生自性、胜义菩提心和参禅者机缘指示菩提心，一般人难以辨识；"禅宗的无相戒行"从与有相戒相对照的角度，论证禅宗的无相戒是菩萨戒，是与有相戒不一不异的自性戒；"禅宗的定慧等持法门"从世间止观到出世间止观、从如来禅到祖师禅，旨在显明祖师禅的必然性与殊胜性；"禅净两宗的异同"从净土、根器、信力、行门、果位等方面显明禅净两宗的异同，说明为什么净土行人宜一心念佛，参禅者则应以念佛为助行；"禅宗的价值与影响"总摄各讲，重点彰显禅宗对人类安顿精神生命的价值，及其对中国思想文化、文学艺术的影响。

本书的基础虽然是讲座，但学人曾作过修改与补充，主要做了充实佛教圣典依据、查证文献史实、删改重复文句等工作，因此并非全为讲座旧观。不过，书中的内容大体并未改易，且有两个特点一以贯之：第一，力求做到有理有据而又不拘泥于理据，书中任何重要法义都有《六祖坛经》、佛教经典或禅师开示为依据，尽量避免凭空发挥；同时，依理据解说禅宗法义时，不受制于学术的立场，而采取同情默应佛教的立场。第二，针对古今不绝如缕的"疑禅"思潮，书中有几讲特别从禅教一致角度论证禅与教的非一非异关系，旨在显明禅宗虽属"教外别传"法门，但丝毫没有偏离佛陀圣教。由于讲座的特点，书中各讲之间在内容上或有重复；又由于时间与机缘问题，六祖后形成的五家宗风、文字禅、看话禅、默照禅与丛林清规等内容未能专门涉及，这是需要向读者表示歉意的。

讲座结束，适逢业师冯达文先生与云浮市政协黄达辉主席、阙妙丽副主席主持的"六祖文化研究丛书"约稿，即以此系列讲座闻之。幸蒙首肯，即请钟丝苑、艾芹、苏渊彪、谭习龙、谭爱群（界行法师）、朱婧、陈识、熊文文、付乔雅等学生帮忙转录，并开始进行修订。修订后，又请宋婕、钟丝苑和劳驰杰进行了校对。师长之望殷殷，友生之心切切，奈何总为俗务所牵，迁延至今方才交稿，既感恩又惭愧。

末了，顿然忆起佛源妙心禅师留下的一则公案："有居士注《坛经》，洋洋百余万言，呈源公请序。师少阅，即书云：'一部《坛经》字已多，百余万字墨成河。如知本来无一物，月白风清唱赞歌。'"（《佛源妙心禅师禅要》）学人于今左说右说，不亦宜禅师棒喝乎？禅师与读者并谅之。

冯焕珍

丙申季春于广州客村梵音阁